●収録内容一覧

■2025年度中学受験用

日本大学豊山女子中学校

3年間スーパー過去問

入試問題と解説・解答の収録内容

2024年度　1回	算数・社会・理科・国語
2024年度　3回	算数・社会・理科・国語 （解答のみ）
2023年度　1回	算数・社会・理科・国語
2023年度　3回	算数・社会・理科・国語 （解答のみ）
2022年度　1回	算数・社会・理科・国語
2022年度　3回	算数・社会・理科・国語 （解答のみ）

～本書ご利用上の注意～　以下の点について，あらかじめご了承ください。

★別冊解答用紙は巻末にございます。本書に収録している試験の実物解答用紙は，弊社サイトの各校商品情報ページより，一部または全部をダウンロードできます。
★編集の都合上，学校実施のすべての試験を掲載していない場合がございます。
★当問題集のバックナンバーは，弊社には在庫がございません（ネット書店などに一部在庫あり）。

合格を勝ち取るための
『スーパー過去問』の使い方

本書に掲載されている過去問をご覧になって，「難しそう」と感じたかもしれません。でも，多くの受験生が同じように感じているはずです。なぜなら，中学入試で出題される問題は，小学校で習う内容よりも高度なものが多く，たくさんの知識や解き方のコツを身につけることも必要だからです。ですから，初めて本書に取り組むさいには，点数を気にしすぎないようにしましょう。本番でしっかり点数を取れることが大事なのです。

過去問で重要なのは「まちがえること」です。自分の弱点を知るために，過去問に取り組むのです。当然，まちがえた問題をそのままにしておいては意味がありません。

本書には，長年にわたって中学入試にたずさわっているスタッフによるていねいな解説がついています。まちがえた問題はしっかりと解説を読み，できるようになるまで何度も解き直しをしてください。理解できていないと感じた分野については，参考書や資料集などを活用し，改めて整理しておきましょう。

このページも参考にしてみましょう！

◆どの年度から解こうかな　「入試問題と解説・解答の収録内容一覧」

本書のはじめには収録内容が掲載されていますので，収録年度や収録されている入試回などを確認できます。

※著作権上の都合によって掲載できない問題が収録されている場合は，最新年度の問題の前に，ピンク色の紙を差しこんでご案内しています。

◆学校の情報を知ろう!!「学校紹介ページ」

このページのあとに，各学校の基本情報などを掲載しています。問題を解くのに疲れたら息ぬきに読んで，志望校合格への気持ちを新たにし，再び過去問に挑戦してみるのもよいでしょう。なお，最新の情報につきましては，学校のホームページなどでご確認ください。

◆入試に向けてどんな対策をしよう？「出題傾向＆対策」

「学校紹介ページ」に続いて，「出題傾向＆対策」ページがあります。過去にどのような分野の問題が出題され，どのように対策すればよいかをアドバイスしていますので，参考にしてください。

◇別冊「入試問題解答用紙編」

本書の巻末には，ぬき取って使える別冊の解答用紙が収録してあります。解答用紙が非公表の場合などを除き，（注）が記載されたページの指定倍率にしたがって拡大コピーをとれば，実際の入試問題とほぼ同じ解答欄の大きさで，何度でも過去問に取り組むことができます。このように，入試本番に近い条件で練習できるのも，本書の強みです。また，データが公表されている学校は別冊の１ページ目に過去の「入試結果表」を掲載しています。合格に必要な得点の目安として活用してください。

本書がみなさんの志望校合格の助けとなることを，心より願っています。

株式会社　声の教育社　編集部

日本大学豊山女子中学校

所在地	〒174-0064 東京都板橋区中台3-15-1
電　話	03-3934-2341
ホームページ	https://www.buzan-joshi.hs.nihon-u.ac.jp/
交通案内	都営地下鉄三田線「志村三丁目駅」，東武東上線「上板橋駅」より徒歩15分／ JR線「赤羽駅」，各線「練馬駅」よりスクールバス

くわしい情報はホームページへ

トピックス

★2024年度入試より，英語１科入試が新設されました。
★「赤羽駅」「練馬駅」からは路線バスでもアクセスできます。

創立年 昭和61年　|　女子校　|　高校募集あり

▍応募状況

年度	募集数	応募数	受験数	合格数	倍率
2024	4科2科　40名	2科　40名	38名	26名	1.5倍
		4科　26名	21名	17名	1.2倍
	適性　　10名	14名	14名	11名	1.3倍
	算数1科　5名	8名	7名	6名	1.2倍
	英語1科　5名	24名	22名	22名	1.0倍
	2科①　25名	2科 124名	109名	97名	1.1倍
	2科選択20名	2科　96名	31名	26名	1.2倍
	英語　　5名	20名	4名	4名	1.0倍
	2科②　15名	2科 122名	49名	43名	1.1倍
	プレゼン 5名	10名	7名	7名	1.0倍
	2科③　5名	2科 126名	36名	35名	1.0倍

▍日本大学への推薦

日本大学への推薦制度は大きく分けて３つあります。１つは全付属高校で実施される「基礎学力到達度テスト」の成績によって推薦される「基礎学力選抜方式」です。もう１つは，各学部から成績基準や人数枠などが提示され，高校３年間の成績などをもとにして推薦される「付属特別選抜方式」です。日本大学へ進学する権利を保持したまま国公立大学にチャレンジできる「国公立併願方式」もあります。

▍2024年春の主な他大学合格実績

慶應義塾大，上智大，明治大，青山学院大，立教大，法政大，学習院大，津田塾大，順天堂大

▍説明会・公開行事等日程（※予定）

【学校説明会】要予約
９月15日／10月19日／11月23日　10：00～
１月11日　14：00～
【２科入試プレテスト】要予約
12月７日　10：00～
【夏休み学校見学会】要予約
８月24日　10：00～15：00
【授業見学会】要予約
11月２日　８：30～11：30
【秋桜祭（文化祭）】
10月26日・27日　10：00～15：00

▍2025年度入試情報

２月１日午前　４科・２科
２月１日午後　算数１科／英語１科／２科①
２月２日午前　２科選択型／英語インタビュー型
２月２日午後　２科②／プレゼン（課題解決）型
２月５日午後　２科③
〔試験科目〕
４科・２科…４科（国算社理）または２科（国算）
２科…２科（国算）
算数１科…算（発展的な問題の出題あり）
英語１科…英（筆記・リスニング問題あり）
２科選択型…４科（国算社理）が１冊の問題冊子にまとまっており，試験開始後，２科を選択
英語インタビュー型…英語を用いてのコミュニケーション力をみる面接試験（10分程度）
プレゼンテーション（課題解決）型…プレゼンテーション（10分程度）・質疑応答（５分程度）

編集部注一本書の内容は2024年6月現在のものであり，変更されている場合があります。正確な情報は，学校のホームページ等で必ずご確認ください。

算数 出題傾向＆対策

◆基本データ（2024年度１回）

試験時間／満点	50分／100点
問題構成	・大問数…５題 計算・応用小問１題（６問）／応用小問１題（３問）／応用問題３題 ・小問数…17問
解答形式	解答のみを記入する形式で，必要な単位などは解答用紙にあらかじめ印刷されている。
実際の問題用紙	Ａ４サイズ，小冊子形式
実際の解答用紙	Ｂ４サイズ

◆出題傾向と内容

▶過去３年の出題率トップ３
１位：四則計算・逆算22％　２位：角度・面積・長さ17％　３位：体積・表面積など６％
▶今年の出題率トップ３
１位：四則計算・逆算23％　２位：角度・面積・長さ，体積・表面積15％

計算問題は，応用小問にふくまれており，分数と小数の混合計算などが中心に出題されているほか，逆算によって□にあてはまる数を求める問題が出ることもあります。

応用小問の集合題は，数の性質，場合の数，割合と比，比例，速さ，角度，面積，特殊算などの分野から出題されていますが，参考書や問題集などの基本問題をひと通りマスターしておけば心配はいりません。

応用問題では，図形上の点の移動，速さ，水の量の変化などのグラフが取り上げられることが多くなっています。

◆対策～合格点を取るには？～

まず，計算力を毎日の計算練習で身につけましょう。計算の過程をきちんとノートに書き，答え合わせのときに，どんなところでミスしやすいかを発見するようにつとめること。

数の性質，割合と比では，はじめに教科書にある重要事項を整理し，類題を数多くこなして，基本的なパターンを身につけましょう。

図形では，はじめに求積問題を重点的に学習しましょう。

特殊算については，参考書などにある「○○算」というものの基本を学習し，公式をスムーズに活用できるようになりましょう。

分野 ＼ 年度		2024		2023		2022	
		1回	3回	1回	3回	1回	3回
計算	四則計算・逆算	●	●	●	●	●	●
	計算のくふう						
	単位の計算						
和と差	和差算・分配算						
	消去算					○	
	つるかめ算				○		
	平均とのべ						○
	過不足算・差集め算						
	集まり						
	年齢算						
割合と比	割合と比					○	
	正比例と反比例						
	還元算・相当算			○			
	比の性質						
	倍数算						
	売買損益				○		
	濃度	○	○			○	
	仕事算				○		○
	ニュートン算						
速さ	速さ				◎		
	旅人算		○	○			
	通過算						○
	流水算						
	時計算						
	速さと比	○			○		
図形	角度・面積・長さ	◎	◎	●	●	◎	◎
	辺の比と面積の比・相似		○				◎
	体積・表面積	●	○	○			◎
	水の深さと体積	○			○	◎	
	展開図	○					
	構成・分割						○
	図形・点の移動		○	◎			
表とグラフ		○		○		○	
数の性質	約数と倍数						
	N進数						
	約束記号・文字式						
	整数・小数・分数の性質			○			○
規則性	植木算					○	
	周期算			○		○	
	数列	○			○		
	方陣算						
	図形と規則					○	
場合の数			○				
調べ・推理・条件の整理		○					
その他							

※　○印はその分野の問題が１題，◎印は２題，●印は３題以上出題されたことをしめします。

社会 出題傾向＆対策

◆基本データ（2024年度１回）

試験時間／満点	30分／60点
問題構成	・大問数…５題 ・小問数…28問
解答形式	記号選択と適語記入が大半をしめるが，短文記述問題も出題されている。
実際の問題用紙	Ａ４サイズ，小冊子形式
実際の解答用紙	Ｂ４サイズ

◆出題傾向と内容

●地理…都道府県の自然や気候，農林水産業，工業，貿易，地形図の読み取りなどが取り上げられています。問題は標準的ですが，文化や交通など，かたよりのない知識が必要です。また，国内外について時事的な問題も出題されているので注意が必要です。

●歴史…古代から江戸時代までは，政治史を中心に法律・制度などに関する重要な人物や語句について，特にテーマを設けることなく出題されています。また，例年，近代～現代史については，大問を設けてより詳しく問われる傾向にあるので，戦争や講和条約，大きな事件の内容についてはしっかり整理して理解を深めておく必要があります。

●政治…裁判や国会・内閣のしくみについて，それぞれ大問を設けて出題されています。日本国憲法における基本的人権をはじめ，三権分立や地方自治などのしくみも確実に身につけておきましょう。また，大問として時事的要素の強い問題が出題されることもあります。

分野 ＼ 年度			2024		2023		2022	
			1回	3回	1回	3回	1回	3回
日本の地理		地図の見方	○	○	★			○
日本の地理		国土・自然・気候	○	○	○	○	○	○
日本の地理		資源				○		
日本の地理		農林水産業	○	○	○	○	○	○
日本の地理		工業	○			○		★
日本の地理		交通・通信・貿易	○			○		
日本の地理		人口・生活・文化	○	○	○	○	○	○
日本の地理		各地方の特色		★				
日本の地理		地理総合	★	★	★	★	★	★
世界の地理								
日本の歴史	時代	原始～古代	○	○	○	○	○	○
日本の歴史	時代	中世～近世	○	○	○	○	○	○
日本の歴史	時代	近代～現代	★	★	★	★	★	★
日本の歴史	テーマ	政治・法律史						
日本の歴史	テーマ	産業・経済史						
日本の歴史	テーマ	文化・宗教史				○		
日本の歴史	テーマ	外交・戦争史						
日本の歴史	テーマ	歴史総合	★	★	★	★	★	★
世界の歴史								
政治		憲法		★	★		★	○
政治		国会・内閣・裁判所	★		★	★		★
政治		地方自治		○	○	○		○
政治		経済				○		
政治		生活と福祉						
政治		国際関係・国際政治		★		★		
政治		政治総合						
環境問題				○	★		★	
時事問題			○	○		○	★	★
世界遺産				○				
複数分野総合								

※　原始～古代…平安時代以前，中世～近世…鎌倉時代～江戸時代，近代～現代…明治時代以降

※　★印は大問の中心となる分野をしめします。

◆対策～合格点を取るには？～

本校の社会は，各分野の基本的なことがらをしっかり身につけていれば合格点に達することができる内容ですから，まず，基礎を固めることを心がけてください。

地理分野では，地図とグラフが欠かせません。つねにこれらを参照しながら，白地図作業帳を利用して都道府県ごとに地形や気候をまとめ，さらに産業のようすの学習へと広げましょう。また，小学校で取り上げられることが少ない世界地理については，日本とかかわりの深い国を中心に，自分で地図帳や参考書を使ってまとめておきましょう。

歴史分野では，教科書や参考書を読むだけではなく，自分で年表を作って覚えると，学習効果が上がります。それぞれの分野ごとに記入らんを作り，重要なことがらを書きこんでいくのです。本校の歴史の問題には，さまざまな時代や分野が取り上げられるので，この作業がおおいに威力を発揮するはずです。

政治分野では，日本国憲法の基本的な内容，特に政治のしくみが憲法でどのように定められているかを中心に勉強してください。また，地方自治や国際関係についてもふれておきましょう。

理科　出題傾向＆対策

◆基本データ（2024年度１回）

試験時間／満点	30分／60点
問題構成	・大問数…４題 ・小問数…19問
解答形式	記号選択と適語・適文の記入になっている。作図問題などは見られない。
実際の問題用紙	Ａ４サイズ，小冊子形式
実際の解答用紙	Ｂ４サイズ

◆出題傾向と内容

●生命…菌類・細菌類，メダカの飼育，動物のからだのつくりとはたらき，ヘチマの育ち方や受粉のしくみ，光合成の実験，植物の吸水と蒸散，種子のつくり，ヒトや動物の呼吸，ヒトの消化のはたらき，昆虫のからだと育ち方，無セキツイ動物の分類，食物連鎖などが出題されています。

●物質…金属の燃焼，気体の発生，ものの溶け方，メスシリンダーの使い方，水溶液の性質，エタノールや水の状態変化，物質の見分け方などが取り上げられています。

●エネルギー…ものの温まり方，電気回路，ばねののび方，音の伝わり方，物体の運動，てこのつり合い，ふりこの運動，光の進み方，磁石・電磁石，密度などが問われています。

●地球…地震，地球と太陽，気象と災害，日食，月の満ち欠け，冬の星座とその見え方，星の動き方，流れる水のはたらき，地層，化石，岩石のつくりと分類，日本の天気と台風，雲のでき方と水蒸気などが出題されています。

分野＼年度		2024		2023		2022	
		1回	3回	1回	3回	1回	3回
生命	植物		★			★	
	動物				★		★
	人体						○
	生物と環境	★					
	季節と生物						
	生命総合			★			
物質	物質のすがた		○				★
	気体の性質	○	○		○		
	水溶液の性質		○		○	★	
	ものの溶け方		○		○		○
	金属の性質			○			
	ものの燃え方			★			
	物質総合		★		★		
エネルギー	てこ・滑車・輪軸						
	ばねののび方				★		
	ふりこ・物体の運動		★				★
	浮力と密度・圧力	○			○		○
	光の進み方	★					
	ものの温まり方	★					○
	音の伝わり方					★	
	電気回路			★			
	磁石・電磁石						
	エネルギー総合						
地球	地球・月・太陽系	○			○		
	星と星座	★				★	
	風・雲と天候				○		
	気温・地温・湿度			○			
	流水のはたらき・地層と岩石		★				★
	火山・地震		○	★			
	地球総合				★		
実験器具			○				○
観察							
環境問題							
時事問題							
複数分野総合							

※　★印は大問の中心となる分野をしめします。

◆対策～合格点を取るには？～

本校の理科は，各分野からまんべんなく基礎的なものが出題されていますから，基礎的な知識をはやいうちに身につけ，そのうえで，問題集で演習をくり返すのがよいでしょう。

「生命」は，身につけなければならない基本知識の多い分野です。動物やヒトのからだのしくみ，植物のつくりと成長などを中心に，ノートにまとめながら知識を深めましょう。

「物質」は，気体や水溶液，金属などの性質に重点をおいて学習するとよいでしょう。中和反応や濃度，気体の発生など，表やグラフをもとに計算させる問題にも積極的に取り組むように心がけてください。

「エネルギー」では，計算問題としてよく出される力のつり合いに注目しましょう。てんびんとものの重さ，てこ，輪軸，ふりこの運動，かん電池のつなぎ方や豆電球の明るさなどについての基本的な考え方をしっかりマスターし，さまざまなパターンの計算問題にチャレンジしてください。

「地球」では，太陽・月・地球の動き，季節と星座の動き，天気と気温・湿度の変化，地層のでき方，地震などが重要なポイントです。

国語 出題傾向＆対策

◆基本データ（2024年度１回）

試験時間／満点	50分／100点
問題構成	・大問数…３題 文章読解題２題／知識問題１題 ・小問数…27問
解答形式	記号選択と適語の記入，本文中のことばの書きぬきのほかに，40字程度で書かせる記述問題も見られる。
実際の問題用紙	Ａ４サイズ，小冊子形式
実際の解答用紙	Ｂ４サイズ

◆出題傾向と内容

▶近年の出典情報（著者名）
説明文：戸谷洋志　源河　亨　池上　彰
小　説：角田光代　重松　清　村上しいこ

限られた時間内で文章を読み取る力と，漢字をふくむ言語事項の知識，つまり，バランスのとれた国語力が大切だといえるでしょう。

●読解問題…説明文・論説文，小説・物語文から２題という構成が多くなっています。設問は多彩で，読解を中心に主題・要旨・文脈の理解，適語・適文の補充，指示語の内容，接続語，文章の表現技法（比喩など）についてなどです。

●知識問題…ことばのきまり，慣用句，熟語，部首，辞典の引き方，かなづかい，俳句の鑑賞などが見られます。漢字は，送りがなも書く形で問われています。

◆対策～合格点を取るには？～

試験問題で正しい答えを出せるようにするためには，出題内容や形式に慣れることが大切です。問題集に取り組むさいは，指示語の内容や接続語に注意して，文章がどのように展開しているかを読み取ること。答え合わせをした後は，漢字やことばの意味を辞書で調べるのはもちろん，正解した設問でも解説をしっかり読んで解答の道すじを明らかにし，本番でも自信をもって答えられるようにしておきましょう。

知識問題については，慣用句・ことわざ，ことばのきまりなどが学べる，うすい問題集を一冊用意し，くり返し演習しましょう。漢字についても，毎日少しずつ練習し，その意味もふくめ，ノートにまとめておきましょう。

分野		年度	2024		2023		2022	
			1回	3回	1回	3回	1回	3回
読解	文章の種類	説明文・論説文	★	★	★	★	★	★
		小説・物語・伝記	★		★		★	
		随筆・紀行・日記						
		会話・戯曲						
		詩						
		短歌・俳句	○	○		○	○	○
	内容の分類	主題・要旨	○	○	○	○	○	○
		内容理解	○	○	○	○	○	○
		文脈・段落構成						
		指示語・接続語	○	○	○	○	○	○
		その他	○	○	○	○	○	○
知識	漢字	漢字の読み	○			○		○
		漢字の書き取り	○	○	○	○	○	○
		部首・画数・筆順		○		○		
	語句	語句の意味	○	○	○	○	○	○
		かなづかい						
		熟語	○	○	○	○	○	○
		慣用句・ことわざ	○	○	○	○	○	○
	文法	文の組み立て					○	
		品詞・用法	○	○	○	○	○	○
		敬語						○
	形式・技法						○	
	文学作品の知識							
	その他		○	○	○	○	○	○
	知識総合		★	★	★	★	★	★
表現	作文							
	短文記述							
	その他							
放送問題								

※　★印は大問の中心となる分野をしめします。

カコを追いかけ
ミライをつかめ
「今の説明、もう一回」を何度でも
web過去問
ストリーミング配信による入試問題の解説動画
もっと古いカコモンないの?
カコ過去問
「さらにカコの」過去問をHPに掲載（DL）
声の教育社
詳しくはこちらから

2024 年度　日本大学豊山女子中学校

【算　数】〈第１回試験〉（50分）〈満点：100点〉

（注意）定規，三角定規，コンパス，分度器，計算機を使用することはできません。

1　次の □ にあてはまる数を求めなさい。

(1)　$38-24\div3\times2=$ □

(2)　$3\frac{3}{5}-\left(1\frac{3}{4}\div\frac{7}{9}-\frac{1}{4}\right)=$ □

(3)　$\left\{12-\left(0.27+\frac{3}{4}\right)\div\frac{3}{20}\right\}\div0.4=$ □

(4)　□ km の道のりを毎分 80 m で歩く場合と毎分 100 m で歩く場合とでは 10 分の差があります。

(5)　3 ％の食塩水 200 g と 6 ％の食塩水 400 g を混ぜ合わせると，□ ％の食塩水になります。

(6)　1，2，4，7，11，…… の数の列で，最初から 10 番目の数は □ です。

2　次の □ にあてはまる数を求めなさい。

(1)　図のように，１組の三角定規を重ねました。

㋐ の角の大きさは □ 度です。

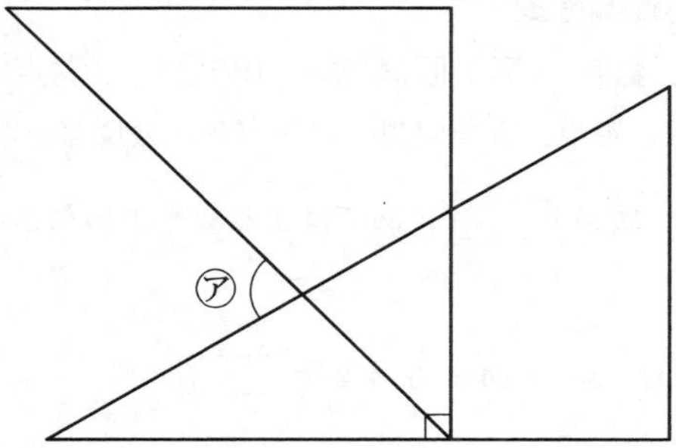

(2)　図の影の部分の面積は □ cm^2 です。

ただし，円周率は 3.14 とします。

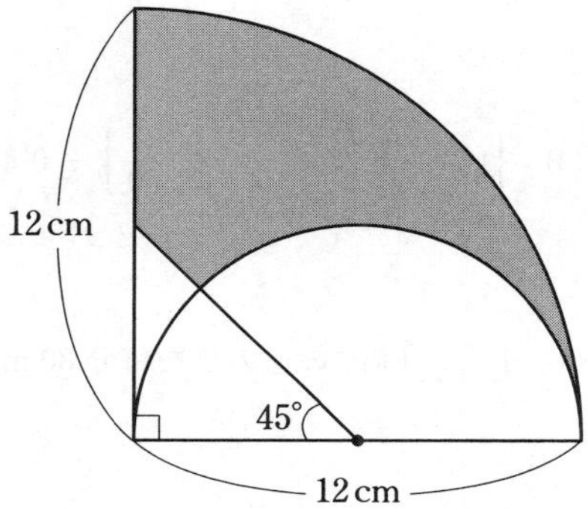

(3)　図のように，１辺が 9 cm の立方体から１辺が 3 cm の色のついた立方体を 6 つ切り取りました。

残った立体の表面積は □ cm^2 です。

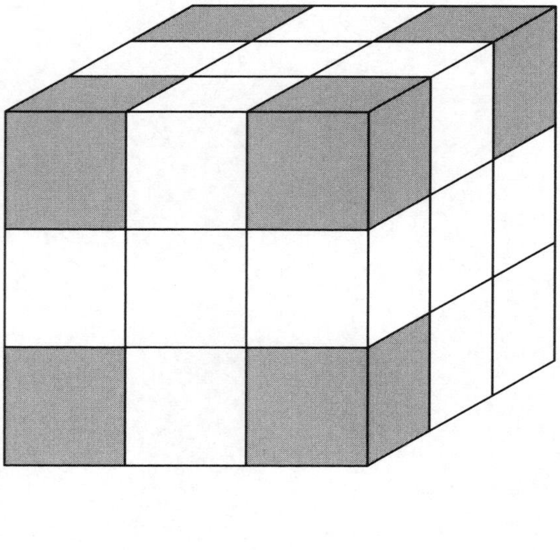

3 図のように1段目に4マス，2段目に3マス，3段目に2マス，4段目に1マスのマス目があります。上のマス目には，その下にある2つのマスに入っている数の和が入ります。

たとえば，Aに2，Bに1を入れると，Eには3が入ります。次の問に答えなさい。

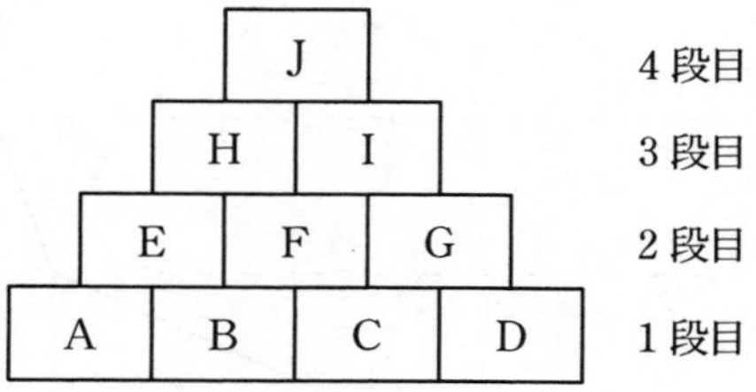

(1) 1段目に左から順に1，2，3，4を入れると，Jに入る数はいくつですか。

(2) 1段目に1，2，3，4を1つずつ入れて，Jに入る数が最も大きくなるようにします。Jに入る数はいくつですか。

(3) 1段目には，A＜B＜C＜Dとなるように1以上の整数を入れることにします。Jに入る数が23であるとき，A，B，C，Dに入る整数をそれぞれ求めなさい。

4 高さが 30 cm の容器があり，この容器に毎秒 50 mL ずつ水を入れていきます。グラフは水を入れ始めてからの時間と水面の高さの関係を表したものです。次の問に答えなさい。

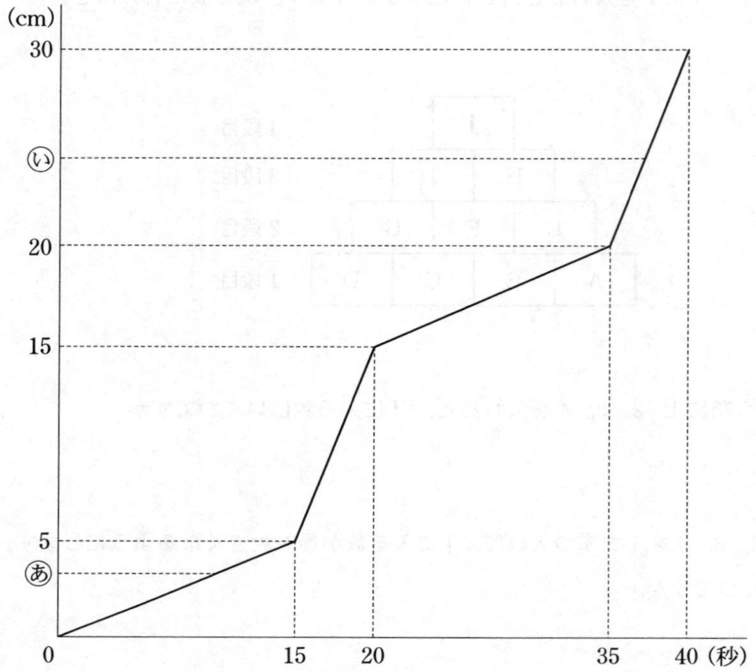

⑴　この容器の容積は何 mL ですか。

⑵　水を入れ始めてから 17 秒後の水面の面積は何 cm^2 ですか。

⑶　高さが ㋐ と ㋑ のときの水面の面積の比を最も簡単な整数の比で答えなさい。

5 図１のような長方形から半円を２つ切り取った紙を２枚使って図２のような立体を作りました。次の問に答えなさい。ただし, 円周率は 3.14 とします。

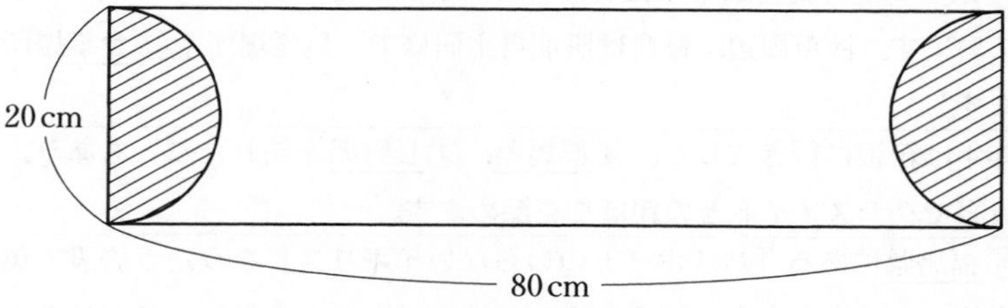

図１

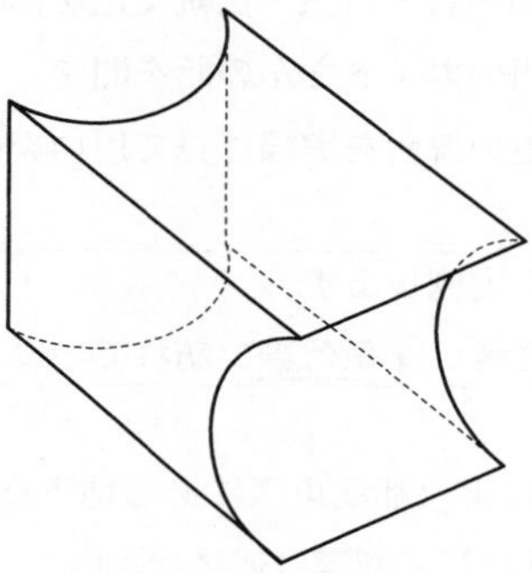

図２

(1) この立体の表面積は何 cm^2 ですか。

(2) この立体の体積は何 cm^3 ですか。

【社　会】〈第１回試験〉（30分）〈満点：60点〉

1　次の表はある学校の校外学習や宿泊行事についてまとめたものです。あとの問いに答えなさい。

校外学習	①東京の上野動物園やお台場に行き，事前学習・事後レポートの作成・発表を行っています。浅草周辺，鎌倉は班別自主研修で，見学場所や②食事場所を事前に調べます。
中学１年生 林間学校	昨年は箱根に行きました。③群馬県，④長野県を訪れたこともあり，初めての宿泊行事でクラスメイトとの親ぼくを深めます。
中学２年生 ブリティッシュヒルズ研修	⑤福島県にある「パスポートのいらないイギリス」をうたう施設で英語宿泊研修を実施し，語学力向上に努めます。マナーハウスを中心に，イギリスの文化や歴史についても学びます。
中学３年生 修学旅行	⑥沖縄県を訪れ，平和学習・自然・伝統文化を体験します。以前には奈良・⑦京都を訪れ，奈良では専門のガイドさんの話を聞き，京都は生徒たちで１日班別研修を計画して，多くの歴史の舞台を実際に見て思いをはせることのできる，大変有意義な修学旅行でした。
スキー教室 （希望者）	⑧北海道のスキー場で実施します。 かつては長野県でも実施し⑨新幹線で訪れていました。

問１　下線部①に関連して，次の写真は東京都江東区にある地下鉄の駅の写真です。出入口を高くしている防災上の理由を，地図を参考にして簡潔に述べなさい。

（Google Earthより）

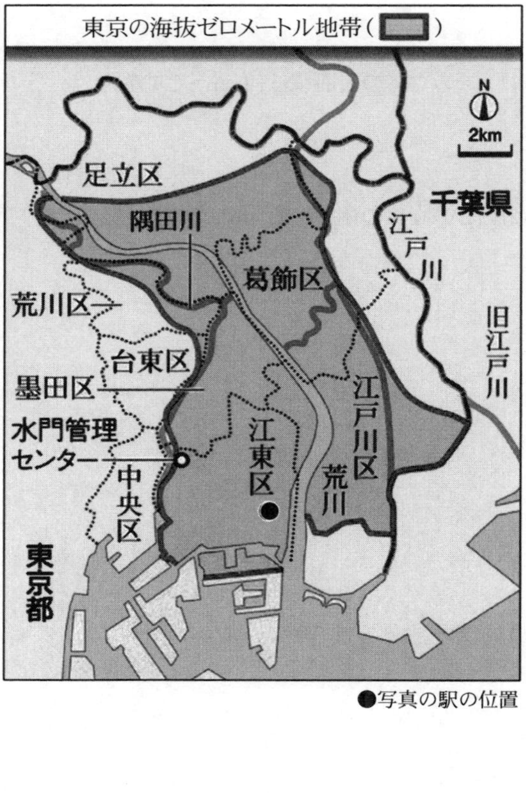

●写真の駅の位置

問２　下線部②に関連して，次の表中のア～エは2021年の小麦，野菜，魚介類，肉類の輸入相手先上位３か国を示したものです。肉類にあたるものをア～エのうちから一つ選び，記号で答えなさい。

	ア	イ	ウ	エ
１位	中国	アメリカ合衆国	中国	アメリカ合衆国
２位	アメリカ合衆国	カナダ	チリ	タイ
３位	韓国	オーストラリア	ロシア	オーストラリア

（『日本国勢図会 2023/24 年版』より作成）

問３　下線部③について述べた文として正しいものを次のア～エのうちから一つ選び，記号で答えなさい。

ア　嬬恋村では，夏の涼しい気候を生かした高冷地農業が行われています。

イ　らっかせいやねぎの生産が日本一で，近郊農業がさかんです。

ウ　地場産業が発達し，燕市では洋食器など多くの金属製品が作られています。

エ　浜松市では，楽器・オートバイの製造業が発達しています。

問４　下線部④の特産であるりんご，ぶどう，ももの2021年の主産地の割合を示した円グラフの組合せとして正しいものを下の表のア～カのうちから一つ選び，記号で答えなさい。

A

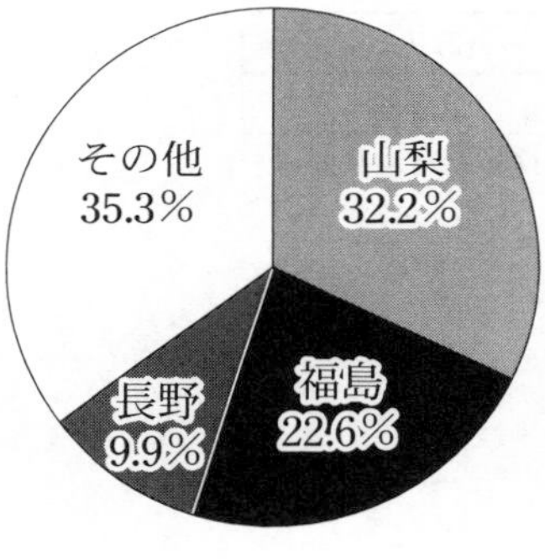

B

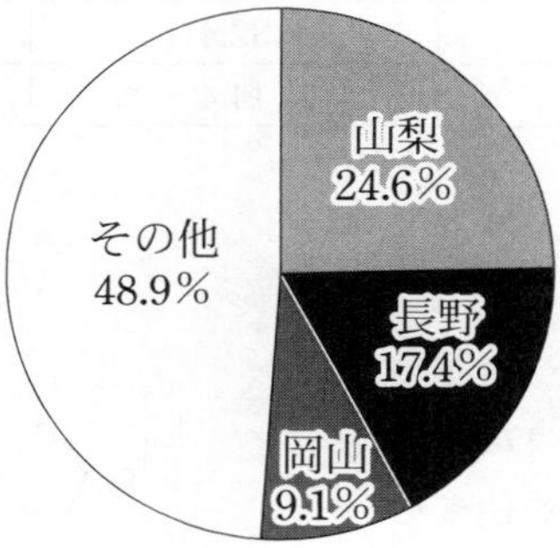

C

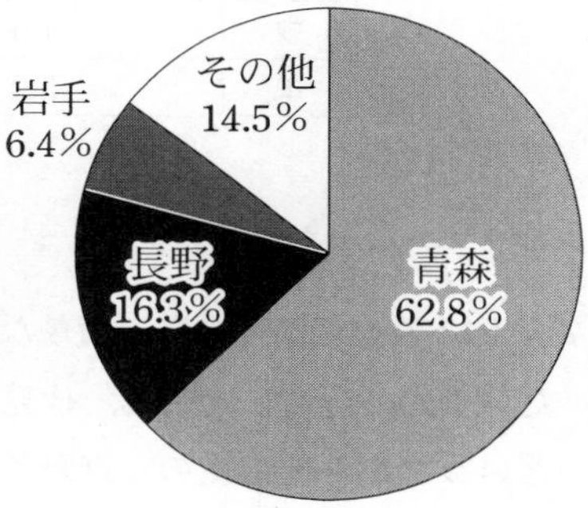

（『日本国勢図会 2023/24 年版』より作成）

	りんご	ぶどう	もも
ア	A	B	C
イ	A	C	B
ウ	B	A	C
エ	B	C	A
オ	C	A	B
カ	C	B	A

問５　下線部⑤に関連して，あとの問いに答えなさい。

（１）　次の文章中の空欄にあてはまる国名を下のア～エのうちから一つ選び，記号で答えなさい。

2023年4月15日，（　　　　）で最後の原子炉３基が発電のための運転を停止し，2011年の福島第一原子力発電所事故を受けて決めた脱原発が完了しました。2035年までに再生可能エネルギーのみによる電力供給を目指しています。

ア　スペイン　　　イ　イギリス　　　ウ　フランス　　　エ　ドイツ

（２）　（１）の文章中の下線部「再生可能エネルギー」に関連して，出力が1000 kW以上ある，大規模な太陽光発電を行う施設をカタカナ６字で何といいますか。

問６　下線部⑥に関連して，次の表は2020年の青森県，東京都，愛知県，沖縄県の産業別人口の割合を示したものです。沖縄県にあたるものを次の表のア～エのうちから一つ選び，記号で答えなさい。

	第１次産業（%）	第２次産業（%）	第３次産業（%）
ア	11.3	20.0	68.7
イ	0.4	15.0	84.6
ウ	1.9	32.4	65.7
エ	3.9	14.4	81.7

（総務省資料より作成）

問７　下線部⑦に関連して，賀茂なす，聖護院だいこん，金時にんじん，伏見とうがらしといった京都府内産の「京野菜」を使った献立を給食に取り入れています。このような地域で作られた食物を地域で消費する取り組みを漢字４字で何といいますか。

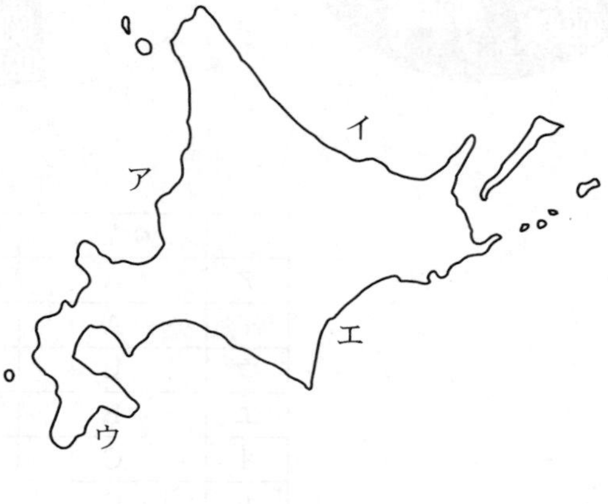

問８　下線部⑧について，右の地図中ア～エのうち流氷が最もみられる場所を一つ選び，記号で答えなさい。

問９　下線部⑨に関連して，今年３月に開通する新幹線の区間として正しいものを次の地図中ア～エのうちから一つ選び，記号で答えなさい。

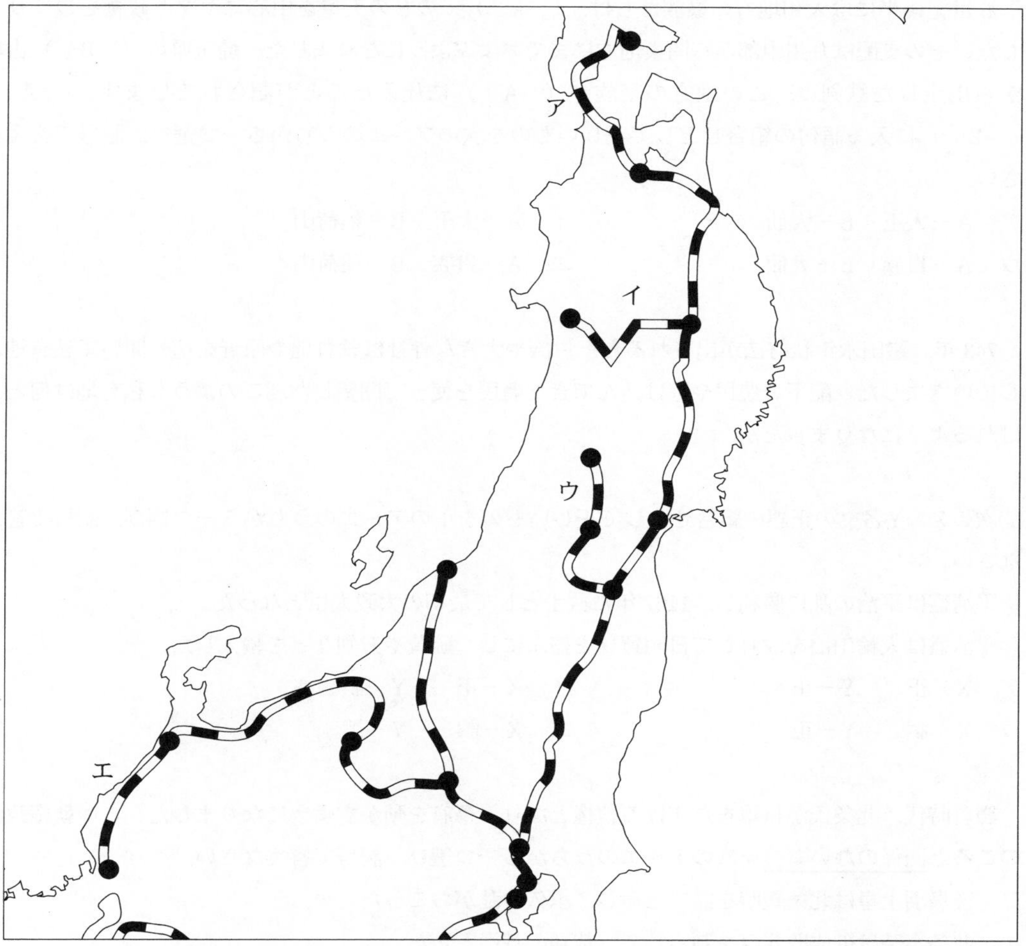

2　次の各問いに答えなさい。

問１　５世紀後半には大和地方の豪族たちは，（　A　）＝のちの天皇を中心にヤマト政権をつくりました。その支配は九州中部から関東地方にまでおよぶようになりました。埼玉県の（　B　）古墳から出土した鉄剣に，この地方の豪族が（　A　）に仕えたことが記されています。（　A　）（　B　）に入る語句の組合せとして正しいものを次のア～エのうちから一つ選び，記号で答えなさい。

ア　A－大王　B－大仙　　　イ　A－大王　B－稲荷山

ウ　A－貴族　B－大仙　　　エ　A－貴族　B－稲荷山

問２　743年，墾田永年私財法が出されると，貴族や大きな寺社は荒れ地や原野を切り開いて私有地としていきました。配下の農民や逃げ込んできた農民を使って開墾した，このような私有地は何とよばれるようになりましたか。

問３　次のX・Y各文の正誤の組合せとして正しいものを下のア～エのうちから一つ選び，記号で答えなさい。

X　平清盛は平治の乱に勝利し，1167年に武士として最初の太政大臣となった。

Y　平清盛は大輪田泊を改修して日明貿易を盛んにし，硫黄や刀剣などを輸入した。

ア　X－正　Y－正　　　イ　X－正　Y－誤

ウ　X－誤　Y－正　　　エ　X－誤　Y－誤

問４　鎌倉時代，北条氏が将軍をたすける執権となり，幕府を動かすようになりました。この執権政治のころと関係のないものを次のア～エのうちから一つ選び，記号で答えなさい。

ア　後鳥羽上皇は北条義時を討てと命じ，承久の乱がおこった。

イ　北条泰時は御成敗式目を制定して，裁判の基準とした。

ウ　評定所前に目安箱を設置して，庶民の意見を政治に反映した。

エ　蒙古襲来を防いだ幕府は，西国にも支配力を強めた。

問５　江戸時代，将軍から１万石以上の領地をあたえられた武士を大名といいます。大名には徳川氏一族の親藩，関ヶ原の戦い以前から徳川氏に従っていた［　　　］大名，関ヶ原の戦いのころから徳川氏に従った外様大名と三つの種類があります。空欄に入る語句を答えなさい。

3　次の文章を読み，あとの問いに答えなさい。

①第一次世界大戦後，日本は②不景気にみまわれ大きな打撃を受けました。この状況から「満州を日本の植民地にして，日本経済を立て直そう」という声が高まると，③1931年，関東軍が南満州鉄道を爆破して，それを中国のしわざとして満州を占領し，翌年には，④満州国として独立させました。中国はこれを日本の侵略行為であると⑤国際連盟に訴えました。しかし，日本が満州だけでなく中国全土を支配しようとしたので，1937年に中国軍と衝突し，⑥日中戦争が起こりました。

問１　下線部①の際の，日本に関する説明の正誤の組合せとして正しいものを次のア～エのうちから一つ選び，記号で答えなさい。

X　日本は日英同盟を理由に，第一次世界大戦に参戦した。

Y　日本は中華民国に二十一か条の要求をつきつけた。

ア　X－正　Y－正　　イ　X－正　Y－誤

ウ　X－誤　Y－正　　エ　X－誤　Y－誤

問２　下線部②に関する説明として正しいものを次のア～エのうちから一つ選び，記号で答えなさい。

ア　第一次世界大戦後，財閥は不景気で倒産しそうな銀行や会社を吸収し，ますます成長した。

イ　第一次世界大戦後，日本では不景気だけでなく，阪神・淡路大震災によるダメージも大きかった。

ウ　第一次世界大戦後，イギリスで始まった株価暴落の影響で，世界恐慌が発生していた。

エ　第一次世界大戦後，バブル景気の崩壊によって銀行や企業が相次いで倒産した。

問３　下線部③の出来事として正しいものを次のア～エのうちから一つ選び，記号で答えなさい。

ア　甲午農民戦争　　イ　盧溝橋事件　　ウ　義和団事件　　エ　満州事変

問４　下線部④の承認に反対していた首相の犬養毅が暗殺された事件を何といいますか。

問５　下線部⑤に関する次の文章中の下線部**ア～ウ**のうちあやまっているものを選び，記号で答えなさい。ただし，すべて正しい場合は**エ**と答えなさい。

> 国際連盟は1920年に**ア**. ベルサイユ条約に基づいて設立され，本部は**イ**. スイスのジュネーブにあった。設立から解散まで**ウ**. アメリカ合衆国は参加できなかった。

問６　下線部⑥に関する説明としてあやまっているものを次のア～エのうちから一つ選び，記号で答えなさい。

ア　この戦争に反対した国民は暴動を起こし，日比谷焼打ち事件が起きた。

イ　戦時中の日本では，政府を批判する思想や学問は治安維持法によって厳しく取り締まられた。

ウ　この戦争が長期化したため，国家総動員法を定めて国民を戦争に動員できるようにした。

エ　朝鮮や台湾は日本の植民地であったため，日本軍として中国と戦った。

4 次の文章を読み，あとの問いに答えなさい。

日本の裁判には，民事裁判と①刑事裁判があります。民事裁判は個人や企業間の争いを裁き，刑事裁判は犯罪行為を裁く裁判です。特に刑事裁判は②被告人の人権を制限するおそれが高いので，様々な手続きが定められています。また，裁判の誤りを防ぐために，③同じ事件につき３回まで裁判を受けることができます。確定した判決は変えることはできませんが，その後に重大な事実の誤りなどが明らかになった場合には，④裁判のやり直しが行われる場合もあります。

問１　下線部①について，次の図は刑事裁判の法廷を模したものです。図中のXにあてはまる人物の説明として正しいものを下のア～エのうちから一つ選び，記号で答えなさい。

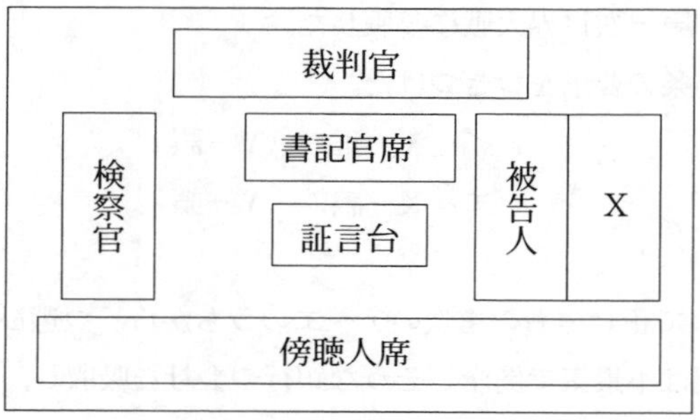

ア　被告人の利益を守り弁護する。
イ　被害者に代わって裁判所に訴える。
ウ　罪を犯したと疑われ起訴された者。
エ　裁判を担当しあらゆる権力から独立して仕事を行う。

問２　下線部②について，被告人には自分に不利益になる質問には答えなくてもよい権利が認められています。この権利を何といいますか。

問３　下線部③について，次の図中の空欄（１）・（２）にあてはまる語句を答えなさい。

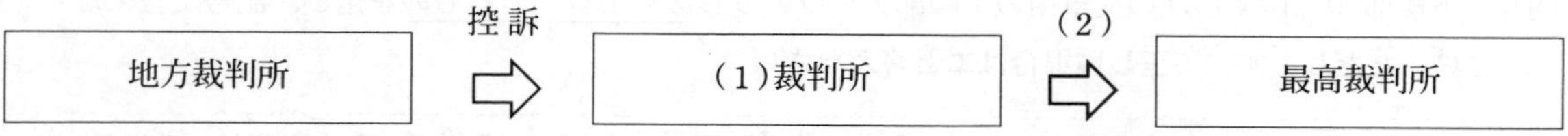

問４　下線部④のことを何といいますか。

5 すみれさんは，社会科の授業を振り返りながら，学んだことを次のようにノートにまとめました。あとの問いに答えなさい。

ノート

○ 国会のしくみ
・①日本の国会は衆議院と参議院からなる二院制をとっている。
・特別会（特別国会）は（　②　）を指名するために召集される。
○ 内閣のしくみ
・③内閣は法律案を国会に提出したり，政令を定めたりする。
・④内閣は国会に対して責任を負う議院内閣制をとっている。

問1　下線部①について，すみれさんは，一院制と二院制の長所と短所について，次のような表にまとめました。表中の空欄XとYにあてはまるものはどれですか。正しいものを下のア～エのうちからそれぞれ選び，記号で答えなさい。

	長　　所	短　　所
一院制	X	立法権が1つの機関に集中してしまう
二院制	充実した審議をすることができる	Y

ア　国民の様々な意見や利益をきめ細やかに政治に反映することができる。
イ　慎重に審議を行うことができるが，合意の形成や政策の実現までに時間がかかる。
ウ　1つの議院の行きすぎを抑えることができる。
エ　効率的に審議を行うことができ，政策の決定も素早く行うことができる。

問2　空欄②にあてはまる語句を答えなさい。

問3　下線部③について，すみれさんは，これまでに成立した法律案の数を調べ，次の表を作りました。この表から，どのようなことが言えますか。

区分／国会会期	内閣が提出した法律案（内閣提出法案）		議員が提出した法律案（議員立法）	
	提出件数	成立件数	提出件数	成立件数
第208回（常会） 令和4年1月17日～6月15日	61件	61件	96件	17件

問4　下線部④について，衆議院で［　　］案が可決された場合，内閣は総辞職するか，10日以内に衆議院を解散しなければなりません。空欄にあてはまる語句を答えなさい。

【理　科】〈第１回試験〉（30分）〈満点：60点〉

1　次の各問いに答えなさい。

（1）　気体の性質と気体の体積について，次の文中の（　ｉ　）～（　ｖ　）に当てはまる語句を答えなさい。

　空気は，複数の種類の気体が混《ま》ざりあってできています。空気の中で混ざっている割合が１番大きい気体は（　ｉ　）で，割合が２番目に大きい気体は（　ii　）です。

　気体の体積は，【図１】のように，口の閉じた袋をドライヤーで温風を当ててあたためたり，【図２】のように力を加えたりすると変化することがわかります。

【図１】

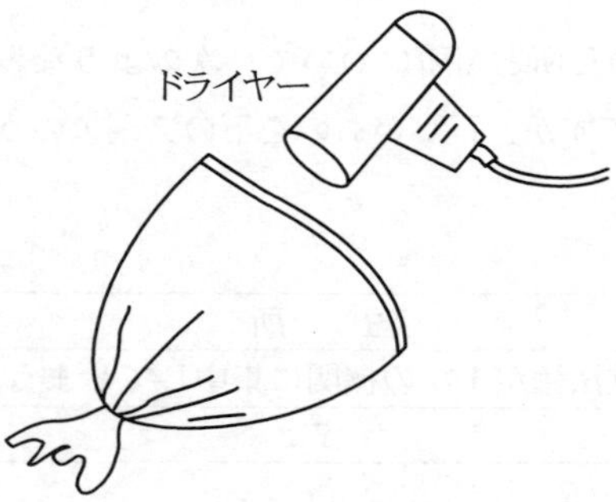

【図２】

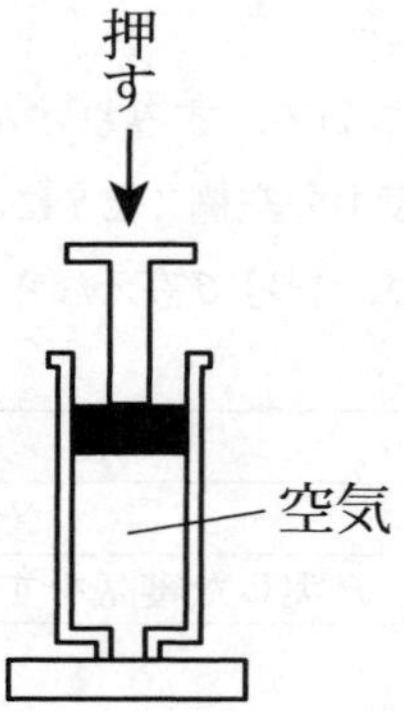

　気体の体積は【図１】から，温度を上げると（　iii　）くなり，【図２】から力を加えると（　iv　）くなります。

　また，気体のあたたまり方は，【図３】のような実験で観察できます。

【図３】

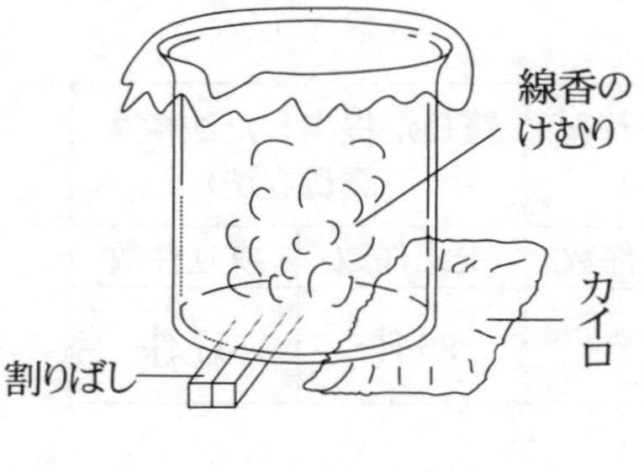

　【図３】の線香のけむりは，カイロであたためられた気体とともに，（　ｖ　）へと動いていきます。

（2）　金属のあたたまり方のようすを観察するために，【図４】のように正方形の銅板の表面にうすくろうをぬりかため，銅板の中心の一点をアルコールランプであたためる実験をしました。以下の各問いに答えなさい。

①　【図４】のように銅板をあたためたとき，銅板の表面のろうは中心からどのようにとけていきましたか。

【図４】

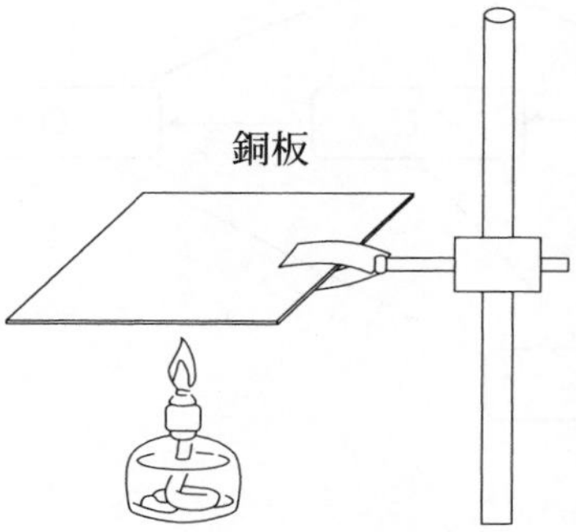

②　【図５】のように，ろうをぬった一辺が20 cmの銅板を用意します。アルコールランプで指定した一点をあたためます。銅板上の３点，A，B，Cを，A→B→Cの順にろうをとかすためには，銅板をどのように切断加工すればよいですか。次のア ～ ウから１つ選びなさい。ただし，切断加工とは，一部を切り落とすことをさします。

【図５】

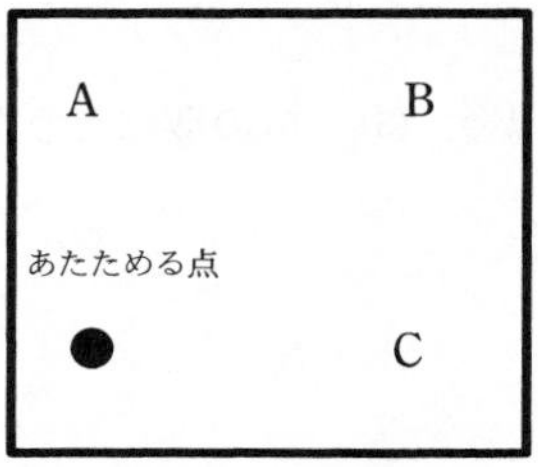

ア．

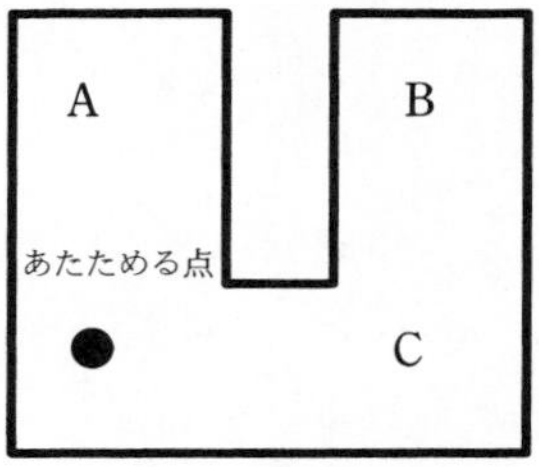

イ．

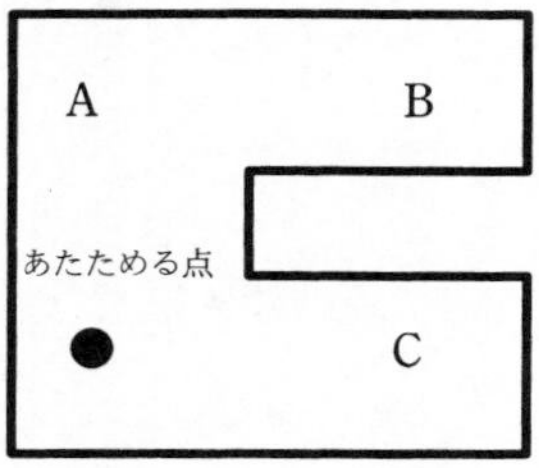

ウ．

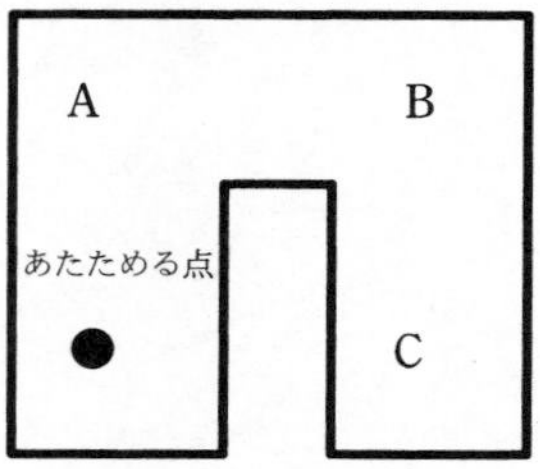

2　【図１】は，ある森林での食物連さを表しています。次の問いに答えなさい。
ただし，【図１】の 植物 → バッタ は，植物がバッタに食べられるということを示しています。

【図１】

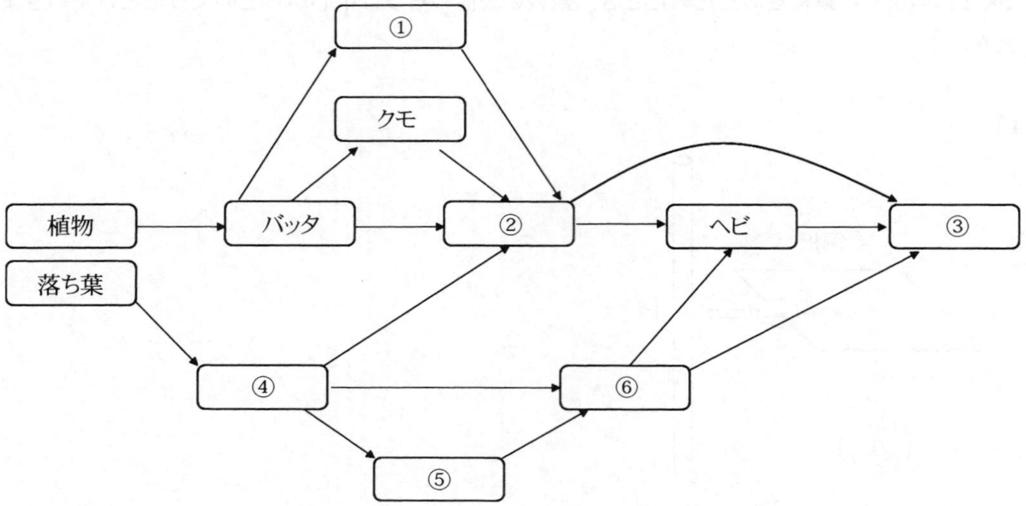

（１）　生き物には食べる，食べられるの関係があり，これを食物連さといいます。【図１】の①～⑥に当てはまる動物の例を次のア～カからそれぞれ選び，記号で答えなさい。

ア．ムカデ　　イ．ミミズ　　ウ．カマキリ
エ．カエル　　オ．イヌワシ　　カ．モグラ

（２）　食べる動物は食べられる動物と比べて，どのようなからだの特ちょうがありますか。

（３）　（１）の④～⑥について，落ち葉を食べる④の数が大幅《はば》に減った場合，⑤，⑥の数はどうなりますか。最も適切なものを，次のア～オから選び，記号で答えなさい。

ア．⑤は増え，⑥もやがて増える。
イ．⑤は減り，⑥はやがて増える。
ウ．⑤は増え，⑥はやがて減る。
エ．⑤は減り，⑥もやがて減る。
オ．⑤も⑥も増えも減りもしない。

（４） 食べる食べられるの関係にある動物・植物の数や量は，【図２】のようなピラミッド形で表すことができます。（１）の食物連さをピラミッド形で表したとき，ｉに当てはまる動物はどれですか。（１）のア～カから１つ選び，記号で答えなさい。

【図２】

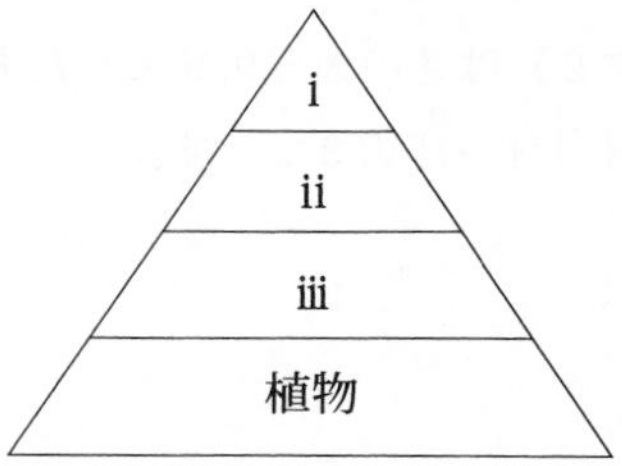

（５） 次の【図３】は，ある地域におけるカンジキウサギとオオヤマネコの数の変化を記録したものです。【図３】中の種Ａが示しているのはカンジキウサギとオオヤマネコのどちらか答えなさい。

【図３】

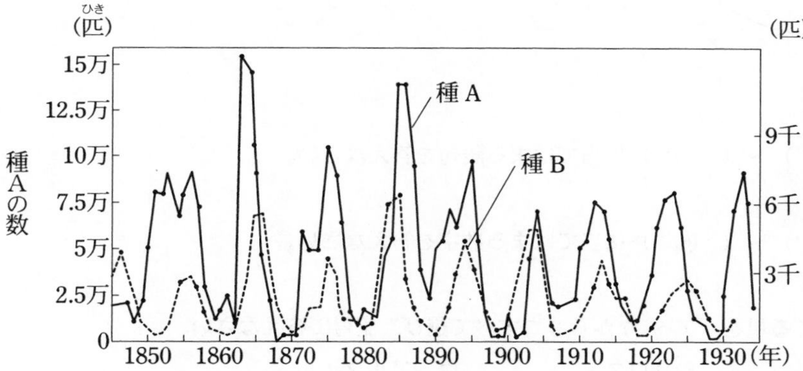

（６） 【図３】において，カンジキウサギとオオヤマネコの数の変化は，多くの周期でくりかえされ，次の４つの段階に分けることができます。アに続く順に，イ～エを並べかえなさい。

ア．カンジキウサギとオオヤマネコの両方の数が増えていく。

イ．カンジキウサギとオオヤマネコの両方の数が減っていく。

ウ．カンジキウサギは増えていくが，オオヤマネコは減っていく。

エ．カンジキウサギは減っていくが，オオヤマネコは増えていく。

3 次の文章を読み，以下の各問いに答えなさい。

太陽のように自分で光を出している星を（　①　），地球のように太陽の周りを回っている星を（　②　），月のように地球の周りを回っている星を（　③　）といいます。【図１】は太陽・地球・月の位置関係を表した図です。最も明るい（　①　）を（　④　）等星，肉眼で見える最も暗い星を（　⑤　）等星といいます。（　④　）等星と（　⑤　）等星の明るさの違《ちが》いは，（　⑥　）倍といわれています。また，星の色は表面温度によって違うように見えます。【図２】は冬の大三角を表したものです。冬の大三角をつくる星をもつ星座は，こいぬ座，おおいぬ座，オリオン座の３つです。

【図１】

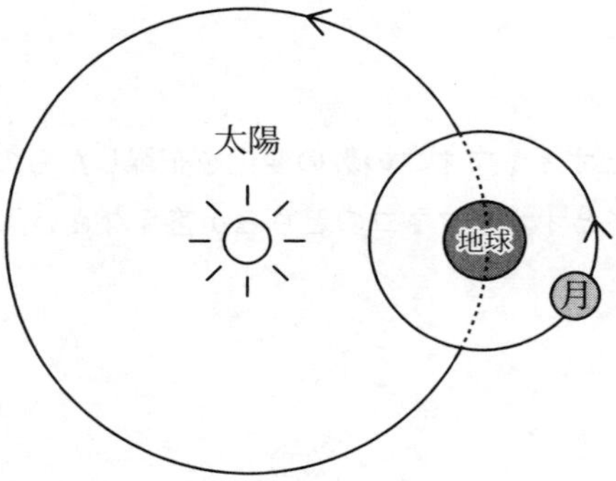

【図２】

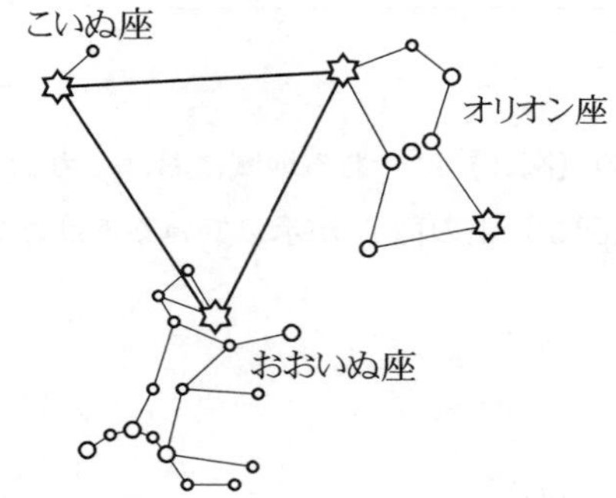

（１） 文章中の（　①　）～（　③　）に当てはまる語句を答えなさい。

（２） 文章中の（　④　）～（　⑥　）に当てはまる数字を答えなさい。

（３） 冬の大三角をつくる星を，ア～カから３つすべて選び，記号で答えなさい。

ア．デネブ　　イ．シリウス　　ウ．アルタイル
エ．プロキオン　　オ．ベテルギウス　　カ．ベガ

（４） 下線部のように，星の色は表面温度によって違うように見えます。下の【語群】に示す色を，星の表面温度が低い順に正しく並べなさい。

【語群】　赤色　　白色　　青白色　　黄色

（５） 板橋区で１月20日午後８時に南の空を見上げると，【図３】のようにオリオン座が見えました。このオリオン座は，２時間後の午後10時にA，Bどちらの方向に何度動いているように見えますか。

【図３】

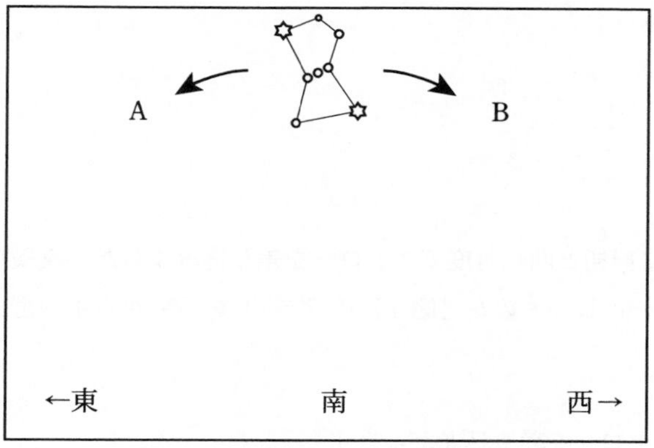

4 光の進み方についていくつかの実験をしました。それぞれの実験について以下の問いに答えなさい。

〔実験１〕

直方体の水槽《すいそう》に水を１L入れて，軽くて丈夫《じょうぶ》なストローをななめに差し込み，真横から見たところ，【図１】のようにストローが折れ曲がって見えました。次に，水を捨ててから中をよくふいて，水の代わりに食用油を１L入れて，同じストローを同じ角度で差し込み，真横から見たところ，【図２】のようにストローが水のときとは違《ちが》う角度で折れ曲がって見えました。

【図１】
水にストローを差し込んだときのようす

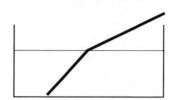

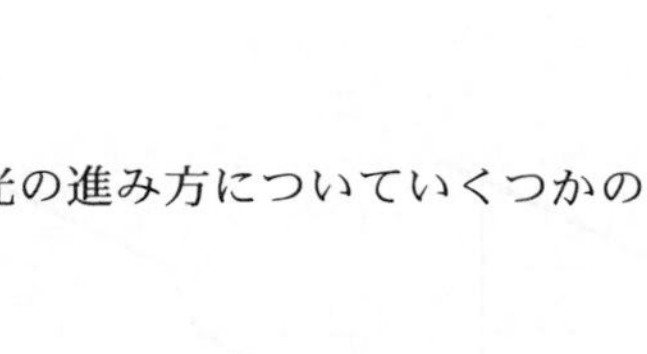

【図２】
食用油にストローを差し込んだときのようす

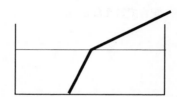

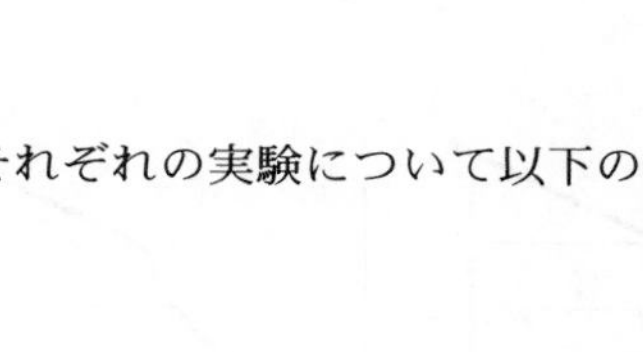

（1） 水槽に入っている食用油を500 mL捨ててから，水500 mLを静かに注いで足したところ，【図３】のように２つの層に分かれました。水は【図３】のアとイのどちらの層になりますか。記号で答えなさい。

【図３】水500 mLと食用油500 mLが２層になっているようす

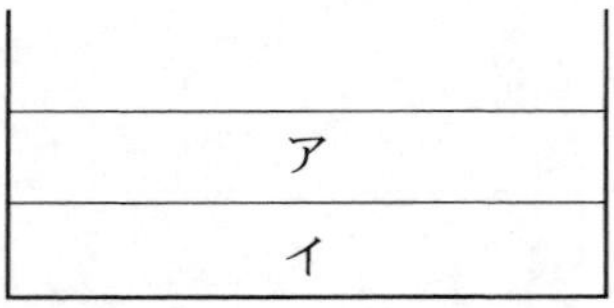

（2） ２層になった水と食用油の入った水槽に最初と同じ角度でストローを差し込みました。真横から見るとストローはどのように見えますか。正しいものを【図４】のア～エのうちから１つ選び，記号で答えなさい。

【図４】水と食用油が２層になった水槽にストローを差し込んだようす

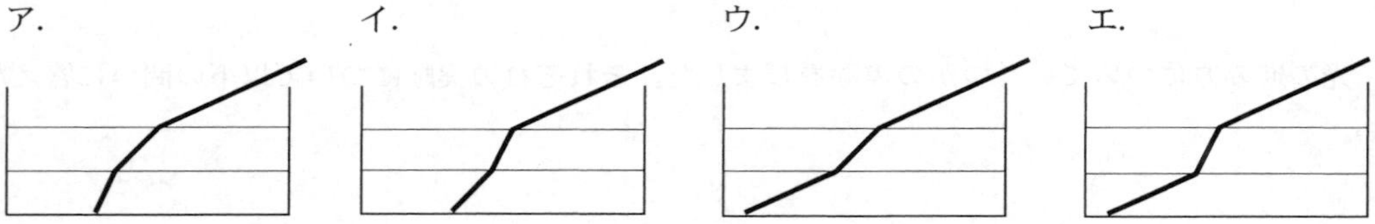

〔実験２〕

最初に，１枚の平面鏡に日光を当てて反射させました。次に，同じ平面鏡を何枚か用いて，日光の反射光を日かげの壁《かべ》に当てました。さらに，明るいところで平面鏡に「５」の数字をうつしてみました。最後に，裏を黒く塗《ぬ》った工作用紙と平面鏡で，窓のない部屋の中からでも外を見ることのできる「潜望《せんぼう》鏡《きょう》」を作りました。

（3） １枚の平面鏡に日光を当てて反射させたときのようすとして，正しいものを【図５】のア～エから１つ選び，記号で答えなさい。

【図５】

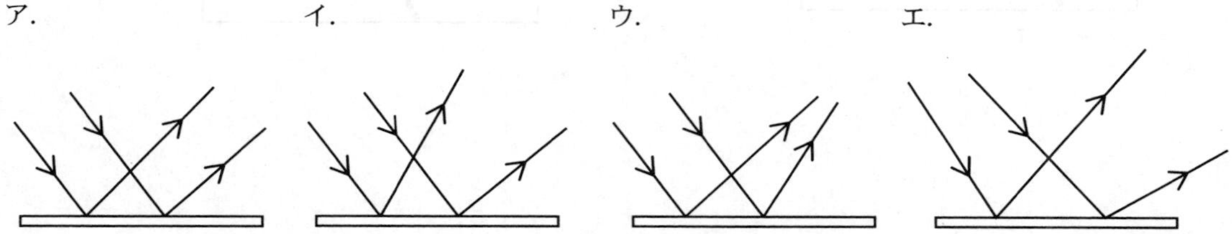

（4）　５枚の平面鏡を用いて，【図６】のように日かげの壁に反射させた日光を当てたとき，最も明るくなるのはどこですか。ア～オの中から当てはまるものを全て選び，記号で答えなさい。

【図６】

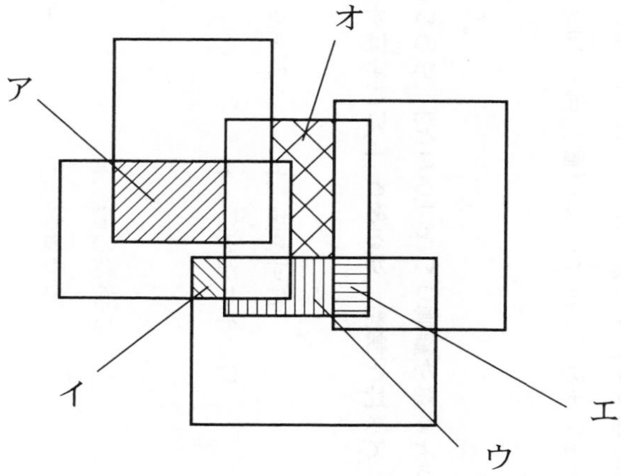

（5）　平面鏡に「５」の数字をうつしたときにどのように見えますか。【図７】のア～エから１つ選び，記号で答えなさい。

【図７】

（6）「潜望鏡」は真横から見ると【図８】のようなつくりをしています。このとき，遠くに置かれた「５」の数字は，「潜望鏡」をのぞいている人からどのように見えますか。【図７】のア～エから１つ選び，記号で答えなさい。

【図８】

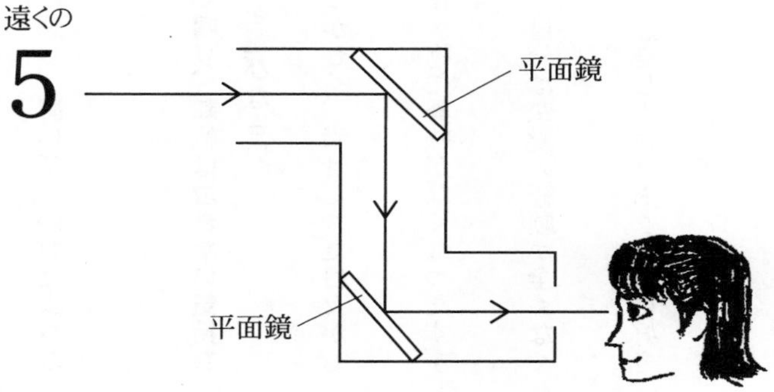

問四　――線④「道すがら」・⑤「せわしなく」の意味として最も適切なものを選びなさい。

④「道すがら」

ア、道のとちゅう　イ、道の中央

ウ、道のはし　エ、道の終着点

⑤「せわしなく」

ア、争うように　イ、いそがしそうに

ウ、わきめもふらずに　エ、焦らずに

問五　――線⑥「すずはすごい。」とあるが、莉帆と比べて「どのようなところ」がすごいのか、「ところ」という言葉が続くように四十字以内で説明しなさい。

問六　――線⑦「ヨッテ」・⑧「値」・⑨「ヒミツ」のカタカナを漢字に、漢字をひらがなに直しなさい。また、送りがなが必要な場合はひらがなで書きなさい。

問七　――線⑩「すずも彼らに交じって急に足早に立ち去っていくような気がして、莉帆は焦る。」の説明として最も適切なものを選びなさい。

ア、すずが友情より恋を大切にしていると感じ、恋が実らないことを望む気持ちになっている。

イ、すずが将来の目標を見つけてしまったように感じ、途方《とほう》に暮れた気持ちになっている。

ウ、すずが不意に自分への興味がなくなったように感じ、見放された気持ちになっている。

エ、すずがとつぜん大人になったように感じ、置いていかれたような気持ちになっている。

問八　――線⑪「おなかがグーっとかなしく鳴り、莉帆は泣きたい気持ちになる。」の理由として最も適切なものを選びなさい。

ア、すずとおやつを食べた思い出がなつかしく、幸せだった日々がもう戻《もど》ってこない気がしたから。

イ、すずと食べたおやつを思い出し、食べ物に興味がなくなったすずの心離れをうらめしく思うから。

ウ、すずの恋を応援したいと思っても、自分は恋愛の経験が全くなくて助言ができそうにないから。

エ、すずと恋愛面でも対等でいたいが、恋をしようにもクラスに好きになれそうな男子がいないから。

問九　本文の内容として最も適切なものを選びなさい。

ア、莉帆とすずは、オリンピック選手になるため厳しい食事制限をするが、食べ物の誘惑《ゆうわく》には勝てずコンビニ通いをやめられない。

イ、莉帆もすずも、それぞれの目標の実現に向けて一緒《いっしょ》に努力を続けていたが、すずは恋に夢中になり夢をあきらめてしまった。

ウ、思春期まっただなかの莉帆は、身のまわりの出来事や両親に対して自分の考えを持ち始め、少しずつ大人へと成長していく。

エ、すずを目標にしている莉帆は、イルカの飼育員と焼き肉屋さんになる夢を実現するために、ひとりで暮らすことを決意した。

しいもん」

「アンドリュー先生は元気？」

「元気だよ。私の通う英会話学校は、毎回先生が違《ちが》うから、毎週会えるわけじゃないんだけど、でもそのほうが長続きすると思うんだ、恋は」あいかわらず大人っぽいことを言うすずを、莉帆は尊敬のまなざしで眺《なが》める。すずはこんにゃくにかぶりつきながら、「莉帆っちはいないの？　好きな人」と訊く。

「いないよ、うちの学校の男子はみんなガキで下品だし、スイミングにだってかっこいい子はいないしさ……」

「ま、恋ってのはとつぜん落ちちゃうものだから、焦ることないよ」と言い、すずは箸で餅きんちゃくをつまみ、せりふとは裏腹《うらはら》な子どもじみた顔でじっとそれを見つめ、意を決したようにぱくりと噛《か》みつく。もぐもぐと咀嚼《そしゃく》し、「ああ！」空を仰《あお》いで真っ白い息を盛大《せいだい》に吐いて叫《さけ》ぶ。「おいしい！　餅おいしい！　迷ったけど買ってよかった！」満面の笑みで莉帆を見る。

　大人っぽいし恋をしているしアンドリューだし冷えは女の大敵なんて言うし、日に日に遠い存在になっていくように思えていたすずが、自分と同じ十一歳の女の子だとふいに実感して、莉帆はうれしくなる。

「六年生になってもスイミングやめないよね？」莉帆は念押《ねんお》しするように訊く。

「やめるわけないよ、オリンピック選手になるんだから。英語だってそのためにはじめたんだから」すずが言い、二人で顔を見合わせてから、器《うつわ》のなかのたまごをひとつずつ、箸でつまむ。

（角田　光代『ゆうべの食卓』「それぞれの夢」）

問一　――線①「投げ出し癖」のここでの説明として最も適切なものを選びなさい。

ア、どんなことも周りの人に決めてもらう癖

イ、目標を達成する前にあきらめてしまう癖

ウ、すぐに言い訳して努力が長続きしない癖

エ、できないことにぶつかると逃げ出す癖

問二　――線②「いつものように」の「いつも」の内容を一文で探し、最初の三字を答えなさい。

問三　――線③「ひとりで暮らして毎日お肉を食べるのが夢。」の理由として最も適切なものを選びなさい。

ア、家で肉を焼くと、肉でもたれて母親の具合が悪くなるのが申し訳ないから。

イ、家の食事で時々出される肉の量が少なく、栄養不足になるのが心配だから。

ウ、魚や野菜中心の食事に嫌気《いやけ》がさして、これから肉しか食べたくないと思ったから。

エ、肉を好きでない母親が、食卓に肉料理を並べることがないのが不満だから。

「ダイエット！」あまりのことに莉帆は大きな声を出し、すずににらまれる。「だってすずはぜんぜん太ってないし、そんなの必要ないよ」

「好きな人ができたんだよ」ぐるぐる巻きにしたマフラーに顔の半分を埋《うず》めるようにしてすずは言う。「だからもっとかっこよくやせて、買い食いとかしない人になろうと思って」

「好きな人ってだれ？　スイミングのだれか？」スクールでおなじクラスの男子たちを思い浮《う》かべるが、すずが好きになるのに⑧値するような子は思いあたらない。

「だれにも言っていないんだけど、莉帆っちとのあいだに⑨ヒミツは持ちたくないから、言うね」立ち止まることなく歩きながら、思い詰《つ》めた表情ですずは言う。「アンドリュー先生。一月から通いはじめた英会話学校の先生なの。オーストラリアから去年日本にきたんだって」

　莉帆は何か言いたいが、言うべき言葉が見あたらない。大勢の大人たちが足早に駅に向かって歩いている。⑩すずも彼らに交じって急に足早に立ち去っていくような気がして、莉帆は焦《あせ》る。

「その人、お餅とか知ってるかな……」とつぶやいたのは、すずの将来の夢を思い出したからだ。毎日餅を作って食べるというのが、先月に聞いたばかりのすずの夢だ。外国人は餅なんて食べないのではないかと不安になったのだ。

「餅はおいしいし、好きになるんじゃないかな。納豆《なっとう》からみ餅は無理かもしれないけどさ。でも、他文化を尊重する人だと思う、アンドリューは」

　莉帆はもう何も言えず、ホームですずと別れて、大人たちで混んだ電車に乗りこんだ。他文化。アンドリュー。オーストラリア。英会話学校。恋《こい》。恋。恋。すずの言葉の断片《だんぺん》がぐるぐると頭のなかをまわる。餅のことなんか言った自分が、馬鹿《ばか》みたいに思える。

　学校のクラスでも、だれがだれを好きという話は飛び交《か》っているが、すずの恋は、そんなのとはまったく違う気がする。すずは本気だ。大人の恋だ。だからもう重みのあるおやつも買わない。二人で、チャーシューまんやからあげクンを半分こして食べながら歩いた日々が、ものすごく遠い。そしてものすごく満ち足りた時間として思い出される。⑪おなかがグーっとかなしく鳴り、莉帆は泣きたい気持ちになる。

　今まで何もなかったみたいにすずがコンビニエンスストアにすーっと入っていったのは、桃《もも》の節句も間近な、まだ空気の冷たい日だった。え？　え？　いいの？　と思いながら、莉帆はすずに続いて店内に入る。暖房《だんぼう》が効いていて、おでんのだしの匂《にお》いがして、雑誌コーナーで何人かの大人が立ち読みしている。すずはまっすぐレジに向かうと、

「おでんください。えーと、つくねとがんもと、玉こんとウインナー巻きと」そこまで言って莉帆を振り返り、「たまご食べる？」と確認してから、「たまご二つと、あと、あと、あと、餅きんちゃく！」意を決したように言う。

　お箸《はし》を二膳《にぜん》もらって、コンビニエンスストアのドアのわきに立って、湯気を上げるおでんを二人で分ける。すずが、買い食いしない宣言をしたのは二週間前だ。

「いいの？　あの、ダイエット」おずおずと莉帆は訊く。ウインナー巻きはあげるというので、ありがたくもらう。うっとりするくらいおいしくて、体の芯《しん》からあたたまる。

「おでんはローカロリーだからいいんじゃないかと思って。冷えは女の大敵だしね。こんにゃくは私がもらうね」

「すず、いつも分けてくれてありがとう。私、おこづかいもらってないから、なんにもお礼ができないけど……」

「いい、いい、そんなこと。ひとりで食べるより二人で食べたほうがおい

家）で、宇都宮で一泊《いっぱく》する。

父方の祖父母宅で、莉帆のいとこたち――父の兄の子で、高校生の龍太《りゅうた》と中学生の光貴《みつき》の二人が、おせちはもう食べたくない、焼き肉食べたいと猛烈《もうれつ》に言い募《つの》って、総勢九人で焼き肉屋にいったのだった。

「こんなにおいしいものを知らずに生きていたんだって、泣きそうになっちゃったよ」

スイミングを終えて駅まで向かう④道すがら、すずの買ったからあげクンのお裾《すそ》分けを食べながら莉帆はお正月の話をする。まだ一月の半ばなのに、商店街からはお正月の気配が消え、大人たちが⑤せわしなく駅へと歩いている。

「焼き肉屋さんになりたいって思った？」すずが訊く。すずは年末年始、沖縄《おきなわ》にいっていたらしい。

「でも、お店が閉まってから食べられるとしたら、お客さんのところにお肉を運ぶのがかなりつらいと思ったよ。だから考えたんだよね。私はいるかの飼育員になって、焼き肉屋の人と結婚《けっこん》したらいいんじゃないかなぁ。帰ったら毎日焼き肉。ともかくスイミングはやめないよ」

「私は餅《もち》だな」からあげクンの空き箱をレジ袋《ぶくろ》に入れて、すずが言う。

「もちって、お餅？　白い餅？」

「私の夢はオリンピック選手になることだけど、莉帆っちとおんなじに、ほんとうの夢もあって、それは選手を引退したあとに、毎日毎日、毎日毎日餅を食べて暮らすの。餅屋の人と結婚するんじゃなくて、自分で餅を作って毎日いろんな味で食べる」

「いろんな味……」あまりに驚《おどろ》いて莉帆はすずのせりふをくり返す。すずが、そんなに餅好きだとは知らなかったのだ。というか、餅好きの人が世界にいるなんて、考えたこともなかった。「定番は磯辺《いそべ》とか大根おろしだけど、チーズも合うし、マヨもトマトもいける。甘《あま》いのもあんこだけじゃなくてキャラメルとかチョコとかね。沖縄の餅ははじめて食べる味だったけど、それも好きだった」白い息を吐《は》きながらすずは話す。「引退するまでは、太るからたくさんは食べられないでしょ？　だから食べたい気持ちをためておいて、引退したら餅を食べ続けるの」

莉帆は尊敬のまなざしですずを見る。前から思っていたけれど、⑥すずはすごい。餅は、お雑煮《ぞうに》とお汁粉《しるこ》と磯辺焼きしか知らなかった。それに何より、餅屋の人と結婚するんじゃなくて、自分で餅を作るというのが、自分の夢よりかっこいい気がする。

「中学生になっても、スイミング続けようね、すず。餅を食べ続けるために、がんばろうね」

駅にたどり着き、ホームで別れるときに莉帆はすずに言った。すずは笑顔でうなずくと、反対側のホームに向かって歩き出し、振《ふ》り向いて一度手を振り、走っていく。

スイミングスクールからの帰り道で、朝倉すずは毎回コンビニエンスストアに⑦ヨッテ、チャーシューまんとか唐揚《からあ》げとか、重みのあるおやつを買って、田口莉帆に気前よく分けてくれる。スイミングのあとは気持ちが獰猛《どうもう》になるくらいおなかが空《す》いているので、申し訳ないと思いつつも、莉帆はすずの買い食いを心待ちにしていた。

ところが二月のその日、すずはコンビニエンスストアを素通《すどお》りした。

「えっ」と思わず莉帆は声を出す。「ヨラナイの？」言ってから、なんだかたかりみたいに聞こえなかったかと不安になり、「あ、そういうんじゃないんだけど」とつけ足した。

「ダイエットすることにしたの」と、通り過ぎたコンビニエンスストアをちらりと振り返ってすずは言う。「だから間食はしない」

三　次の文章を読んで、後の問いに答えなさい。

「将来の夢」と課された作文に、田口莉帆《たぐちりほ》は「いるかのしいくいん」と書いた。一年生のときまではピアニストになりたいと思っていたけれど、二年生の夏休み、両親とともに訪れた動物園でいるかのショーを見た直後、莉帆は将来の夢を変更《へんこう》した。ピアノをやめて水泳を習うのに、母親は最初かなり反対した。①投げ出し癖《ぐせ》がつく、というのが理由だった。やりたいことはなんでもやらせる主義の父親が賛成してくれて、二年生の秋から莉帆はスイミングスクールに通っている。

「莉帆っち、半分食べる？」コンビニエンスストアから出てきた朝倉《あさくら》すずは、湯気の出ている包みを差し出す。「あんこじゃないよ、ただの肉まんでもない、チャーシューまんだよ」

「え、いいの」莉帆はつばをのみこんで、一応は訊《き》く。

「いいよいいよ」②いつものように言いながら、すずはチャーシューまんを半分に割って、莉帆に差し出す。二人並んで歩きながら、あたたかいそれを頬張《ほおば》る。

「チャーシューがうまい」莉帆はつぶやく。

「チャーシューをおうちで作ったときチャーシューまんも作れるね」すずが言う。

「えっ、チャーシューっておうちで作れるの」

「作れるよ、かんたんだよ。でもこの皮を作るのはむずかしいかもしれない」

スイミングスクールで知り合ったすずは、莉帆と同じ小学五年生で、同じ沿線に住んでいて、高校まで続く私立の学校に通っていて、将来の夢はオリンピック選手らしいけれど、どの種目もそんなに早くない。さらにはお金持ちで、帰り道のコンビニでいつも「重みのあるおやつ」を買い、買い食い防止のためにおこづかいを持たされていない莉帆に、気前よく分けてくれる。

「将来の夢って作文に、いるかの飼育員って書いたんだけど、でもその前に私は③ひとりで暮らして毎日お肉を食べるのが夢。そっちの夢のほうがほんとうの気がする」チャーシューまんを食べながら話すと、息も白い。

莉帆の母親は肉が好きではない。アレルギーではないが、ちょっとの量でも「もたれる」のだと言う。だから食卓《しょくたく》には魚と野菜ばかりが並ぶ。たまの日曜日、父親が料理するときだけ、焼きそばやカレーに肉が入る。でも決まって鶏肉《とり》だ。大人になったらチャーシューもかんたんに作れるようになりたいと、切実に莉帆は思う。

「いるかじゃなくて焼き肉屋さんにしたら？」すずがさらりと言い、莉帆はびっくりする。

「焼き肉屋さんかあ！　でもさ、焼き肉屋さんって焼き肉を毎日食べていいの？」莉帆は焼き肉店にいったことがない。だから、お店の人がどんなふうなのかまったくわからない。

「お店が終わったあとなら食べていいんじゃない？　あっ、でもやっぱりその夢はやめて。焼き肉屋さんになるなら、スイミング必要ないじゃん。私はずっと莉帆っちと泳いでいたいよ」

「私だってそうだよ、スイミングはやめないよ」

駅が見えてくる。駅の近くにはファストフード店や飲食店がたくさんある。焼き肉店もある。最後のひとかけらをのみこんで、いるかの飼育員と焼き肉店経営をどうすれば両立できるか、真剣《しんけん》に考えはじめる。

新年、田口莉帆ははじめて焼き肉店に足を踏《ふ》み入れた。

毎年、元旦《がんたん》は自宅で過ごし、二日、三日に祖父母宅にいく。たいてい二日が大宮《おおみや》の祖父母宅（母親の実家）、三日が宇都宮《うつのみや》の祖父母宅（父親の実

問八　次に示すのは、戸谷さんの文章を読んだ後の、花子さんとある友だちとのやり取りです。会話文中の［Ｂ］に入る文章として最も適切なものを選びなさい。

花　子―私は毎日、好きな歌手のInstagram《インスタグラム》を見ることが楽しみです。でも、あるとき、一つの投稿が批判を受け、いわゆる「炎上《えんじょう》」騒《さわ》ぎになったことがありました。なぜ突然、このような「炎上」騒ぎが起きるのか不思議でしたが、筆者の戸谷さんの文章を読んで、ＳＮＳ上のコミュニケーションがいかに難しいものなのかわかりました。

友だち―InstagramやLINE《ライン》はとても気軽で、私たちの生活に欠かせないコミュニケーション手段ですが、その一方で、ＳＮＳ上に投稿するときには非常に慎重になる必要がありますね。

花　子―はい、私たちにとって欠かせないコミュニケーションの場だからこそ、その特徴をよく理解し上手に活用していきたいです。

友だち―戸谷さんの文章を読んで、ＳＮＳ上のコミュニケーションにおいて大切なことは何だと考えましたか。花子さんの考えを教えてください。

花　子―［Ｂ］

友だち―そうですね。その上で積極的に色々な人々とつながり、コミュニケーションを楽しみたいですね。

ア、ＳＮＳ上のコミュニケーションにおいては、常に一つのルールに則ることで、状況が刻々と変化しても最善の反応ができるようにすることが大切だと考えました。

イ、相手が発する言葉の意味合いを慎重に読み取り、言葉で物事を的確に表現し伝えられるように、言葉を柔軟に使いこなす力を身につけることが大切だと考えました。

ウ、InstagramやLINEなどのＳＮＳ上で発言するときは、投稿に利用するＳＮＳの特徴をよく理解し、自分に合った最善のものを選択することが大切だと考えました。

エ、言葉は自分の考えや感覚と対応するものであり、他者と積極的に言葉を交わし共有することで、自分を理解してもらうよい機会とすることが大切だと考えました。

問一　――線①「このような捉え方」の説明として最も適切なものを選びなさい。

ア、言葉は人の考えや感覚を研究対象とする哲学が取り扱《あつか》う分野であるということ。

イ、言葉は「私」のなかにある考えや感覚と結びついて発されるものであるということ。

ウ、言葉は「私」のなかにある考えや感覚を他者と共有するために発明されたものであるということ。

エ、言葉は抽象《ちゅうしょう》的な考えや感覚を具体化する翻訳機能を備えたものであるということ。

問二　――線②「シショウ」・③「サイガイ」を漢字に直しなさい。

問三　次の文は、――線④「言語ゲームの理論」を説明したものです。［１］・［２］に入る語を解答欄《らん》に合わせて文中から探し、答えなさい。

人のコミュニケーションにはその場で従う［１］が存在し、それに基づき私たちは最適な［２］を選んで使い、他者とやり取りをしているということ。

問四　――線⑤「バリエーション」の意味として正しいものを一つ選びなさい。

ア、解釈《かいしゃく》　イ、権限　ウ、種類　エ、秩序《ちつじょ》

問五　――線⑥「Twitterで日々繰り広げられているコミュニケーションは、実は極めて複雑な言語ゲームなのだ」とあるが、コミュニケーションが極めて複雑になる理由としてあてはまるものを二つ選び、解答欄の記号に○を付けなさい。

ア、リツイート機能を持つTwitter上の言葉は、投稿時には想像もできない状況下で読み手に届く可能性があり、コミュニケーションのルールが状況に合わせ急変することがあるから。

イ、私的な「つぶやき」として投稿された言葉は、Twitterのリツイート機能により多くの読み手に届き、投稿者が用いたコミュニケーションのルールにはなかった社会性を帯びることがあるから。

ウ、Twitter上に半永久的に残る言葉は、各時代のコミュニケーションのルールに照らし意味合いを変化させ、読み手の立場からすれば不適切な内容だと批判されることがあるから。

エ、私的な「つぶやき」として限られた字数で投稿されるTwitter上の言葉は、背景が見えにくく読み手に都合のよい解釈を許し、コミュニケーションのルールが誤解されることがあるから。

問六　［Ａ］に入る語を一つ選びなさい。

ア、一進一退　イ、尻込《しりご》み　ウ、早合点　エ、堂々めぐり

問七　――線⑦「ＳＮＳとは、そうした可能性を内部に抱えている」とあるが、この場合、どのような可能性が考えられるか。本文の内容に沿ってわかりやすく、四十字以内で二つ答えなさい。

ば、ルールブックも存在しません。確かにそこにはルールがありますが、そのルールには無数の⑤バリエーションが存在し、そして刻々と変化しつづけていくのです。

言葉をこのように捉えるなら、⑥Twitter《ツイッター》で日々繰《く》り広げられているコミュニケーションは、実は極めて複雑な言語ゲームなのだと考えることができるでしょう。

Twitterの「つぶやき」は、「ひとりごと」という形で語られます。しかも、１４０字という字数制限があるため、そこに記される情報はかなりシンプルであり、いったいどのような意図で、どのような文脈のなかで書かれたものなのか、背景が見えにくくなっています。

だからこそ、「つぶやき」を目にした人は、それを自分に都合のよいルールに基づいて解釈《かいしゃく》し、反応《はんのう》することができます。たとえて言うなら、何のスポーツをしているのかわからない相手から飛んできたボールに、自分がプレーしているスポーツの流儀でリアクションするような状況です。もしもあなたが野球をしているならバットで打ち返すでしょうし、バレーボールをしているなら強烈《きょうれつ》なレシーブを決めるでしょう。

しかし、そうしたリアクションは、当然のことながら、相手の立場からすれば不適切な対応になりえます。相手はサッカーをしているつもりなのに、そのボールをあなたがバットで打ち返してくるかもしれないからです。Twitter上で起こるトラブルの多くは、そうした言語ゲームの誤解に基づくものなのではないでしょうか。

あるいは、フォロワーが１００人の人の投稿《とうこう》が、フォロワーが10万人の人にリツイートされたとしましょう。すると、その投稿の持つ意味合いはずいぶん変わってしまいます。それもまたスポーツにたとえて考えるなら、友達と一緒《いっしょ》に公園でサッカーをプレーしていたはずなのに、何かの魔《ま》法《ほう》によって突然《とつぜん》、満員のスタジアムにワープさせられたような状況です。友達の前だからこそできるふざけたプレーも、スタジアムのまんなかでやれば「不適切だ」とされてブーイングを浴びるかもしれません。これも、言語ゲームのルールが急変することによって生じるトラブルである、と考えることができるでしょう。

ウィトゲンシュタインは、哲学の役割を「ハエとり壺《つぼ》のハエに出口を示してやること」だと説明しました。ある問題に頭を悩《なや》ませるとき、私たちは多くの場合、問題そのものが難しいから答えを出せないのだと考えてしまいます。しかし彼の考えでは、その本当の理由は、むしろその問題を考えるために適した言葉を使えていないという点にあるのです。まちがった言葉で考えているからこそ、私たちは「ハエとり壺」のなかに迷いこんだハエのように、行き先を見失って［Ａ］をしてしまいます。そこから脱出《だっしゅつ》するためには、問題そのものの解決を急ぐのではなく、より適した言葉で思考することが必要です。腕《うで》を組んで「ムムッ」と考えこむ前に、まず言葉を柔軟《じゅうなん》に使いこなせるようにならなければならないのです。

おそらく、私たちがＳＮＳを使用するときにも、同様の注意を払《はら》う必要があるでしょう。ある投稿について、「これが何を言っているのかまったく明白で、よく理解できる」と思ったとしても、投稿した人は、その言葉に「私」には想像もできないような意味を担《にな》わせているかもしれません。同じようにボールを蹴《け》っていても、「私」と他の人が則《のっと》っているルールはまったくちがっているかもしれません。⑦ＳＮＳとは、そうした可能性を内部に抱《かか》えている、ベリーハードな言語ゲームが展開されている場にほかならないのです。

（戸谷　洋志『ＳＮＳの哲学　リアルとオンラインのあいだ』）

葉」に関する現代の哲学に多大な影《えい》響《きょう》を与えた哲学者、ルートウィッヒ・ウィトゲンシュタイン（1889―1951）です。

なぜ私たちは、私的な感覚である痛みを、「痛い」という言葉と対応させ、その言葉で表現することができるのか。この問いに対して、ウィトゲンシュタインは次のような革命的な答えを示しました。

彼《かれ》によれば、「私」の考えや感覚と言葉の間には、そもそも対応関係などはありません。そうではなく、ただ、その場そのときのルールに拠《よ》ると「痛い」と言うことが適切だから、「私」は「痛い」と言うのです。

対応関係がそもそもない！　これはびっくり仰《ぎょう》天《てん》な発想です。

彼が考えていたのはこういうことです。私たちは、言葉を話すとき、その場のルールに基《もと》づいて、そのときそのときにもっとも適した言葉を選んで話しています。この「ルール」が大切なのです。私たちがあるときにある言葉を発するのは、その言葉に対応する何かが私たちのなかにあるからではなく、そのときにはそう言うのが最善だから、そういうふうに私たちのコミュニケーションのルールが決まっているからにほかなりません。

だから、「なぜ私たちは、私的な感覚を、ある言葉に対応させて表現し、他者に伝えることができるのか？」という問いは、考えてもしかたのないことなのです。

『私』はなぜ、自分の感じているこの痛みと、『いたい』という3文字とを対応させることができているのか」なんて、そもそも示すことができません。しかし、そんなことなどわからなくても、「私」は（多くの場合、自分でも意識せずに）その場のルールに従うことで、その言葉を選んで使い、他者とやりとりができている。その分には何の②シショウもないのです。

ウィトゲンシュタインは、このように一定のルールに基づいて交《か》わされる言葉のあり方を、「言語ゲーム」と呼びました。これは、私たちの言葉に対するイメージを大きく変える発想です。しかし、同時に、日常的な言葉のやりとりがどのように成り立っているのかをうまく説明してくれる考え方でもあります。

もう一度、たんすの角に足の小指をぶつけたときのことを考えてみましょう。そのときあなたは「痛い！」と言うわけですが、しかし、どこかに足の小指をぶつけたとき、どんな状《じょう》況《きょう》でも必ず「痛い！」と言うわけではないでしょう。たとえばあなたがものすごく偉《えら》い人と話していて、礼《れい》儀《ぎ》正しくしていなければならないとき、ふとした弾《はず》みでたんすの角に足の小指をぶつけても、きっと「痛い！」と叫んだりはしないはずです。何か大きな③サイガイが起こり、あわてて家を出て避《ひ》難《なん》するとき、たんすの角に足の小指をぶつけたとしても、「痛い！」とは言わず、ともかく先を急いで走るかもしれません。あるいは、廊《ろう》下《か》を歩いていて、角を曲がったところに置いてあったたんすの角に足の小指をぶつけ、転びそうになったとしたら、むしろ「誰《だれ》だよ！　こんなところにたんすなんて置いたのは！」などと言うかもしれません。

ある状況では「痛い」と言うのに、別の状況では「痛い」と言わない。なぜでしょうか。もしも「言葉は私的な感覚と結びついて発されるものだ」と捉えるなら、その理由はうまく説明できません。しかし④言語ゲームの理論に従えば、簡単に説明できます。つまり私たちは、言葉を私的な感覚と対応させて話しているのではなく、自分の置かれている状況において、その場での最善のアクションとなるような言葉を話しているにすぎないから、ということです。

ただし、ここで注意しておくべきことがあります。それは、言語ゲームにおいて私たちが従うルールは決して一つではない、ということです。いや、そもそもそうしたルールには、公式／非公式といった区別もなけれ

問八　次の――線部と同じ用法のものを一つ選びなさい。

駅までの道を聞かれる。

ア、水をあげないと花がしおれる。
イ、教室で先生に名前を呼ばれる。
ウ、父より兄の方が速く走れる。
エ、川に落ちた花びらが流れる。

問九　次の□に入るカタカナ語として適切なものを一つ選びなさい。

相手の気持ちを言葉の端々《はしばし》の□から読み取る。

ア、バラエティー　　イ、ニュアンス
ウ、コンテンツ　　エ、インパクト

問十　次の短歌の中で季節が異なるものを一つ選びなさい。

ア、野の中に暮るる一つ家いやましにこがらしのなかに静もれるかも　(島木赤彦《しまぎあかひこ》)
イ、こほ《(お)》ろぎのしとどに鳴ける真夜中に喰《く》ふ《(う)》梨の実のつゆは垂れつつ　(若山牧水《わかやまぼくすい》)
ウ、柿の実のあまきもあらぬ柿の実のしぶきもありぬしぶきぞうまき　(正岡子規《まさおかしき》)
エ、金色《こんじき》のちひ《(い)》さき鳥のかたちしていちょうちるなり夕日の丘《おか》に　(与謝野晶子《よさのあきこ》)

二　次の文章を読んで、後の問いに答えなさい。

私たちは多くの場合、言葉に対して次のようなイメージを抱《いだ》いています。まず、「私」のなかに、言葉になる前の考えや感覚がある。そしてその考えや感覚が、それと対応する言葉に置き換《か》えられ、相手に対して発される、というイメージです。私のなかにある考えや感覚は、私にしかわからない、私だけのものであり、そもそも他者と共有できるものではありません。それに対して、「言葉」とは、他者と共有することができるものです。言葉と合体することによって、「私」のなかにある考えや感覚は、他者と共有できるものになるのです。

たとえば「私」が、たんすの角に足の小指をぶつけてしまい、「痛い！」と叫《さけ》ぶとしましょう。このとき「痛い」という言葉は、「私」が感じた痛みの感覚と結びつき、その感覚が言語へと翻訳《ほんやく》されたものである、と考えることができます。

だから、なぜ「痛い」と言ったのか、と問われるならば、その答えは次のようなものになります。つまりそれは、「私」が「痛い」という言葉に結びつけられるところの、痛みを持っているからです。この痛みそのものを他者と共有することはできません。痛みの感覚は、あくまでも言葉になる前の、私的なものであるからです。それを他者と共有できるのは、その痛みの感覚が「痛い」という言葉に置き換えられるからにほかなりません。

「え、何をあたりまえのことを言うんだ」と思いましたか？　そう思われても不思議ではありません。実際、哲学《てつがく》の歴史においては長きにわたって①このような捉《とら》え方があたりまえだと考えられてきました。ところが、この考え方の問題を指摘《してき》した人物がいます。イギリスを中心に活動し、「言

2024年度 日本大学豊山女子中学校

【国語】〈第一回試験〉（五〇分）〈満点：一〇〇点〉

（注意）㈠ 選択《せんたく》問題は記号で答えなさい。
㈡ 字数が指定されている場合、句読点や符号《ふごう》も一字と数えなさい。

一 次の各問いに答えなさい。

問一 次の――線のカタカナを漢字に直しなさい。ただし、送りがなはひらがなで書きなさい。

祖父と一緒《いっしょ》に畑をタガヤス。

問二 次の熟語の読みの組み合わせとして適切なものを一つ選びなさい。

値段

ア、音読み＋音読み　　イ、音読み＋訓読み
ウ、訓読み＋音読み　　エ、訓読み＋訓読み

問三 次の熟語で他と構成の異なるものを一つ選びなさい。

ア、紅白　　イ、進行　　ウ、下降　　エ、樹木

問四 次の意味を持つ四字熟語を一つ選びなさい。

物事をおおげさに言うこと

ア、一騎《いっき》当千《とうせん》　　イ、空前絶後
ウ、針小棒大　　エ、本末《ほんまつ》転倒《てんとう》

問五 次のことわざの意味として最も適切なものを選びなさい。

ぬかにくぎ

ア、中途《ちゅうと》半端《はんぱ》で役に立たないこと
イ、手応えやりがいがないこと
ウ、前後関係や筋が通らないこと
エ、相手に重ねて注意すること

問六 次の文で――線の言葉の使い方として、適切でないものを一つ選びなさい。

ア、新しい習い事は初対面の人ばかりで、気が置けなかった。
イ、近所にスーパーができるという情報を、小耳にはさんだ。
ウ、みんなで力を合わせて戦ってきたが、決勝戦で涙《なみだ》を飲んだ。
エ、昨日友達と行った美術館で、一つの絵画に目を奪《うば》われた。

問七 「欠点を言われて聞くのがつらいこと」という意味の慣用句になるように、□に入る適切な言葉を一つ選びなさい。

耳が□

ア、痛い　　イ、早い　　ウ、遠い　　エ、辛《つら》い

2024年度

日本大学豊山女子中学校 ▶解説と解答

算　数　＜第１回試験＞（50分）＜満点：100点＞

解　答

1 (1) 22　(2) $1\frac{3}{5}$　(3) 13　(4) 4　(5) 5　(6) 46　2 (1) 75　(2) 52.65　(3) 486　3 (1) 20　(2) 24　(3) *A* 1　*B* 2　*C* 3　*D* 7　4 (1) 2000mL　(2) 25cm²　(3) 6：1　5 (1) 2572cm²　(2) 3440cm³

解　説

1 四則計算，速さと比，濃度《のうど》，数列

(1) $38-24\div3\times2=38-8\times2=38-16=22$

(2) $3\frac{3}{5}-\left(1\frac{3}{4}\div\frac{7}{9}-\frac{1}{4}\right)=3\frac{3}{5}-\left(\frac{7}{4}\times\frac{9}{7}-\frac{1}{4}\right)=3\frac{3}{5}-\left(\frac{9}{4}-\frac{1}{4}\right)=3\frac{3}{5}-\frac{8}{4}=3\frac{3}{5}-2=1\frac{3}{5}$

(3) $\left\{12-\left(0.27+\frac{3}{4}\right)\div\frac{3}{20}\right\}\div0.4=\left\{12-\left(\frac{27}{100}+\frac{75}{100}\right)\div\frac{3}{20}\right\}\div\frac{2}{5}=\left(12-\frac{102}{100}\div\frac{3}{20}\right)\div\frac{2}{5}=\left(12-\frac{51}{50}\times\frac{20}{3}\right)\div\frac{2}{5}=\left(12-\frac{34}{5}\right)\div\frac{2}{5}=\left(\frac{60}{5}-\frac{34}{5}\right)\div\frac{2}{5}=\frac{26}{5}\times\frac{5}{2}=13$

(4) 毎分80mと毎分100mの速さの比は，80：100＝４：５だから，毎分80mで歩く場合と毎分100mで歩く場合にかかる時間の比は，$\frac{1}{4}:\frac{1}{5}$＝５：４である。この差が10分なので，この比の１にあたる時間は，10÷（５－４）＝10(分)となり，毎分80mで歩く場合にかかる時間は，10×５＝50(分)とわかる。よって，この道のりは，80×50＝4000(m)より，4000÷1000＝４(km)と求められる。

(5) (食塩の重さ)＝(食塩水の重さ)×(濃度)より，３％の食塩水200ｇに含《ふく》まれている食塩の重さは，200×0.03＝６(ｇ)，６％の食塩水400ｇに含まれている食塩の重さは，400×0.06＝24(ｇ)とわかる。よって，これらの食塩水を混ぜ合わせると，食塩の重さは，６＋24＝30(ｇ)，食塩水の重さは，200＋400＝600(ｇ)になるから，できる食塩水の濃度は，30÷600＝0.05より，0.05×100＝５(％)と求められる。

(6) となり合う数の差が，２－１＝１，４－２＝２，７－４＝３，11－７＝４，…のようになっている。９番目の数と10番目の数の差は９なので，１＋２＋…＋９＝（１＋９）×９÷２＝45より，10番目の数は最初の数に45を加えた数とわかる。よって，10番目の数は，１＋45＝46である。

2 角度，面積，表面積

(1) 下の図１で，㋑の角の大きさは，90－45＝45(度)である。よって，影《かげ》の部分の三角形に注目すると，外角の㋐の角の大きさは，30＋45＝75(度)とわかる。

(2) 下の図２の影の部分の面積は，おうぎ形BCAの面積から，直角二等辺三角形BEDとおうぎ形ECFの面積をひいて求めることができる。まず，おうぎ形BCAの面積は，$12\times12\times3.14\times\frac{90}{360}=36\times3.14$(cm²)である。また，半円の半径BEは，12÷２＝６(cm)だから，直角二等辺三角形BEDの面積は，６×６÷２＝18(cm²)となる。さらに，角FECの大きさは，180－45＝135(度)なので，おうぎ形ECFの面積は，$6\times6\times3.14\times\frac{135}{360}=13.5\times3.14$(cm²)とわかる。よって，影の部分の面積は，36×3.14－18－13.5×3.14＝(36－13.5)×3.14－18＝22.5×3.14－18＝70.65－18＝52.65(cm²)となる。

(3)　色のついた立方体を切り取ると，下の図３のような立体になる。正面と背面，真上と真下，右横と左横のどの方向から見ても９個の正方形が見えるから，この立体の表面積はもとの立方体の表面積と同じである。よって，この立体の表面積は，９×９×６＝486(cm²)とわかる。

図１

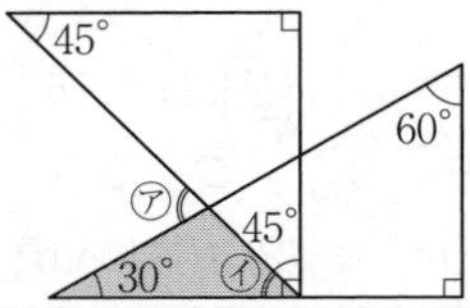

図２

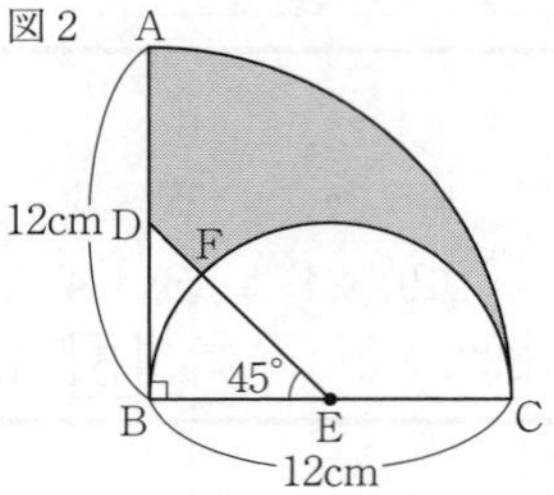

図３

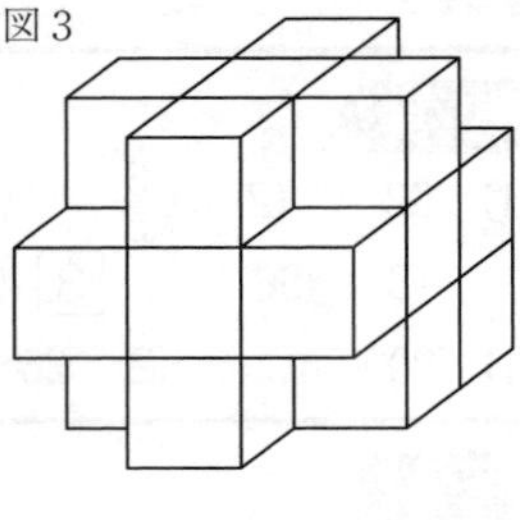

3　条件の整理

(1)　下の図１より，$E=1+2=3$，$F=2+3=5$，$G=3+4=7$，$H=3+5=8$，$I=5+7=12$になるから，$J=8+12=20$である。

(2)　各マスに入る数をA，B，C，Dを使って表すと，下の図２のようになる。よって，Jに入る数をもっとも大きくするにはBとCに入る数を大きくすればよいので，たとえば，$A=1$，$B=3$，$C=4$，$D=2$とすればよい。このとき，Jに入る数は，$1+3\times3+4\times3+2=24$となる。

図１

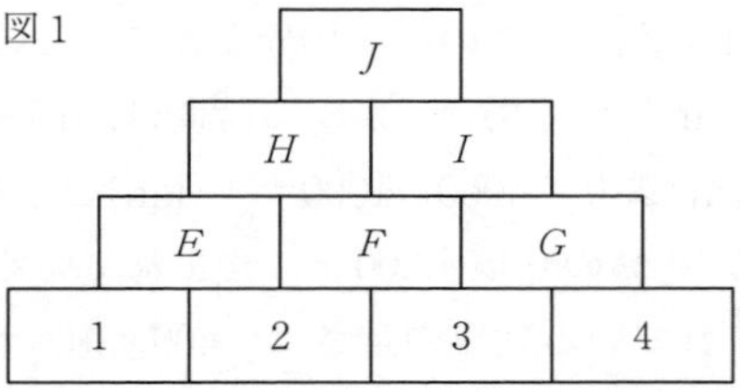

図２

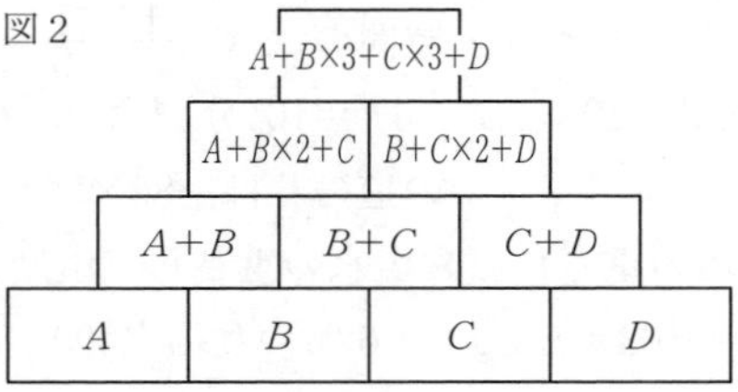

(3)　Jに入る数は，$(A+D)+3\times(B+C)$と表すことができる。これが23になるから，考えられる$(A+D)$と$(B+C)$の組み合わせは右の図３のようになる。このうち，$A<B<C<D$という条件に合うのは，影の部分で，$A=1$，$B=2$，$C=3$，$D=7$とする場合だけである。

図３

−３　−３　−３　−３　−３　−３

$A+D$	20	17	14	11	8	5	2
$B+C$	1	2	3	4	5	6	7

＋１　＋１　＋１　＋１　＋１　＋１

4　グラフ―水の深さと体積

(1)　毎秒50mLずつ水を入れると40秒後に容器がいっぱいになるから，この容器の容積は，50×40＝2000(mL)である。

(2)　問題文中のグラフより，この容器は右の図のような形をしていると考えられ，各部分に水が入る時間は図のようになる。17秒後には②の部分に，17－15＝２(秒間)水が入っているので，②の部分に入っている水の体積は，50×２＝100(mL)とわかる。また，②の部分の水面の高さは５秒で10cm上がるから，１秒間に，10÷５＝２(cm)の割合で上がる。よって，２秒間では，２×２＝

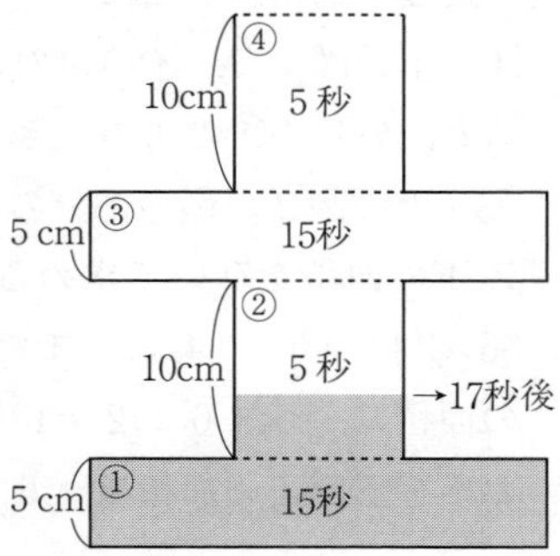

４(cm)上がるので，17秒後の水面の面積(②の部分の底面積)は，100÷４＝25(cm^{2})と求められる。

(3)　(あ)のときの水面の面積は①の部分の底面積，(い)のときの水面の面積は④の部分の底面積にあたる。①の部分の容積は，50×15＝750(mL)だから，①の部分の底面積は，750÷５＝150(cm^{2})とわかる。また，④の部分の容積は，50×５＝250(mL)なので，④の部分の底面積は，250÷10＝25(cm^{2})と求められる。よって，(あ)と(い)のときの水面の面積の比は，150：25＝６：１である。

5　立体図形―展開図，表面積，体積

(1)　問題文中の図２の立体を作るとき，使う２枚の紙は，右の図のようになっていて，どちらも太線部分の長さが80cmである。また，もとの長方形の面積は，20×80＝1600(cm^{2})であり，切り取った半円の半径は，20÷２＝10(cm)だから，切り取った半円２つの面積の合計は，(10×10×3.14÷２)×２＝314(cm^{2})となる。よって，１枚の紙の面積は，1600－314＝1286(cm^{2})なので，この立体の表面積は，1286×２＝2572(cm^{2})とわかる。

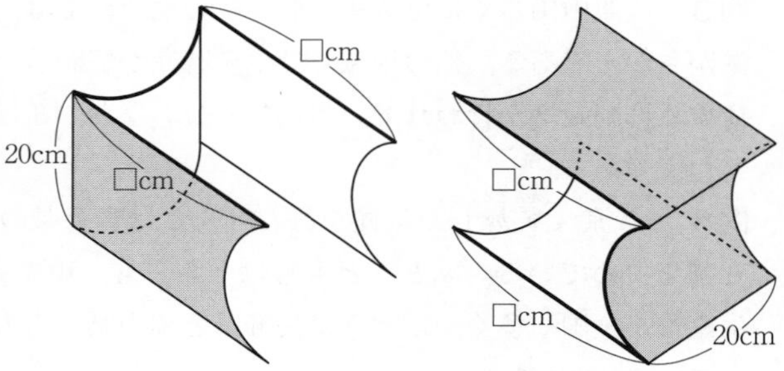

(2)　半円の弧《こ》の長さは，20×3.14÷２＝31.4(cm)だから，□＝(80－31.4)÷２＝24.3(cm)である。よって，この立体は，たて20cm，横24.3cm，高さ20cmの直方体から，円柱を半分にした形の立体を２個取り除いたものと考えることができる。直方体の体積は，20×24.3×20＝9720(cm^{3})である。また，取り除いた立体を合わせると，底面の円の半径が10cmで高さが20cmの円柱になるので，その体積は，10×10×3.14×20＝6280(cm^{3})とわかる。したがって，この立体の体積は，9720－6280＝3440(cm^{3})と求められる。

社　会　＜第１回試験＞(30分)＜満点：60点＞

解　答

1　**問１**　(例)　海抜が低いので，浸水を防ぐため。　**問２**　エ　**問３**　ア　**問４**　カ　**問５**　(1)　エ　(2)　メガソーラー　**問６**　エ　**問７**　地産地消　**問８**　イ　**問９**　エ

2　**問１**　イ　**問２**　初期荘園　**問３**　イ　**問４**　ウ　**問５**　譜代

3　**問１**　ア　**問２**　ア　**問３**　エ　**問４**　五・一五事件　**問５**　エ　**問６**　ア

4　**問１**　ア　**問２**　黙秘権　**問３**　(1)　高等　(2)　上告　**問４**　再審

5　**問１**　**X**　エ　**Y**　イ　**問２**　内閣総理大臣　**問３**　(例)　内閣が提出した法律案の成立件数が多い。　**問４**　内閣不信任

解　説

1　学校の校外学習や宿泊行事を題材にした問題

問１　写真の駅が東京都江東区にある地下鉄の駅であることから，地図より海抜《かいばつ》ゼロメートル地帯の中にあることがわかる。海抜ゼロメートル地帯とは，標高が満潮時の平均海水面と同じかそれよ

りも低い土地をいう。このような地域は，川の上流で降った雨がたまって水害が起こりやすく，また台風による高潮や高波の被害を受けやすい。そのため，道路が冠水《かんすい》しても地下に水が流れ込《こ》まないように，駅の出入り口を高くしている。

問２　2021年の日本の肉類の自給率は約50％で，主にアメリカ・タイ・オーストラリアから輸入している。アメリカからは豚《ぶた》肉と牛肉，タイからは鶏《とり》肉，オーストラリアからは牛肉の輸入量が多い(エ…○)。なお，アは野菜，イは小麦，ウは魚介類の輸入相手上位３か国を示している。

問３　浅間山山ろくに位置する群馬県の嬬恋《つまごい》村では，夏でも涼《すず》しい高原の気候を生かした高冷地農業がさかんである。他の地域では生産時期が終わった夏に，キャベツやレタスなどの高原野菜を出荷する抑制栽培《よくせいさいばい》が行われている(ア…○)。なお，イは千葉県，ウは新潟県，エは静岡県について述べた文である。

問４　冷涼《れいりょう》で乾燥《かんそう》した気候を好むりんごは青森県の生産量が全国一多く，その生産量は全国の約６割を占《し》めている。ぶどうとももはどちらも，甲府盆地の扇状《せんじょう》地で果樹栽培がさかんな山梨県の生産量が全国一多く，ぶどうは長野県と岡山県，ももは福島県と長野県が山梨県に次ぐ生産量を誇《ほこ》っている(2021年)。

問５　(1)　福島第一原子力発電所の事故を受けて，全ての原子力発電所の停止を目指してきたドイツは，2023年４月15日に最後の原子炉《ろ》３基の発電を停止し，脱原発を完了させた。ドイツはロシアから安い天然ガスを輸入していたが，ロシアのウクライナ侵攻《しんこう》により供給ができなくなり，石炭火力発電を増やすなどの措置をとった。2035年までに再生可能エネルギーのみによる電力供給を目指しているが，国民の間では脱原発完了後も原発継続《けいぞく》をめぐる議論が続いている(エ…○)。　(2)　メガソーラーとは，太陽光発電の中でも出力が1000ｋＷ《キロワット》を超《こ》える大規模な発電容量を持った発電施設のことである。建造物ではないため，現在では阿蘇山や釧路湿原など国立公園の敷地内にも設置されており，環境破壊のおそれも指摘されている。

問６　美しい海と豊かな自然にめぐまれた沖縄県は観光客が多いため，みやげもの屋や飲食店，ガイドなど観光業に従事する人が多く，第３次産業人口の割合が８割を超えている。また，離島であるため輸送のコストや効率性の点から工場の誘致《ゆうち》が難しく，第２次産業人口の割合が他県に比べて小さいという特徴《とくちょう》もある。東京都と産業別人口構成が似ているが，東京都に比べると農林水産業で働く第１次産業人口の割合が大きいことから判断できる(エ…○)。なお，第１次産業の割合が大きいアは青森県，第３次産業の割合が大きいイは東京都，第２次産業人口の割合が大きいウは愛知県を示している。

問７　地産地消とは，地域で生産された農作物や海産物をその地域で消費するという考え方や取り組みである。生産者と消費者の距離《きょり》が近く，安全・安心志向が高まる中での期待が大きい。また，輸送距離が短くすむので，環境《かんきょう》への負荷を軽減できるというメリットもある。

問８　流氷は，北海道北東に広がるオホーツク海で１月から３月にかけて見ることができる(イ…○)。知床は北半球において流氷が見られる南限で，流氷の影響《えいきょう》を受けた海と陸との生態系のつながりが評価され，2005年にユネスコ(国連教育科学文化機関)の世界自然遺産に登録された。

問９　2024年３月，北陸新幹線の金沢駅(石川県)―敦賀《つるが》駅(福井県)間が開業し，東京都から福井県まで乗り換《か》えなしでの移動が可能になった(エ…○)。なお，北海道新幹線の新青森駅―新函館北斗《はこだてほくと》駅(北海道)間は2016年(ア…×)，秋田新幹線の盛岡駅(岩手県)―秋田駅間は1997年(イ…×)，山形新幹線の山形駅—新庄《しんじょう》駅間は1999年（ウ…×）に開業した。

2　近世までの各時代の歴史的なことがらについての問題

問１　大和地方（現在の奈良県）の豪族《ごうぞく》たちが，大王《おおきみ》（のちの天皇）を中心にまとまってつくった国の政府をヤマト政権（ヤマト朝廷）という。ヤマト政権の支配力はしだいに拡大し，５世紀後半までには関東から九州北部にまでおよぶようになったと考えられている。これは，埼玉県の稲荷山《いなりやま》古墳から出土した鉄剣と熊本県の江田船山古墳から出土した鉄刀に「ワカタケル大王」の名前が刻まれていたことを根拠としている（イ…○）。なお，大阪府堺《さかい》市にある大仙古墳は日本最大の前方後円墳で，仁徳天皇の墓《はか》だと考えられている。

問２　口分田が不足するようになったため，聖武天皇は新たに開墾《かいこん》した土地の永久所有を認める墾田永年私財法を743年に出した。すると，貴族や寺院，有力農民らによる開墾が進み，私有地が拡大した。このような私有地を初期荘園という。

問３　1159年に都で起こった平治の乱で源義朝に勝利した平清盛は，1167年に武士として初めて太《だい》政《じょう》大臣に任命され，政治の実権を握《にぎ》った（X…正）。平清盛は日宋《にっそう》貿易をさかんにするために大輪田泊《とまり》（現在の神戸港の一部）を修築した。日宋貿易では硫黄《いおう》や刀剣などが輸出され，宋銭・絹《きぬ》織物・陶磁《とうじ》器などが輸入された（Y…誤）。なお，日明貿易は室町幕府第３代将軍を務めた足利義満が始めた貿易である。

問４　評定所の門前に目安箱を置いて庶民《しょみん》の意見を政治に取り入れたのは，江戸幕府第８代将軍の徳川吉宗である（ウ…×）。徳川吉宗が享保の改革の中で設置した目安箱がきっかけとなって，貧しい人や身寄りのない人に医療《いりょう》を提供する小石川養生所や，消防組織である町火消がつくられた。

問５　譜代《ふだい》大名は，関ヶ原の戦い以前から徳川家に従っていた家臣である。幕府からの信頼が厚かったため，全国の要地に配置され，老中・若年寄・寺社奉行《ぶぎょう》・京都所司代など幕府の要職についた。

3　近代以降に起こった戦争や日本の外交・経済についての問題

問１　1914年に第一次世界大戦が始まると，日本は1902年に結ばれた日英同盟を理由に連合国側として参戦し，ドイツ領の南洋諸島や中華民国（中国）にあったドイツの拠点《きょてん》を攻撃《こうげき》した（X…正）。日本は，山東半島に上陸して，1915年に中華民国に対して二十一か条の要求をつきつけ，ドイツが山東省で持っていた権益を日本が受け継《つ》ぐことなどを認めさせた（Y…正）。

問２　第一次大戦中は大戦景気と呼ばれた好景気に沸《わ》いたが，戦争が終わると軍需《ぐんじゅ》物資の需要が止まり，世界市場にヨーロッパ製品が復帰したことで日本では不景気による倒産や失業，賃金の引き下げが相次いだ。そのような中，財閥は多くの会社や銀行を吸収し，ますます成長した（ア…○）。なお，第一次世界大戦後の1923年に関東大震災《だいしんさい》が起こったことで，不景気はさらに悪化した。阪神・淡路《あわじ》大震災が起こったのは1995年のことである（イ…×）。世界恐慌《きょうこう》は，1929年にアメリカのウォール街で株価が大暴落したことを機に始まった（ウ…×）。バブル景気は1980年代後半から始まった好景気で，1990年代初めに崩壊《ほうかい》した（エ…×）。

問３　満州事変とは，柳条《りゅうじょう》湖事件（南満州鉄道爆破事件）をきっかけに日本軍が中国に侵攻し，満州を占領《せんりょう》した一連の出来事をいう（エ…○）。なお，アの甲午《こうご》農民戦争（東学党の乱）は日清戦争のきっかけとなった朝鮮の内乱，イの盧溝橋《ろこうきょう》事件は日中戦争のきっかけになった事件，ウの義和団事件は清（中国）で起こった外国人排斥《はいせき》運動である。

問４　五・一五事件は，1932年５月15日に海軍の青年将校らが中心となって首相官邸《かんてい》や警視庁，日本銀行などを襲《おそ》い，満州国建国に反対していた立憲政友会の犬養毅首相を暗殺した事件である。これによって日本における政党政治は終わり，軍部による政治への干渉《かんしょう》が強まっていった。

問５　アメリカ大統領ウィルソンが提唱した国際連盟は，第一次世界大戦の講和条約であるベルサイユ条約にもとづき，1920年に設立された。本部はスイスのジュネーブに置かれ，世界平和の確保が目的とされた。しかし，提唱国であるアメリカが議会の反対によって設立当初から解散まで不参加であったことや全会一致が原則であったこと，軍事的制裁の手段を持たなかったことなどの問題点があった。

問６　日比谷焼打ち事件は，1905年に日露戦争の講和条約であるポーツマス条約の締結《ていけつ》に反対した市民が起こした暴動である。ポーツマス条約ではロシアが賠償《ばいしょう》金の支払いを拒否《きょひ》したため賠償金をとることができず，これに不満を持った国民が調印拒否を訴《うった》える集会を行い，暴動へと発展した(ア…×)。

4　裁判のしくみについての問題

問１　刑事裁判は，検察官が犯罪《はんざい》の疑いのある被疑者を訴えることで始まり，犯罪の有無をめぐって争われる。検察官によって起訴《きそ》された被告人には必ず弁護人がつく。したがって，Xには弁護人が当てはまる。弁護人の役目は，被告人の利益を守り，被告人を弁護することである(ア…○)。なお，イは検察官，ウは被告人，エは裁判官について説明している。

問２　黙秘《もくひ》権とは，被告人が自身にとって不利益になる供述を強要されない権利であり，日本国憲法第38条で保障されている。したがって，被告人は取り調べや裁判などの場で，言いたくないことや答えたくないことは言わなくてもよい。

問３　(1)，(2)　裁判の過ちを防ぎ，人権を守るために，判決に不服がある場合は上級の裁判所に対して裁判のやり直しを求めることができ，同じ事件について３回まで裁判を受けることができる。このような制度を三審《さんしん》制という。例えば，図にあるように第一審の地方裁判所の判決に不服がある場合は高等裁判所に控訴《こうそ》し，第二審の高等裁判所の判決にも不服があれば，さらに上級の最高裁判所に上告することができる。

問４　最高裁判所による判決が確定した後でも，真犯人や新たな証拠《しょうこ》が出るなど，重大な誤りが明らかになった場合には，再審(裁判をやり直すこと)が可能である。

5　国会と内閣のしくみについての問題

問１　**X**　二院制は性格の異なる２つの院で２度審議が行われるため国民のさまざまな声を反映させながら慎重《しんちょう》に進めることができる。いっぽう，一院制では１度の審議で済むため効率的に行うことができるうえ，決定も早い(エ…○)。　**Y**　二院制では慎重に議論を行えるが，合意や政策の実現に時間がかかるという短所がある(イ…○)。なお，日本の場合，国会は参議院と衆議院の二院制が採用されているが，地方議会では一院制が採用されている。

問２　特別会(特別国会)は衆議院解散による総選挙後30日以内に召集《しょうしゅう》される国会で，内閣総理大臣の指名が必ず行われる。特別会で内閣総理大臣が指名されると，天皇が内閣総理大臣を任命し，内閣総理大臣が新しい内閣を組織する。

問３　表より，内閣が提出した法律案は全て成立しており，議員が提出して成立した法律よりも多いことがわかる。議院内閣制をとる日本では，国会が内閣総理大臣を指名することから，国会は内閣が提出する法律案に賛成することが多くなる。対して，議員が提出する法律案の中には野党議員が提出するものもあり，多数派をしめる与党によって反対されることがあり，議員が提出した法律案は，成立件数が少なくなる。

問４　日本では，議会の信任によって内閣が成り立つ議院内閣制がとられているため，内閣は国会に対して連帯して責任を負っている。したがって，衆議院で内閣不信任案が可決された場合，内閣は総辞職するか，10日以内に衆議院を解散しなくてはならない。なお，内閣が総辞職すると，国会で新しい内閣総理大臣が指名され，新内閣が組織される。衆議院が解散した場合は総選挙後に特別会が開かれる（問２の解説を参照のこと）。

理　科　＜第１回試験＞（30分）＜満点：60点＞

解　答

１ (1)　i　ちっ素　ii　酸素　iii　大き　iv　小さ　v　上　(2)　①　（例）　中心から外側に広がるようにとける。　②　ウ　２ (1)　①　ウ　②　エ　③　オ　④　イ　⑤　ア　⑥　カ　(2)　（例）　からだが大きい。　(3)　エ　(4)　オ　(5)　カンジキウサギ　(6)　（ア→）エ→イ→ウ　３ (1)　①　恒星　②　惑星　③　衛星　(2)　④　1　⑤　6　⑥　100　(3)　イ，エ，オ　(4)　赤色→黄色→白色→青白色　(5)　**方向**…B　**角度**…30度　４ (1)　イ　(2)　イ　(3)　ア　(4)　エ　(5)　ウ　(6)　ア

解　説

１　気体の性質，もののあたたまり方についての問題

(1)　**i**，**ii**　空気にふくまれる気体は，約78％がちっ素，約21％が酸素，約１％がそのほかの気体（アルゴンや二酸化炭素など）となっている。　**iii**　図１で，口の閉じた袋《ふくろ》にドライヤーで温風を当てると，袋がふくらむ。これは，袋の中の気体の温度が上がり，体積が大きくなった（ぼう張した）からである。　**iv**　図２で，中に空気が入っている密閉された注射器のピストンを押《お》すと，ピストンが下がる（ただし，ある程度まで下がると，それ以上は下がらない）。これは，中の空気が押し縮められて，体積が小さくなるからである。　**v**　図３のような実験をすると，カイロであたためられた気体がぼう張して軽くなり，上へと動いていく。その気体の流れにそって，線香のけむりも上へと動く。

(2)　①　図４のように銅板の中心の一点をあたためると，あたためた点から外側に向かって順に熱が伝わっていき，ろうがとけていく。このようすは，水面に小石を投げこんだときに波もんが広がっていくのに似ている。　②　熱は銅板の中を順に伝わっていくので，図５の場合は，まずAとCがほぼ同時にとけ，そのあとにBがとける。アとイも図５と同様になるが，ウではA→B→Cの順にとける。

２　生物どうしのつながりについての問題

(1)　図１で，バッタを食べる①と②は，一方がカマキリ，もう一方がカエルと考えられるが，カマキリはカエルに食べられるので，①にはカマキリ，②にはカエルが当てはまる。③は，食物連さの

最も上位にいる動物で，ヘビやカエルを食べることから，大型の肉食動物であるイヌワシが当てはまると考えられる。④には，くさった落ち葉を食べるミミズが当てはまる。そのミミズを食べるのはムカデとモグラであるが，モグラはムカデを食べるので，⑤にはムカデ，⑥にはモグラが当てはまる。

(2)　一般《いっぱん》に，食べる動物は食べられる動物に比べてからだが大きい。

(3)　④のミミズの数が大幅《おおはば》に減ると，ミミズをエサとする⑤のムカデの数が減り，ミミズやムカデをエサとする⑥のモグラの数もやがて減ると考えられる。

(4)　ふつう，食物連さの上位にいる動物ほど数が少なくなる。したがって，図２のｉには図１で食物連さの最も上位にいる③のイヌワシが当てはまる。

(5)　図３で，種Ａは種Ｂより数が多いので，種Ａが食べられる動物，種Ｂが食べる動物と推測できる。カンジキウサギはオオヤマネコに食べられるので，種Ａはカンジキウサギ，種Ｂはオオヤマネコである。

(6)　カンジキウサギの数が増えると，エサとなるカンジキウサギが増えたためにオオヤマネコの数も増えていく。その後，カンジキウサギの方はオオヤマネコに多く食べられてしまうため，数を減らしていく。すると，エサが減ってくることで，オオヤマネコの数もおくれて減っていく。やがて，オオヤマネコが減少したことで，カンジキウサギは食べられる数が減り，増加に転じる。このように，カンジキウサギとオオヤマネコは数の増減を周期的にくりかえす。

３　星の種類や見え方についての問題

(1)　太陽や星座の星などのように自分で光を出している星を恒星《こうせい》，地球や火星などのように太陽(恒星)の周りを回っている星を惑星《わくせい》，月などのように惑星の周りを回っている星を衛星《えいせい》という。

(2)　肉眼で見える太陽以外の恒星を明るさで６つのグループに分けたとき，最も明るいグループにふくまれる星を１等星，最も暗いグループにふくまれる星を６等星としている。また，等級が１つ違《ちが》うと明るさは約2.5倍違い，１等星の明るさは６等星の100倍となる。

(3)　冬の大三角をつくるのは，おおいぬ座のシリウス，こいぬ座のプロキオン，オリオン座のベテルギウスの３つである。なお，はくちょう座のデネブ，わし座のアルタイル，こと座のベガの３つは夏の大三角をつくる。

(4)　地球から見たときの星の色は，星の表面温度が低いものから並べると，赤色→黄色→白色→青白色の順番になる。

(5)　南の空に見える星は，１時間あたり約15度ずつ，東から西へ動いて見える(太陽や月の動きも同様)。したがって，図３で，南の空高くに見えるオリオン座は，２時間後にはＢの方向へ，15×２＝30(度)動いた位置に観察できる。

４　光の性質についての問題

(1)　食用油は水にとけないため，食用油と水を混ぜると図３のように２つの層に分かれる。このとき，水は食用油よりも重いので，アの層が食用油，イの層が水になる。

(2)　図１と図２を見ると，水と食用油では，食用油の方が大きく折れ曲がって見えることがわかる。このことから，ストローの空気中にある部分の角度に対して，アの層の食用油では大きく折れ曲がって見え，イの層の水では小さく折れ曲がって見えると考えられる。

(3)　日光は平行光線なので，平面鏡に当たる２本の光のすじは平行になっている。また，平面鏡のどの位置でも入射角と反射角が等しくなるように反射するため，平面鏡で反射した２本の光のすじも平行となる。

⑷　平面鏡で反射させた日光が多く集まっている場所ほど明るくなる。図６で，ア，イ，ウには平面鏡２枚分，エには平面鏡３枚分，オには平面鏡１枚分の光がそれぞれ当たっているから，最も明るいのはエである。

⑸　実物の方から見ると，平面鏡にうつる像は実物と比べて，左右が反対になり，上下は反対にならない。

⑹　図８で，実物の上側からきた光は，上の平面鏡で反射して図８の筒《つつ》の左側を通り，下の平面鏡で反射して，出口では像の上側に見える。同様に，実物の下側からきた光は出口では像の下側に見える。このとき像の左右の向きは実物と変わらない。よって，潜望《せんぼう》鏡をのぞいている人からは，「５」の数字が実物と同じ向きに見える。

国　語　＜第１回試験＞（50分）＜満点：100点＞

解　答

一　**問１**　下記を参照のこと。　**問２**　ウ　**問３**　ア　**問４**　ウ　**問５**　イ　**問６**　ア　**問７**　ア　**問８**　イ　**問９**　イ　**問10**　ア　二　**問１**　イ　**問２**　下記を参照のこと。　**問３**　**１**　ルール　**２**　言葉　**問４**　ウ　**問５**　ア，エ　**問６**　エ　**問７**　（例）　投稿した人が「私」には想像もできないような意味を言葉に担わせている可能性。／「私」と他の人が則っているコミュニケーションのルールがまったくちがう可能性。　**問８**　イ　三　**問１**　イ　**問２**　さらに　**問３**　エ　**問４**　④　ア　⑤　イ　**問５**　（例）　自分の好きなことを追求し，目標をかなえていくのは自分だと決めている（ところ）　**問６**　⑦，⑨　下記を参照のこと。　⑧　あたい　**問７**　エ　**問８**　ア　**問９**　ウ

●漢字の書き取り

一　問１　耕す　　二　問２　②　支障　③　災害　　三　問６　⑦　寄って　⑨　秘密

解　説

一　漢字の書き取り，漢字の知識，熟語の組み立て，四字熟語・慣用句・ことわざの知識，品詞の識別，語句の知識，短歌の知識

問１　音読みは「コウ」で，「耕作」などの熟語がある。

問２　「値」は，「ね」と「あたい」が訓読み，「価値」などの「チ」が音読み。「段」は，「ダン」という音読みだけがある。

問３　「紅白」は，反対の意味の漢字を重ねた組み立てになっている熟語。「進行」「下降」「樹木」は，似た意味の漢字を重ねた組み立てになっている熟語。

問４　「針小棒大」は，小さいことを大げさにいうこと。「一騎当千《いっきとうせん》」は，一人で千人を相手に戦えるほど強いこと。「空前絶後」は，過去にも将来にもあり得ないほどきわめてめずらしいこと。「本《ほん》末転倒《まつてんとう》」は，重要なことと小さなことを取りちがえること。

問５　「ぬかにくぎ」は，手応《こた》えや効《き》き目がまったくないこと。

問６　「気が置けない」は，“気づかいや遠慮《えんりょ》をしなくてもよい”という意味なので，「初対面の人ばかり」の場面で用いるのは不適切。

問７　「耳が痛い」は，自分の弱点をはっきり指てきされてつらいようす。

問８　「道を聞かれる」と「名前を呼ばれる」の「れる」は，受け身の意味を表している。アの「しおれる」とエの「流れる」の「れる」は単語の一部。ウの「走れる」の「れる」も，可能動詞「走れる」という単語の一部。

問９　「ニュアンス」は，言葉などの細かな意味合いのこと。「バラエティー」は，多様性のこと。「コンテンツ」は，内容や中身のこと。「インパクト」は，衝撃《しょうげき》や強い影響《えいきょう》のこと。

問10　アは，「こがらし」という語から，冬の情景を詠《よ》んだものとわかる。イは「こほろぎ」，ウは「柿の実」，エは「いちょう」などの語から，秋の情景を詠んだものとわかる。

二　出典：戸谷洋志《とやひろし》『SNSの哲学《てつがく》　リアルとオンラインのあいだ』。人間が自分の感覚を伝えるときにどのようなルールに基《もと》づいて言葉を発しているのかといったことや，SNSにおいて他者が発した投稿《とうこう》に対してどのような注意が必要かといったことについて説明されている。

問１　第二段落で，「『私』のなかに，言葉になる前の考えや感覚がある」とあり，その「考えや感覚が，それと対応する言葉に置き換《か》えられ，相手に対して発される，というイメージ」が，多くの場合言葉に対して抱《いだ》かれているイメージだと述べられている。この内容がイに合う。

問２　②　ものごとを進めていくうえで，さまたげとなるもの。　③　地震《じしん》や台風などの自然現象によって受けるわざわい。

問３　私たちは，たんすの角に足の小指をぶつけたとき，「痛い」と言う場合もあるが，それ以外の言葉を言ったり，あるいは何も言わなかったりすることもある。痛いと感じても「痛い」と言わない場合があるということは，「言葉は私的な感覚と結びついて発されるものだ」と捉《とら》えることはできず，私たちは「自分の置かれている状況《じょうきょう》において，その場での最善のアクションとなるような言葉を話している」ことになる。これを「言語ゲームの理論」で説明すると，その場に応じた「ルール」に従うことで，私たちは最適な「言葉を選んで使い，他者とやりとり」しているということになる。

問４　「バリエーション」は，ものごとの変化，あるいは変化によって生じた種類のこと。

問５　Twitter《ツイッター》には「140字という字数制限がある」ため，そこに記される情報が「いったいどのような意図で，どのような文脈のなかで書かれたものなのか」といった「背景が見えにくくなって」いる。そのため，それを目にした人が「自分に都合のよいルールに基づいて解釈《かいしゃく》」してしまうことがあるとされている。よって，エはあてはまる。また，投稿が多くの人にリツイートされると，「その投稿の持つ意味合い」が大きく変わってしまい，「言語ゲームのルールが急変すること」による「トラブル」が生じることもあると述べられている。よって，アもあてはまる。

問６　「ハエとり壺《つぼ》」の中に迷いこみ，「行き先を見失って」脱出《だっしゅつ》できないハエのようすを，たとえとして用いているので，同じ所をぐるぐると回るさまを表す「堂々《どうどう》めぐり」が合う。

問７　最終段落に注目する。ある投稿について，「これが何を言っているのかまったく明白で，よく理解できる」と思ったとしても，「投稿した人」自身は，「『私』には想像もできないような意味を担《にな》わせている」可能性がある。また，同じSNS上でも，「『私』と他の人が則《のっと》っているルール」

が「まったくちがっている」可能性もあるので，利用する際には十分に注意しなければならないと筆者は述べている。

問８　SNSでは，読み手が「想像もできないような意味」が投稿にこめられている可能性もあるので，言葉の意味合いを慎重《しんちょう》に読み取る必要がある。そして，「より適した言葉で思考」し，「言葉を柔軟《じゅうなん》に使いこなせるよう」にならなければならないことが，最後の二段落で述べられている。

三　**出典：角田光代《かくたみつよ》「それぞれの夢」（『ゆうべの食卓《しょくたく》』所収）**。小学生五年生の莉帆《りほ》は，同じスイミングスクールに通う同学年のすずと，コンビニで買い食いをしながら，将来の夢などについて語り合う。

問１　莉帆の母親が「ピアノをやめて水泳を習う」ことに反対したのは，「ピアニストになりたい」という「将来の夢」を簡単にあきらめてしまうと，ものごとをやり遂《と》げようとせずあきらめる「癖《くせ》」が莉帆についてしまうと考えたからである。

問２　この場面は，すずがコンビニで買ったものを莉帆に分けているところである。コンビニでの買い食いは，スイミングスクールが終わってからの二人の習慣になっている。「帰り道のコンビニでいつも『重みのあるおやつ』を買い～莉帆に，気前よく分けてくれる」というところが，「いつも」の内容にあたる。

問３　肉を好きでない莉帆の母親が，「食卓《しょくたく》には魚と野菜ばかり」を並《なら》べるため，莉帆は「ひとりで暮らして毎日お肉を食べ」たいと思うようになった。

問４　④「道すがら」は，“道のとちゅうで”という意味。　⑤「せわしなく」は，いそがしそうで落ち着かないさま。

問５　すずは，オリンピック選手になるという夢をかなえた後に，「引退したら餅《もち》を食べ続ける」という夢も持っており，しかも「自分で餅を作る」と決めていた。莉帆は，自分の好きなことを夢として追い続け，しかもそれを自分で実現させようとしているすずのことを，「かっこいい」し，「すごい」と思ったのである。

問６　⑦　音読みは「キ」で，「寄港」などの熟語がある。　⑧　音読みは「チ」で，「価値」などの熟語がある。訓読みにはほかに「ね」がある。　⑨　人に知らせようとしないこと。

問７　すずが大好きな買い食いをやめて「ダイエットする」ことにした理由は「好きな人ができた」ためだということや，その好きな人がオーストラリアから来た英会話学校の先生だと聞いた莉帆は，驚《おどろ》きのあまり，何も言えなくなってしまった。同じ小学五年生なのに「恋《こい》」をしているすずが，急に大人になったような気がして，莉帆は自分が置いていかれるような焦《あせ》りを感じたのだと考えられる。

問８　すずの「恋」は「本気だ」と感じた莉帆は，もうコンビニで「重みのあるおやつ」を食べることはないと思った。買い食いが二人の習慣になっていただけに，それが二度と戻《もど》ってこない「ものすごく満ち足りた時間として思い出され」て，莉帆は悲しくなったのである。

問９　小学五年生の莉帆は，「いるかの飼育員と焼き肉店経営をどうすれば両立できるか」という将来のことを「真剣《しんけん》に考えはじめる」ようになり，「恋」や自分の将来について語るすずからも，影響を受けた。子どもから少しずつ大人へと成長していく莉帆の姿が描《えが》かれている文章なので，ウが合う。

2024年度 日本大学豊山女子中学校

※　この試験は算数・社会・理科・国語から２教科を選択して受験します。実際の試験問題では，各教科が１つの冊子にまとまっています。

【算　数】〈第３回試験〉（２教科合わせて90分）〈満点：100点〉

1　次の $\square$ にあてはまる数を求めなさい。

(1)　$18-(5+\square\times 3)=1$

(2)　$10-\left\{5\dfrac{1}{5}-\left(1\dfrac{1}{4}-\dfrac{2}{3}\right)\times\dfrac{6}{7}\right\}=\square$

(3)　分数は（分子の数）÷（分母の数）と計算することができます。例えば $\dfrac{1}{2}=1\div 2$ となり，$\dfrac{1}{2}$ も $1\div 2$ も 0.5 ですから，この計算が正しいといえます。これにより，分数の分子や分母が分数である数も計算することができ，

例えば $\dfrac{1}{\frac{1}{2}}=1\div\dfrac{1}{2}=1\times 2=2$ となります。これらのことを利用すると，

$\dfrac{\frac{2}{5}}{\frac{4}{15}}=\boxed{\text{①}}$　　$\dfrac{5}{3}=1+\dfrac{2}{3}=1+\dfrac{1}{1+\dfrac{1}{\boxed{\text{②}}}}$ となります。

(4)　かずえさんはお父さんとジョギングをしました。２人は同時に家を出発し，家から駅までの一直線の道路を往復しました。２人とも途中で休むことなく，かずえさんは時速４kmの速さで，お父さんは時速６kmの速さで走り続けました。家を出発してから48分後にかずえさんは前から走ってくるお父さんと出会いました。家から駅までの距離は $\square$ kmです。

(5)　$\boxed{1}$，$\boxed{2}$，$\boxed{3}$，$\boxed{4}$，$\boxed{5}$ の５枚のカードがあります。

①　５枚のカードから１枚ずつ３枚のカードを取り出し，その順に並べると，３桁《けた》の整数は $\boxed{\text{①}}$ 通りできます。

②　５枚のカードから１枚のカードを取り出し，そのカードの数字を記録し元に戻します。それを３回繰り返し，記録した順に並べて３桁の整数を作ると $\boxed{\text{②}}$ 通りできます。

(6) 図は底面が1辺10 cmの正方形ABCDである直方体を切ったものです。
AE = 8 cm，BF = 5 cm，CG = 12 cm，DH = 15 cmです。
この立体の体積は □ cm^3 です。

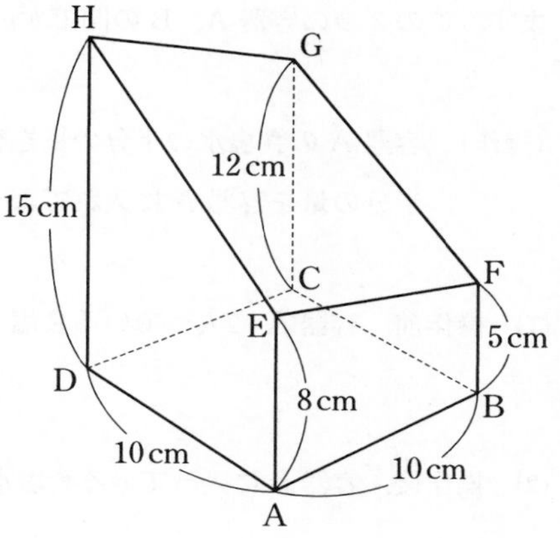

2 図1のような直角三角形について，次の問に答えなさい。

図1

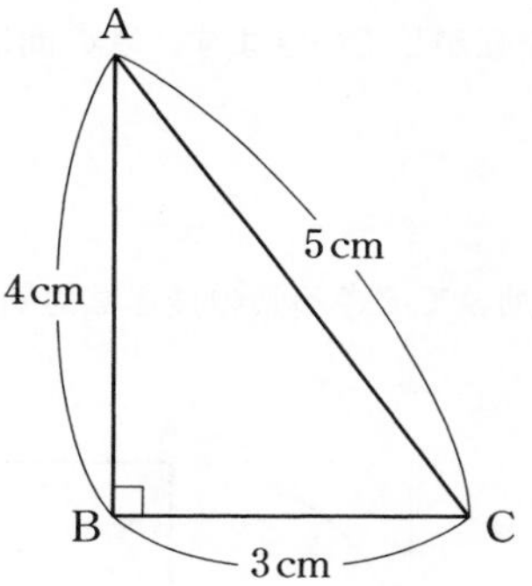

図2

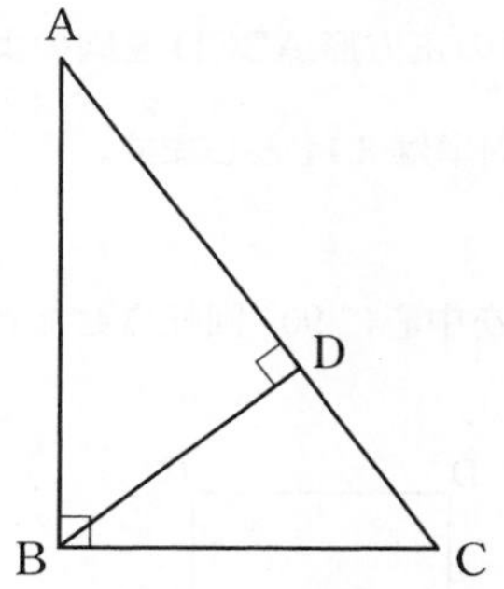

(1) 図1の直角三角形において，図2のように点Bから辺ACに垂直な直線を引き，その直線と辺ACが交わる点をDとします。このとき，BDの長さは何cmですか。

(2) 三角形DBCと三角形ABCの面積の比を求めなさい。ただし，もっとも簡単な整数の比で答えること。

3　２つの容器Ａ，Ｂがあり，容器Ａには４％，容器Ｂには６％の食塩水がそれぞれ400ｇずつ入っています。この２つの容器Ａ，Ｂの間で次の操作を行いました。

（操作）　容器Ａの食塩水の半分の量を容器Ｂに入れてよく混ぜ合わせた後，容器Ｂにできた食塩水の半分の量を容器Ａに入れてよく混ぜ合わせる。

⑴　操作前，容器Ａに入っている食塩水には何ｇの食塩が含まれていましたか。

⑵　操作後，容器Ｂに入っている食塩水は何ｇですか。また，そこには何ｇの食塩が含まれていますか。

⑶　操作後，容器Ａに入っている食塩水は何ｇですか。また，その食塩水の濃度は何％ですか。

4　１辺２cmの正方形ABCDを図のように，直線上を転がしていきます。次の問に答えなさい。ただし，円周率は3.14とします。

⑴　頂点Ｂを中心に90°回転させたとき，頂点Ａが動いてできる弧の長さは何cmですか。

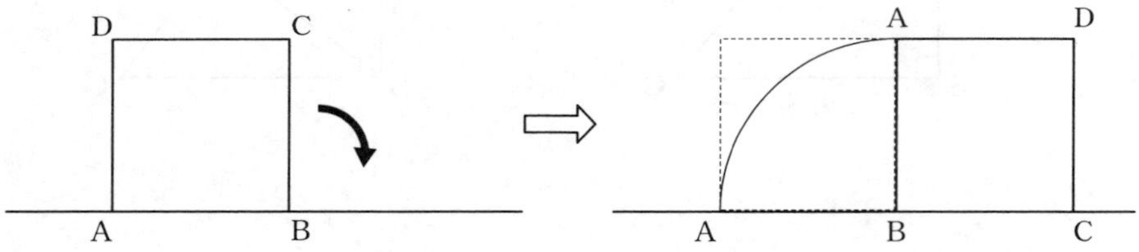

⑵　さらに頂点Ｃを中心として90°回転させたとき，頂点Ａが動いてできる弧に囲まれる図の影の部分の面積は何cm^2ですか。

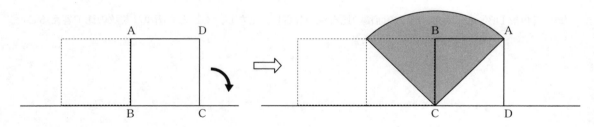

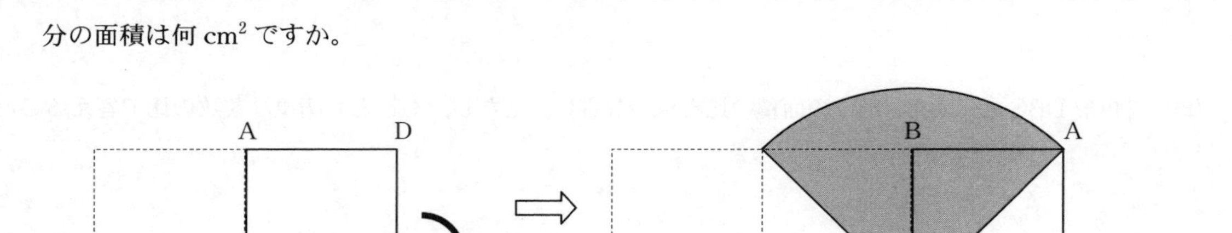

【社　会】〈第３回試験〉（２教科合わせて90分）〈満点：100点〉

1　次のゆりさんとあやめさんの会話文と地図を読み，あとの問いに答えなさい。

ゆり　：夏休みが終わってしまったね。でも，旅行にも行けて充実していたね。
あやめ：それはいいね。どこへ行ったの。
ゆり　：中国・四国地方に行ってきたよ。飛行機の窓からは途中で高い山脈が見えたよ。
あやめ：日本アルプスだね。日本で２番目に高い北岳のある①赤石山脈かな。
ゆり　：中国地方では，境港で海鮮丼を食べたんだ。とてもおいしかったよ。
あやめ：日本海は②暖流と寒流がぶつかるいい漁場なんだって。
ゆり　：でも，最近③プラスチックのゴミで海が汚染されているって，ニュースで見たよ。
あやめ：確かに。紙ストローの使用とかビニール袋有料化とか，プラスチックゴミを減らそうとしているね。
ゆり　：おいしい魚を食べていくためには，環境のことも考えないといけないね。
さて，旅行の話に戻すと，他にも広島県のレモンや④高知県のなすなどの特産品があったよ。
どちらも日本一の生産量なんだって。
あやめ：どれもおいしそうだね。食べ物の他には何か印象に残ったことはあるの。
ゆり　：広島にある⑤世界遺産の原爆ドームを見てきたよ。
あやめ：原爆ドームは世界遺産だったんだね。いつか行ってみたいな。
ゆり　：中国・四国地方は農産物や観光資源に恵まれているから，たくさんの人が集まりそうだね。
あやめ：そうなのかな。最近この地域では⑥過疎っていう問題が起きているらしいよ。
ゆり　：なるほど。そういえば，日本一面積の小さい都道府県の（　Ａ　）にも行ったよ。
ここも過疎になっているのかな。
あやめ：気になるなぁ。図書館に行って資料を探してみよう。

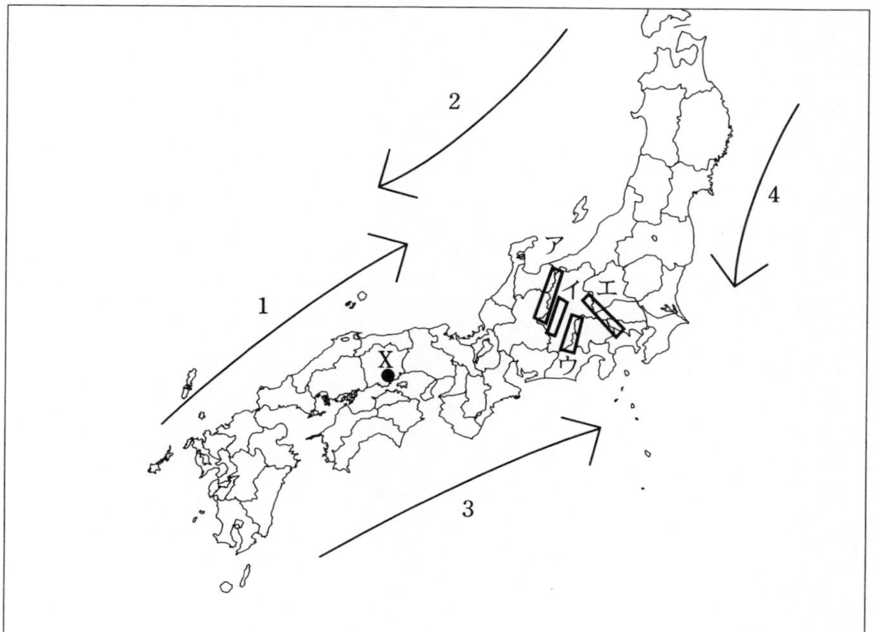

問１　下線部①の赤石山脈を示しているものを地図中のア～エのうちから一つ選び，記号で答えなさい。

問２　地図中のXの都市の雨温図として正しいものを次のア～エのうちから一つ選び，記号で答えなさい。

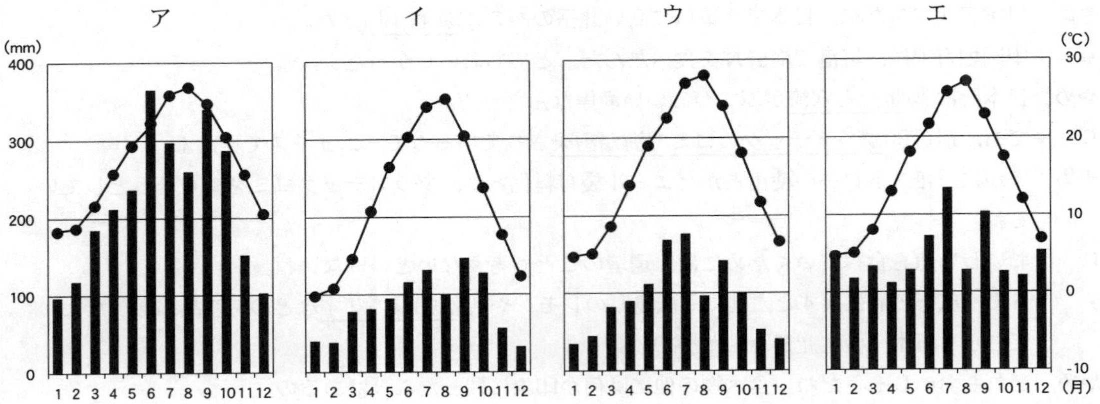

（気象庁 Webサイトより作成）

問３　下線部②について，対馬海流を表している矢印として正しいものを地図中の１～４のうちから一つ選び，番号で答えなさい。

問４　下線部③について，ペットボトルやビニール袋などのプラスチックゴミが海をただよう間に，波や太陽光の影響で細かくなった破片を［　　］プラスチックといいます。［　　］にあてはまる語句を答えなさい。

問５　下線部④について，下の表は2021年の東京中央卸売市場で売られた，なすの産地を示したものです。表から読み取れることとして正しいものをあとのア～エのうちから一つ選び，記号で答えなさい。

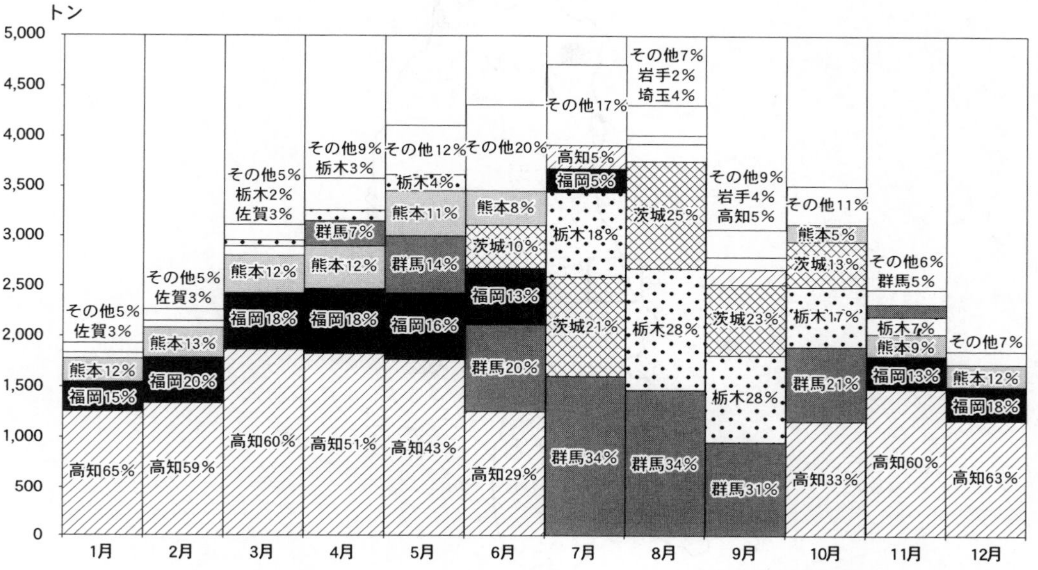

（農畜産業振興機構Webサイトより作成）

ア　高知は，合計の生産量が少ない時期に高い割合となっている。

イ　高知は，１月に最も生産量が多い。

ウ　高知は，７月には生産量が０になる。

エ　群馬は，高知と似た時期になすを生産している。

問６　下線部⑤について，中国地方にある世界遺産として正しいものを次のア～エのうちから一つ選び，記号で答えなさい。

ア　姫路城　　イ　石見銀山遺跡　　ウ　屋久島　　エ　白川郷・合掌造りの集落

問７　下線部⑥について，過疎に関する説明としてあやまっているものを次のア～エのうちから一つ選び，記号で答えなさい。

ア　ゴミの量が増え，処理場が不足する。

イ　学校や病院がなくなり，教育や医療を受けられなくなる。

ウ　高齢者の割合が増え，地域の産業がおとろえる。

エ　バスや電車の路線がなくなり，移動が難しくなる。

問８　会話文中の空欄Ａにあてはまる都道府県名を答えなさい。

2 東北地方について，あとの問いに答えなさい。

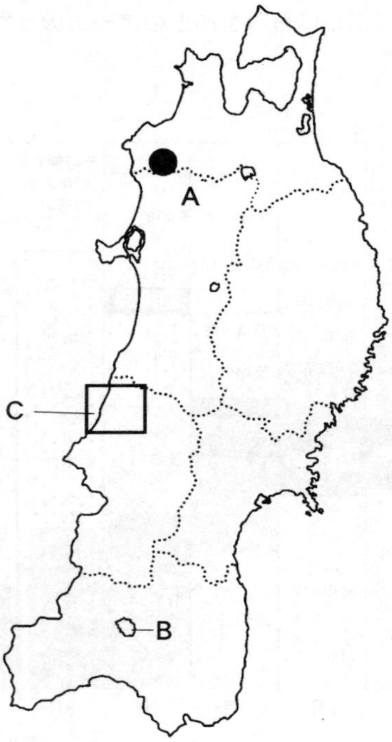

問1　地図中のAとBに関して，次のX・Yの記述の正誤の組合せとして正しいものをあとのア～エのうちから一つ選び，記号で答えなさい。

X　Aの場所は，世界最大級の原生的なブナ林が分布しており，世界遺産に登録されている。
Y　Bの湖は，カルデラ湖として有名で，火山活動によって形成された湖である。

ア　X－正　Y－正　　イ　X－正　Y－誤
ウ　X－誤　Y－正　　エ　X－誤　Y－誤

問2　下の表は，1993年と2022年の米の収穫量を示しています。2022年は冷害の被害が大きかった1993年に比べ，北海道や東北地方は収穫量を増やしています。冷害などの影響を受けやすい地方の収穫量が増えたのはなぜですか。理由を答えなさい。

1993年　米の収穫量（単位t）

北海道	350,700
東北	1,653,700
関東	1,256,760
中部	1,831,600
関西	799,600
中国	667,800
四国	304,800
九州	946,200
合計	7,811,000

2022年　米の収穫量（単位t）

北海道	553,200
東北	1,948,400
関東	1,078,854
中部	1,593,100
関西	629,200
中国	501,600
四国	221,600
九州	743,220
合計	7,780,000

（農林水産省　作況調査データより作成）

問３　東北地方において伝統的に生産されている工芸品の組合せとしてあやまっているものを次のア～エのうちから一つ選び，記号で答えなさい。

ア　青森県－津軽塗　　　　イ　山形県－天童将棋駒

ウ　福島県－会津塗　　　　エ　秋田県－南部鉄器

問４　次の地形図は，前ページ地図中のＣの範囲に位置する酒田市の２万５千分の１の地形図です。この地形図を見て，あとの（１）～（４）の問いに答えなさい。

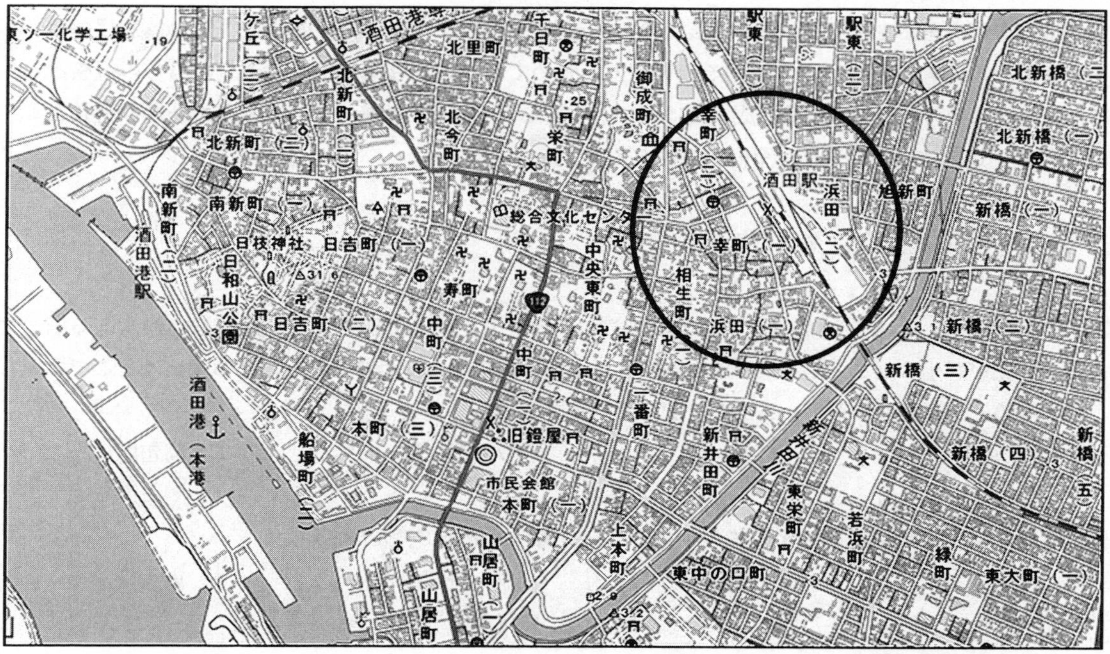

電子地形図25000（国土地理院）を加工して作成

〈編集部注：編集上の都合により実際の試験問題の90％に縮小してあります。〉

（１）　酒田駅から見て，「市役所」はどの方角に位置していますか。次のア～エのうちから一つ選び，記号で答えなさい。

ア　南　西　　　イ　南　東　　　ウ　北　西　　　エ　北　東

（２）　酒田港駅と日枝神社は地図上で約２cm離れています。実際の距離として正しいものを次のア～エのうちから一つ選び，記号で答えなさい。

ア　0.05 km　　　イ　0.5 km　　　ウ　5 km　　　エ　50 km

（３）　地形図中の〇の範囲に見られない地図記号を次のア～エのうちから一つ選び，記号で答えなさい。

ア　神　社　　　イ　郵便局　　　ウ　高等学校　　　エ　警察署

（４）　この地形図から分かることとして最も適切なものを次のア～エのうちから一つ選び，記号で答えなさい。

ア　新井田川より東側には，寺院がいくつか点在している。

イ　酒田港駅周辺は，水田が多く見られる。

ウ　新井田川は，北東から南西に向かって流れている。

エ　市役所の近辺には，桑畑や官公署，郵便局が立地している。

3　次の各文章を読み，あとの問いに答えなさい。

710年，元明天皇のときに飛鳥の（　①　）京から奈良の平城京に遷都しました。②遣唐使によって唐の進んだ制度や文化が取り入れられて，この時代に大きな影響をもたらしました。聖武天皇は戦乱や疫病から逃れるために，仏教の力にたよろうとしました。741年国分寺と国分尼寺を建てるよう命じ，743年に大仏をつくるように命令を出して，総国分寺である（　③　）でつくられました。794年，桓武天皇は平安京に遷都し，律令国家の立て直しを行いました。また，坂上田村麻呂を征夷大将軍に任じて東北地方の蝦夷をおさえました。しかしこの新都造営や蝦夷との戦いは国の財政を圧迫し，農民への大きな負担となり停止となりました。その後勢力を強めてきたのが藤原氏です。天皇の母方の親族として，天皇が幼少のときには摂政，成人後は（　④　）として政治の実権をにぎりました。藤原道長とその子⑤頼通のときに摂関政治は全盛期をむかえました。

問1　空欄①に入る都の名を答えなさい。

問2　下線部②について，遣唐使は初め朝鮮半島の沿岸を北上する北路を通っていましたが，ある国との関係が悪化したことから東シナ海を横切る南路や南島路にかわりました。ある国とはどこですか。次のア～エのうちから一つ選び，記号で答えなさい。

ア 百 済　　イ 新 羅　　ウ 渤 海　　エ 高句麗

問3　空欄③に入る寺院を次のア～エのうちから一つ選び，記号で答えなさい。

ア　法隆寺　　イ　薬師寺　　ウ　唐招提寺　　エ　東大寺

問4　空欄④に入る語句を答えなさい。

問5　下線部⑤について，藤原頼通が宇治に建てた阿弥陀堂を答えなさい。

室町幕府は3代将軍足利義満のときに南北朝の合一がなされて内乱が終わり，守護大名をしたがえて幕府政治は安定しました。しかしその後守護大名たちの力が強くなり，8代将軍足利義政のときには幕府の⑥主導権争いと管領家の後継者争いがからんで，1467年に応仁の乱がおこりました。これから戦国時代となり，戦国大名が争いあう中から⑦織田信長と豊臣秀吉により全国統一事業がすすめられました。秀吉の死後，関ヶ原の戦いで勝った徳川家康が江戸幕府を開きました。2代将軍（　⑧　）のときに武家諸法度を定め，3代将軍徳川家光の武家諸法度で⑨参勤交代の制度が整備され，⑩江戸幕府の仕組みがほぼ整いました。

問6　下線部⑥について，争いあった守護大名の組合せとして正しいものを次のア～エのうちから一つ選び，記号で答えなさい。

ア　細川勝元－山名宗全（持豊）　　イ　細川勝元－新田義貞

ウ　山名宗全（持豊）－楠木正成　　エ　楠木正成－新田義貞

問７　下線部⑦について，織田信長と関係のないものを次のア～エのうちから一つ選び，記号で答えなさい。

ア　桶狭間の戦いで今川義元を破った。

イ　安土の城下町の商工業者に楽市令を出した。

ウ　文禄の役・慶長の役と２度にわたって朝鮮に攻め込んだ。

エ　甲斐の武田勝頼を長篠の戦いで破った。

問８　空欄⑧に入る将軍を答えなさい。

問９　下線部⑨について，参勤交代の制度は将軍に対する大名の忠誠を示させるねらいがありました。結果として大名は多大な出費のため経済力が弱まり，幕府に対抗するための［　　　］も弱まりました。空欄に入る語句を答えなさい。

問10　下線部⑩について，江戸幕府の特徴の一つとして監視体制があります。老中の下に置かれた大名を監視する役を答えなさい。

4　次の文章を読み，あとの問いに答えなさい。

①第二次世界大戦がはじまると，日本は約半年で東南アジアや太平洋の島々を占領しました。しかし，ミッドウェー海戦でアメリカ軍に敗れてからは各地で敗退しました。1945 年にアメリカを中心としたポツダム宣言が発表され，日本の無条件降伏を求めましたが，日本政府がこれを黙殺したため，アメリカは（　②　）。こうした中，日本はポツダム宣言を受け入れることを決め，同じ年の８月 15 日に昭和天皇が日本の降伏を国民に発表しました。

戦後まもなく③国際連合がつくられましたが，日本は結成当初これに加盟できませんでした。降伏後の日本では，GHQ最高司令官である（　④　）の指令に基づいて，⑤平和で民主的な国を目指した政治が行われました。日本は 1951 年の⑥サンフランシスコ平和条約が結ばれたことで独立を回復しましたが，この直後，日本は（　⑦　）を結んで，アメリカ軍が日本に留まることを認めました。その後，日本は 1956 年に国際連合へ加盟し，国際社会への復帰のため⑧各国と条約を結びました。

問１　下線部①に関する説明として正しいものを次のア～エのうちから一つ選び，記号で答えなさい。

ア　第二次世界大戦は，オーストリアの皇位継承者がセルビア人に暗殺された事件をきっかけにはじまった。

イ　第二次世界大戦の最中，日本はドイツ・イタリアと日独伊三国同盟を結び，ソ連と日ソ共同宣言を調印した。

ウ　スイスを主力とする軍が沖縄に上陸して，民間人を巻き込んだ激しい地上戦となった。

エ　東条英機が首相のときに，日本はマレー半島とハワイの真珠湾を攻撃した。

問2　空欄②にあてはまる文として正しいものを次のア～エのうちから一つ選び，記号で答えなさい。

ア　8月6日に広島に，8月9日に長崎に原子爆弾を投下しました

イ　8月6日に長崎に，8月9日に広島に原子爆弾を投下しました

ウ　8月9日に広島に，8月14日に長崎に原子爆弾を投下しました

エ　8月9日に長崎に，8月14日に広島に原子爆弾を投下しました

問3　下線部③の設立後もアメリカとソ連の対立は続きました。これは冷戦と呼ばれ，その後の国際社会に大きな影響を与えました。その影響に関する説明の組合せとして正しいものをあとのア～エのうちから一つ選び，記号で答えなさい。

X　冷戦とはソ連を中心とする資本主義諸国と，アメリカを中心とする社会主義諸国の対立である。

Y　冷戦の影響で朝鮮半島では同じ民族が2つの国に分断され，いまだに統一されていない。

ア　X－正　Y－正	イ　X－正　Y－誤
ウ　X－誤　Y－正	エ　X－誤　Y－誤

問4　空欄④にあてはまる人物を答えなさい。

問5　下線部⑤に関する説明としてあやまっているものを次のア～エのうちから一つ選び，記号で答えなさい。

ア　満20歳以上のすべての男女に選挙権が与えられた。

イ　治安維持法が廃止され，日本の軍隊は解散した。

ウ　労働基準法によって，労働条件の最低基準が定められた。

エ　教育勅語が制定され，それまでの軍国主義的な教育が廃止された。

問6　下線部⑥を結んだ，当時の日本の首相を答えなさい。

問7　空欄⑦にあてはまる語句を答えなさい。

問8　下線部⑧に関する説明として正しいものを次のア～エのうちから一つ選び，記号で答えなさい。

ア　日中共同声明によって，中華人民共和国との国交が正常化された。

イ　田中角栄内閣のとき，小笠原諸島と沖縄がアメリカから返還された。

ウ　日本はソ連との国交回復を実現したが，尖閣諸島問題が未解決であるため平和条約は結ばれなかった。

エ　日本は朝鮮民主主義人民共和国と，日韓基本条約を結んだ。

5　次のＡ～Ｇの憲法や法律の条文を読み，あとの問いに答えなさい。

Ａ　天皇ハ国ノ元首ニシテ統治権ヲ総攬《そうらん》※シ此ノ憲法ノ条規ニ依リ之ヲ行フ

※一手ににぎり収めること。

（大日本帝国憲法　第４条）

Ｂ　天皇は，日本国の象徴であり日本国民統合の象徴であつて，この地位は，主権の存する日本国民の総意に基く。

（日本国憲法　第１条）

Ｃ　①日本国民は，正義と秩序を基調とする国際平和を誠実に希求し，国権の発動たる戦争と，武力による威《い》嚇《かく》又は武力の行使は，国際紛争を解決する手段としては，永久にこれを放棄する。

②前項の目的を達するため，陸海空軍その他の戦力は，これを保持しない。国の交戦権は，これを認めない。

（日本国憲法　第９条）

Ｄ　すべて国民は，健康で文化的な最低限度の生活を営む権利を有する。

（日本国憲法　第25条　第１項）

Ｅ　勤労者の団結する権利及び団体交渉その他の団体行動をする権利は，これを保障する。

（日本国憲法　第28条）

Ｆ　あらたに租税を課し，又は現行の租税を変更するには，法律又は法律の定める条件によることを必要とする。

（日本国憲法　第84条）

Ｇ　・・・日本国憲法の理念にのっとり雇用の分野における男女の均等な機会及び待遇の確保を図るとともに，女性労働者の就業に関して妊娠中及び出産後の健康の確保を図る等の措置を推進することを目的とする。

（男女雇用機会均等法　第１条）

問１　Ａ，Ｂの条文を比べて，主権がどのように変わりましたか。次の文の［　　］にあてはまる語句をそれぞれ答えなさい。

主権が［　　］から［　　］へ変わった。

問２　Ｃの条文に記されている内容として，あやまっているものを次のア～エのうちから一つ選び，記号で答えなさい。

ア　国を防衛するために自衛隊を設置する。

イ　外国との争いを解決するために，武力でおどしたり武力をつかったりしない。

ウ　国家の権力による戦争はしない。

エ　国が外国と戦争をする権限を認めない。

問３　社会権のうち，Ｄの条文が保障している権利を何といいますか。

問４　Ｅの下線部について述べた次の文ＸとＹの正誤の組合せとして正しいものをあとのア～エのうちから一つ選び，記号で答えなさい。

Ｘ　団結権とは，ストライキなどを行う権利のことを指している。
Ｙ　団体交渉権とは，労働組合が使用者と対等に話し合う権利のことを指している。

ア　Ｘ－正　　Ｙ－正　　　イ　Ｘ－正　　Ｙ－誤
ウ　Ｘ－誤　　Ｙ－正　　　エ　Ｘ－誤　　Ｙ－誤

問５　Ｆの下線部について，下のグラフは令和５年度の一般会計の歳入の内訳を示しています。令和５年度の租税収入の見込み金額として近いものを次のア～エのうちから一つ選び，記号で答えなさい。

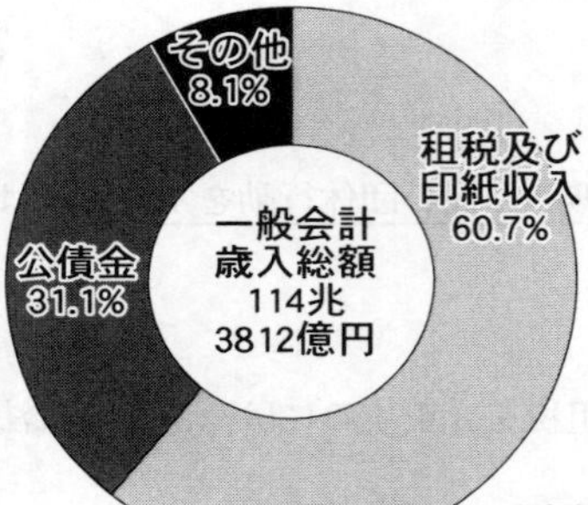

(財務省資料より作成)

ア　約９兆円　　イ　約35兆円　　ウ　約69兆円　　エ　約114兆円

問６　Ｇの法律で保障が目指されている人権として最も適切なものを次のア～エのうちから一つ選び，記号で答えなさい。
ア　請求権　　イ　環境権　　ウ　参政権　　エ　平等権

6 すみれさんは社会科の授業でグループ学習を行い，2023年の出来事をカードにまとめました。次のＡ～Ｄのカードや発表内容について，あとの問いに答えなさい。

Ａ

１月

日本が国際連合の非常任理事国に

Ｂ

４月

統一地方選挙の投開票

Ｃ

５月

Ｇ７サミット，広島で開催

Ｄ

８月

BRICSに新たに６か国加盟へ

問１　カードＡについて，国際連合のおもな機関について調べました。あやまっているものを次のア～エのうちから一つ選び，記号で答えなさい。

ア　総会はすべての加盟国が参加し，通常総会は毎年９月に開かれる。

イ　国際司法裁判所はスイスのジュネーブに設置されている。

ウ　経済社会理事会は平和と安全保障以外の分野で国際協力をすすめる。

エ　現在の国連事務総長はポルトガル出身のグテーレス氏である。

問２　カードＡについて，安全保障理事会について説明したものです。次の各文の空欄①・②にあてはまる語句の組合せとして正しいものを下のア～エのうちから一つ選び，記号で答えなさい。

・常任理事国は，アメリカ・ロシア・イギリス・フランス・（　①　）の５か国である。
・非常任理事国10か国は任期が（　②　）で，総会によって毎年半数が改選される。

ア　①ドイツ　―　②２年　　　　イ　①ドイツ　―　②４年

ウ　①中華人民共和国　―　②２年　　　　エ　①中華人民共和国　―　②４年

問３　カードＢについて，首長によって立候補できる年齢の違いに気づきました。市町村長の被選挙権は何歳以上ですか。

問４　カードＢについて，住民は一定数の有権者の署名を集めれば，市町村長に対して辞職を求めることができることが分かりました。このような権利を何といいますか。漢字５字で答えなさい。

問５　カードＣについて，首脳宣言の一部を紹介したものです。次の文章中の空欄にあてはまる語句を下のア～エのうちから一つ選び，記号で答えなさい。

> Ｇ７がまとめた首脳宣言は，国際秩序を守るために結束を強めると表明しました。（　　　）と呼ばれる新興国・途上国と協力して中国やロシアの覇権《はけん》主義に対抗する方針を打ち出しました。

ア　グローバルサウス　　イ　グローバリゼーション　　ウ　ユニセフ　　エ　ユネスコ

問６　カードＣについて，被爆地広島から核兵器の問題を考えました。世界の核問題についての説明として最も適切なものを次のア～エのうちから一つ選び，記号で答えなさい。

ア　部分的核実験禁止条約が結ばれ，加盟国による核実験は海上を除いて禁止された。

イ　核拡散防止条約が結ばれ，イスラエルやインドのような核保有国が核実験を停止した。

ウ　包括的核実験禁止条約は，国連加盟国すべての国が批准《ひじゅん》し核実験を停止した。

エ　核兵器禁止条約が結ばれたが，核保有国が参加していないこともあり日本は批准していない。

問７　カードＤについて，新たに加わった国をクラスで質問しました。そのうちの２か国の組合せとして正しいものを次のア～エのうちから一つ選び，記号で答えなさい。

ア　南アフリカ　—　インド　　イ　中華人民共和国　—　ブラジル

ウ　ロシア　—　イラン　　エ　エジプト　—　サウジアラビア

【理　科】〈第３回試験〉（２教科合わせて90分）〈満点：100点〉

1　ふり子について２つの実験をしました。これらについて以下の問いに答えなさい。

〔実験１〕

軽くて伸《の》びちぢみしないじょうぶな糸と，形と大きさが同じで重さが異なるいくつかのおもりを用いて【図１】のように天井の支点Oからつり下げたふり子をつくりました。そして，おもりの重さや，糸の長さ，ふれ角を変えながら左右にふらして，10往復にかかる時間を測りました。その結果をまとめたのが【表１】です。

【図１】

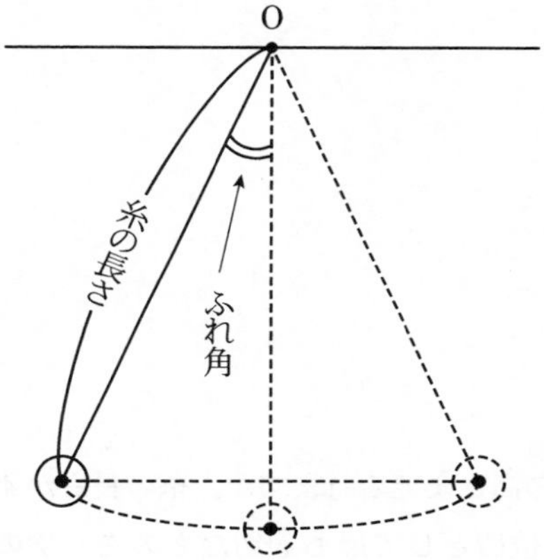

【表１】

	おもりの重さ〔g〕	糸の長さ〔cm〕	ふれ角〔°〕	10往復にかかる時間〔秒〕
A	50	60	10	15.5
B	50	120	10	22.0
C	50	60	20	15.5
D	100	30	10	11.0
E	100	60	10	15.5
F	200	90	20	19.0
G	400	120	20	★

（１）【表１】から，①おもりの重さ，②糸の長さ，③ふれ角を増やしたとき，それぞれ10往復にかかる時間はどうなりますか。最も適切なものを次のア～ウの中から１つずつ選び，記号で答えなさい。

ア．長くなる　　イ．短くなる　　ウ．変わらない

（２）【表１】のA～Fのうち，どれとどれを比べて，10往復にかかる時間が（１）の①のようになると考えたのですか。当てはまる組み合わせを記号で答えなさい。

（３）【表１】のGの★に当てはまる，10往復にかかる時間を答えなさい。

〔実験2〕

次に，【図2】のように，支点Oの真下にくぎを打って，ふり子が支点Oの真下に来たときに糸の長さが4分の1の長さになってふれるようにしました。くぎによる糸のたるみや摩擦《まさつ》などは考えないものとして，以下の問いに答えなさい。

【図2】

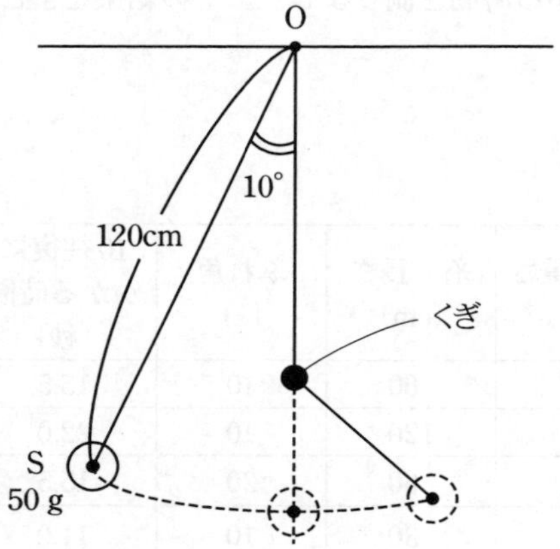

（4）【図2】のふり子は糸の長さが4分の1になってから，どの高さまでふれますか。糸の長さが4分の1になってからふり子が達することのできる最高点の位置として最も適切なものを，次のア～ウの中から1つ選び，記号で答えなさい。

ア．最初に手をはなしたS点よりも高い位置。
イ．最初に手をはなしたS点と同じ高さの位置。
ウ．最初に手をはなしたS点よりも低い位置。

（5）【図2】のふり子のおもりの重さを50 g，支点Oからの糸の長さを120 cm，ふれ角を10°にしたとき，10往復する時間は何秒になりますか。

（6）【図2】のくぎの位置を調整して，ふり子が支点Oの真下に来たときに糸の長さが2分の1の長さになってふれるようにしました。このとき，10往復する時間は（5）の場合と比べてどうなりますか。最も適切なものを次のア～ウの中から1つ選び，記号で答えなさい。

ア．（5）よりも長くなる。　イ．（5）よりも短くなる。　ウ．変わらない。

2 以下の各問いに答えなさい。

（1）【図１】は，氷を加熱していったときの加熱時間と温度の関係を示したものです。

【図１】

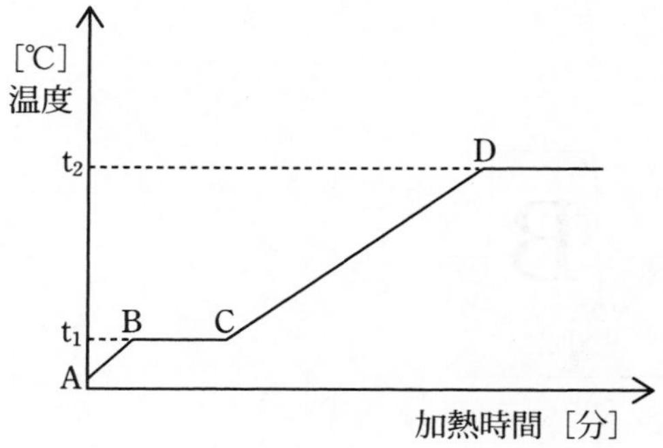

① 【図１】のt_1とt_2の温度は，それぞれおよそ何℃か答えなさい。

② 【図１】のAB間，BC間，CD間では，どのような状態になっていますか。次のア～オからそれぞれ選び，記号で答えなさい。

ア．氷　イ．水　ウ．水蒸気　エ．水と氷が混ざっている
オ．水と水蒸気が混ざっている

③ 水が氷になると，体積と重さはそれぞれどのようになりますか。次のア～ウからそれぞれ選び，記号で答えなさい。

ア．減る　イ．変わらない　ウ．増える

（2）【図２】のように，フェノールフタレイン溶液《ようえき》を加えた塩酸に，水酸化ナトリウム水溶液を少しずつ加え，色が変化したところで加えるのをやめました。

【図２】

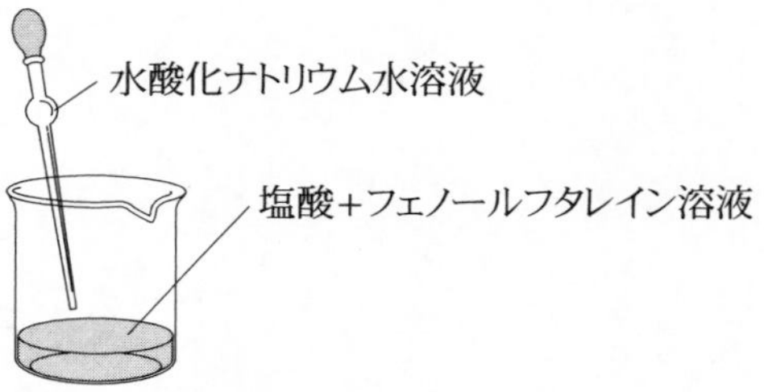

① 水溶液は何色から何色に変化しましたか。次のア～オから１つ選び，記号で答えなさい。

ア．黄色 ⇒ 赤色　イ．赤色 ⇒ 黄色　ウ．無色 ⇒ 赤色
エ．赤色 ⇒ 無色　オ．黄色 ⇒ 緑色

②　色が変化したときの水溶液から水を蒸発させると，白っぽい物質ができました。この物質の名前を答えなさい。

（３）【図３】のようにして酸素を発生させました。

【図３】

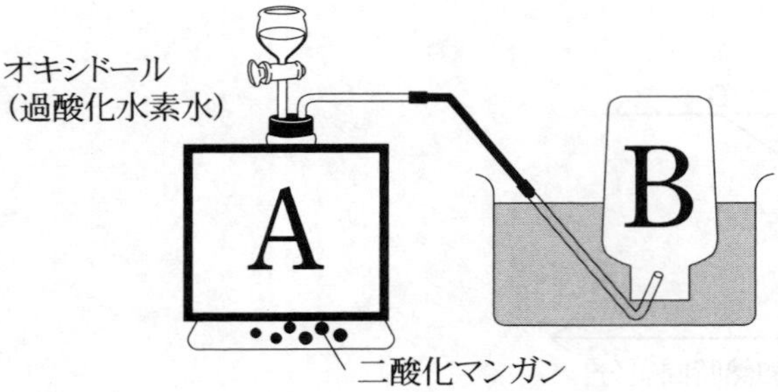

①　【図３】の A の部分として最も正しいものをア～エから１つ選び，記号で答えなさい。

ア.

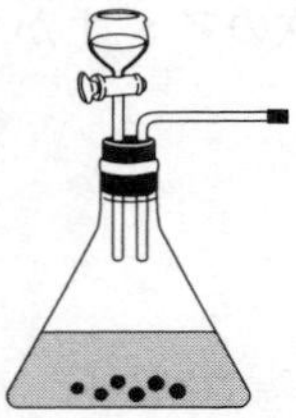

イ.

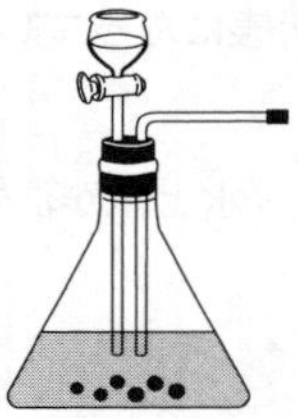

ウ.

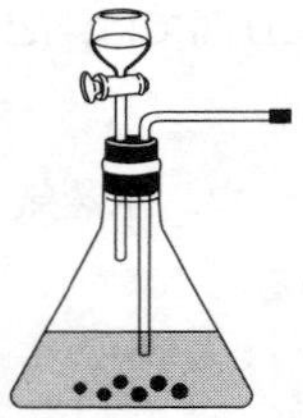

エ.

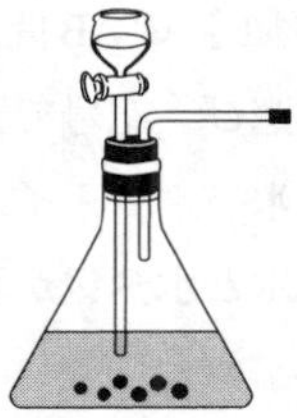

②　水槽《そう》の中の酸素を集めるびんＢは，最初どのようにしておきますか。次のア～ウから１つ選び，記号で答えなさい。

ア．びんを水でいっぱいにしておく。

イ．びんには水を半分入れておく。

ウ．びんには水を入れないようにからにしておく。

（４）【表１】は，いろいろな温度で，100ｇの水に限度いっぱいまで溶《と》かした食塩と硝酸《しょうさん》カリウムの量を示したものです。

【表１】

水の温度	0 ℃	20 ℃	40 ℃	60 ℃
食塩［g］	35.7	35.8	36.3	37.1
硝酸カリウム［g］	13.2	31.6	63.9	109

① 60℃の水200ｇには最大何ｇの食塩を溶かすことができるか答えなさい。

② 40℃の水100ｇに限度いっぱいまで食塩を加えると，何％の食塩水になりますか。小数第２位を四捨五入して，小数第１位まで答えなさい。

③ 20℃の水50ｇに食塩15ｇを加えてよくかき混ぜたところ，食塩は全て溶けました。食塩を限度いっぱいまで溶かした水溶液をつくるためには，あと何ｇの食塩を加えればよいか答えなさい。

④ 60℃の水100ｇに硝酸カリウム50ｇを加えてよくかき混ぜました。この水溶液を20℃まで冷やすと何ｇの硝酸カリウムの結晶が出てきたか答えなさい。

3 ゆりさんとあやめさんはサイエンス部の活動で先生と会話をしています。これを読んで，次の問いに答えなさい。

先　生：今日は，アサガオの葉のつくりと性質に関する実験をしましょう。
　　　　まず，日によく当てた植物の葉の断面を顕微鏡《けんびきょう》で観察してください。
ゆ　り：顕微鏡で見ると，植物の葉はたくさんのａ小さな部屋に分かれていますね。
あやめ：小さな部屋の中には緑色の小さなつぶが見えます。
先　生：そうですね。この緑色のつぶを何というか知っていますか？
ゆ　り：（　ｉ　）だと思います。
先　生：その通りです。（　ｉ　）は植物が光合成をするところですね。
　　　　では，実験にうつりましょう。
ゆ　り：まずは観察したｂアサガオの葉をエタノールにつけます。
先　生：そうですね。その後，葉を水洗いしてから，ヨウ素液を垂らしましょう。

（１）文章中の下線部ａについて，「小さな部屋」のことを何というか答えなさい。
（２）文章中の（　ｉ　）に当てはまる語を答えなさい。
（３）文章中の下線部ｂについて，エタノールにつけたのはなぜかを答えなさい。
（４）文章中の二重下線部のヨウ素液はある物質に反応すると，青むらさき色に染まります。反応する物質は何かを答えなさい。

【実験１】

植物が行う光合成を調べるために，暗室に入れておいたアサガオを用いて実験をします。

手順１　アサガオの葉を①～④の条件にします。

①アサガオを黒いポリ袋に入れて，空気を吹《ふ》き込《こ》み，数時間直射日光を当てます。

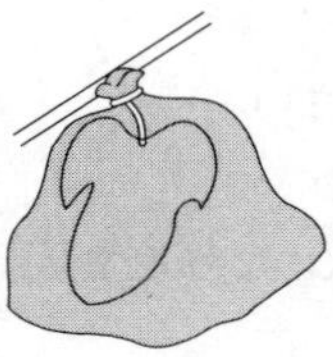

②アサガオを透明《とうめい》なポリ袋に入れて，空気を吹き込み，数時間直射日光を当てます。

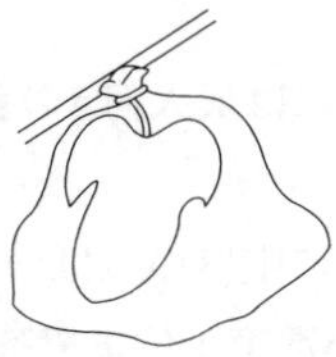

③アサガオを透明なポリ袋に入れて，二酸化炭素を吹き込み，数時間直射日光を当てます。

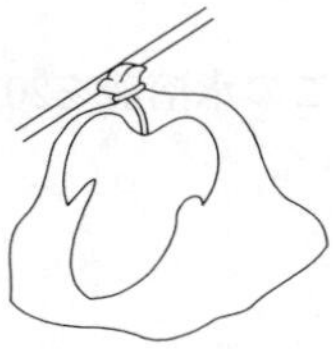

④アサガオを透明なポリ袋に入れて，空気を吹き込み，水酸化ナトリウム水よう液をしみ込ませたろ紙を入れ，数時間直射日光を当てます。

※水酸化ナトリウムは袋の中の二酸化炭素を吸収します。

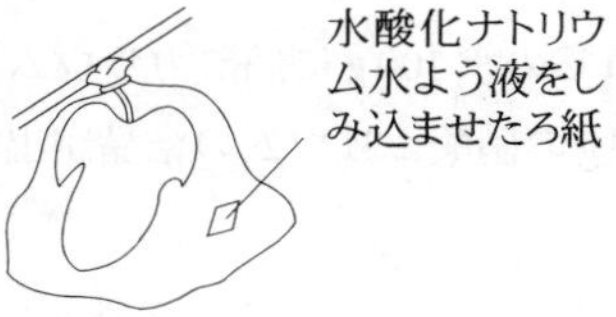

手順２　手順１の①～④のアサガオの葉をそれぞれエタノールにつけます。

手順３　葉を水洗いしてから，ヨウ素液を垂らします。

（5）【実験１】の①～④の中で，ヨウ素液が最も濃《こ》い色に染まるものはどれですか。①～④から１つ選び，番号で答えなさい。

（6）【実験１】の②と④より，光合成に必要なものは何かを１つ答えなさい。

（7）【実験１】の結果より，光合成に必要なものが「日光である」とすると，①～④のどれとどれを比べればよいですか。２つ選びなさい。

【実験２】

手順１　【図１】のように，白色の部分があるアサガオの葉をアルミニウムはくでおおい，【実験１】の②と同じように透明なポリ袋に入れて，空気を吹き込み，数時間直射日光を当てます。

手順２　手順１のアサガオの葉をエタノールにつけます。

手順３　葉を水洗いしてから，ヨウ素液を垂らします。

【図１】

（８）【実験２】で青むらさき色に変わった部分はどこですか。解答用紙の図に青むらさき色になった部分をぬりつぶしなさい。

（９）よく晴れたある日の14時，野原に密集して生えているある植物の上の方の葉と下の方の葉をつみとって，同じ面積あたりのデンプンの量を調べました。デンプンの量として正しいものを次のア～ウから１つ選び，記号で答えなさい。また，そのように考えた理由も答えなさい。

ア．上の方が多い。　　　イ．同じである。　　　ウ．下の方が多い。

4　大地のようすを切り通し（がけ）などで観察すると，しま模様《もよう》の地層が観察できます。地層について，以下の問いに答えなさい。

（１）ある地層を観察すると，次のような点に気づきました。

・地層に含《ふく》まれる石は角がとれて丸いものが多い。

・大昔の魚や貝などの化石が含まれていた。

このようなことから，この地層ができたと考えられる場所を答えなさい。

（２）火山のはたらきによってできた別の地層も観察することができました。

①　次の文中の（　　　）に入る語句を答えなさい。

この地層は火山の噴《ふん》火で出てきたものからできており，小さな穴のたくさんあいた水に浮《う》く（　i　）や，きらきらとガラスのように光る（　ii　）が含まれていました。

②　火山灰《かざんばい》によってできた地層のつぶの形の特徴《とくちょう》を答えなさい。

(３)　地層には，【図１】から【図３】のようないろいろなかたちのものがあります。

【図１】

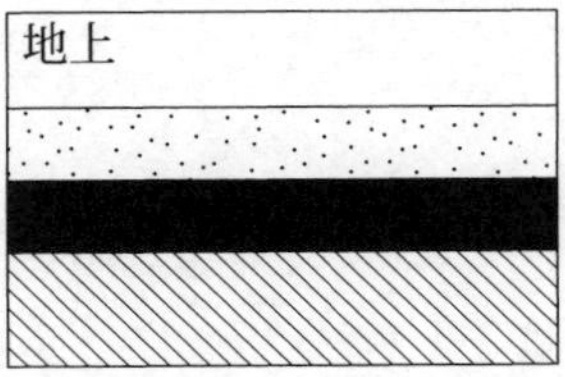

【図２】

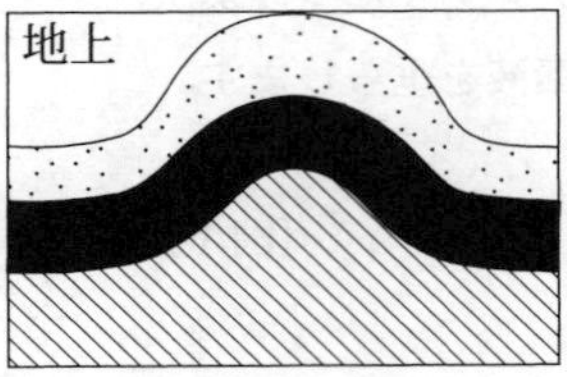

【図３】

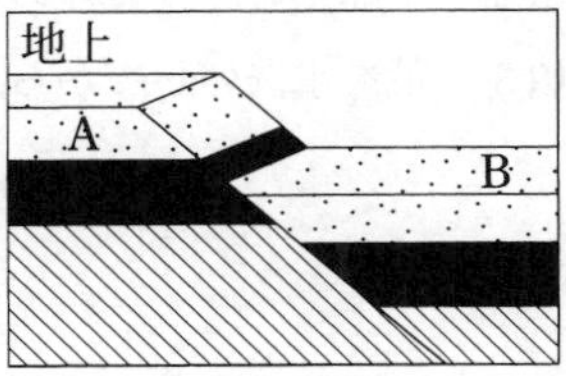

①　次の文中の（　　　）に適する語句を答えなさい。

【図２】のような地層を（　iii　）といい，【図３】のような地層を（　iv　）といいます。

②　【図３】は，図のＡ点とＢ点のそれぞれに，どのような向きの力がはたらいてできたものなのか答えなさい。

(４)　地層のでき方について，①と②の問いに答えなさい。

①　はじめにつくられた地層とあとにつくられた地層とが，連続してたい積していないような地層の重なり方を何というか答えなさい。

②　下の図のＡからＤを，①の地層ができるまでの順番に並べなさい。

A

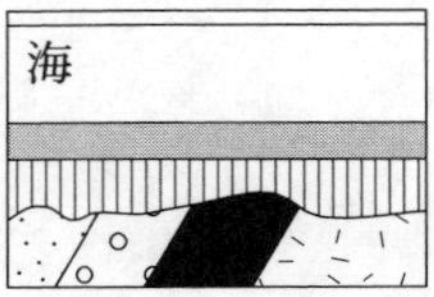

B

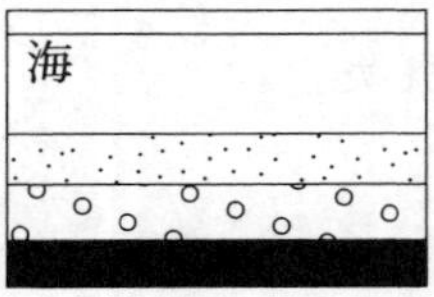

C

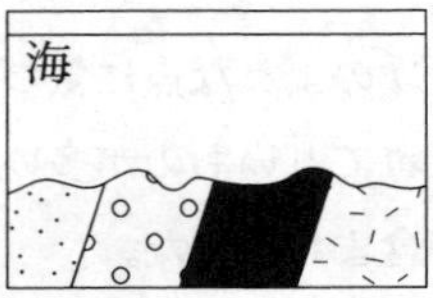

D

問十三　――線⑯「言語化は体験の特別さを奪うものではなく、特定の体験の特別さを際立たせてくれる」ことについて話し合いをしました。本文の内容に最も適切な発言をしているものを選びなさい。

ア、生徒Ａ―本文中ではその店の料理の味など、「特定のもの」だけを指す言葉を作ることで、見聞きした人が体験したような気持ちになると述べていました。タレントは食レポで店特有の言葉を必ず言うので、視聴者が特別な体験をしたくなる工夫《くふう》をしていると思います。

イ、生徒Ｂ―言葉で記録や記憶をすることで体験の区別ができ、それぞれの体験が「特別なもの」になっていくと述べていました。そういう意味で考えると、行事の振《ふ》り返りを書くことは意味があります。言葉で表すことで体験が忘れられないものになると思います。

ウ、生徒Ｃ―文中で、体験を新しい言葉で表せたらどんな体験でも「特別さ」が際立つと述べていました。世間では体験を言語化しＳＮＳで発信することで有名な人がいます。その人から言葉の選び方を学べば、誰《だれ》でも「体験の特別さ」を言語化できるようになると思います。

エ、生徒Ｄ―特別な体験を難しい言葉で説明するより、日常でよく耳にする言葉を使うと「特別なもの」が強調されると述べていました。特別な体験を「エモい」「めっちゃ」のような日常の言葉を使うと、だれが見聞きしても体験の特別さが伝わると思います。

問八　――線⑧「コマカイ」・⑩「ココロミ」・⑬「リエキ」・⑮「ヤシナウ」を漢字に直しなさい。また、送りがなが必要な場合はひらがなで書きなさい。

問九　――線⑨「その違いを表す言葉を新しく作れば良い」とあるが、次の段落の内容を参考にして、あなたが今いる「試験会場の前の黒板の色」を次の二つの条件を使って表現しなさい。

1、すでに存在している言葉を使う

2、二つ以上の言葉を重ねる

問十　――線⑪「こういった人々の仕事では、言葉が果たす役割が非常に重要になってくる。」の理由として最も適切なものを選びなさい。

ア、自分が伝えたい情報を完璧《かんぺき》な言葉に直して、相手の感性に影響《えいきょう》を与えなければならないから。

イ、自分の体験で得たものを明確な言葉で相手に伝えられないと、自分の感性が乏しくなってしまうから。

ウ、自分の感覚でとらえたものを相手がはっきりと感じとれるように、言葉に直さなければならないから。

エ、自分の五感で得た情報を特定の言葉で表現することで、他の同業者に差をつける必要があるから。

問十一　――線⑫「言葉の目的は体験の代わりとなることではない」の具体例としてあてはまらないものを一つ選びなさい。

ア、美術館で見た絵の感動を詳《くわ》しく説明してもらっても、直接見た感動には勝てないということ。

イ、有名ラーメン店のスープのおいしさを熱く語られても、空腹は満たされないということ。

ウ、映画のパンフレットをすみずみまで見ても、映画館で見たのと同じ感動を得られないこと。

エ、パン職人が公開するおいしいパンの作り方の説明通りに作っても、同じ味に仕上げられないこと。

問十二　――線⑭「自分の体験を明確にする助けとなる」の説明を「こと。」が続くように文中から四十字以内で抜き出し、最初と最後の三字を答えなさい。

問一　――線①「筆舌に尽くしがたい」の言葉の意味として最も適切なものを選びなさい。

ア、言葉で言うのは難しくない
イ、言葉では補いきれない
ウ、言葉では表現しきれない
エ、言葉で表すべきでない

問二　――線②「その味の特別さが言葉の一般性によって奪われてしまう」の説明として最も適切なものを選びなさい。

ア、特別な味を表そうとしても表し切れず、つまらない表現になってしまうということ。
イ、特別な味を表そうと特別な言葉を使うのに、普通の表現になってしまうということ。
ウ、特別な味を表したくても言葉が足りず、特別な表現をあきらめてしまうということ。
エ、特別な味を表すことに力が入ると、大げさな表現でわざとらしくなってしまうということ。

問三　――線③「食に対してさまざまな言葉を使うのがいけすかないと思う」の理由を文中の言葉を用いて五十五字程度で答えなさい。

問四　――線④「レビュー」のここでの意味を表す言葉を本文中の【　】の中から漢字二字で抜き出しなさい。

問五　――線⑤「その主張」を解答欄《らん》に合う形で抜き出しなさい。

問六　――線⑥「言葉による区別は知覚による区別よりも粗い」の説明として最も適切なものを選びなさい。

ア、私たちは知覚でとらえる情報が多すぎると、言葉での処理が雑になってしまうということ。
イ、私たちは知覚を頼りにしすぎるため、言葉を使って伝えるのが苦手であるということ。
ウ、私たちの知覚は日常の中でとぎすまされるが、言葉の感覚は未発達の人が多いということ。
エ、私たちの知覚でとらえている微妙な違いを、言葉ではすべて表現しきれないということ。

問七　――線⑦「そうした理由」の説明として最も適切なものを選びなさい。

ア、専門的な分野では他と間違えないために特定のものを表す言葉が必要だということ。
イ、専門的な分野でも数字のように簡単でわかりやすいもののほうが便利だということ。
ウ、専門的な分野では日々新しいものが生み出されるので古いものとの区別が大切だということ。
エ、専門的な分野ではひとまとめで表す幅のある言葉を使わなければならないということ。

れてすぐコショウのにおいが鼻を抜け、後味の風味はすぐに消え……」というように言葉を重ね、特定の料理の味にしか当てはまらない表現ができたとしよう。その表現を耳にしたからといって、実際に味が感じられるわけではない。だが、言葉が体験の代わりにならないことは、言葉の欠点ではない。というのも言葉の役割は、その味を体験しに店に行くかどうかを決めるうえでの判断材料を与《あた》えることだからだ。そして、その役割は先ほどの長い表現で十分果たせるだろう。体験の代わりを言葉に求めるのは、言葉の目的を理解していない筋違いな願望なのである。

　言語化によって得られる⑬リエキは、他人から判断材料をもらえるだけではない。これとは別に、言語化した当人にとってもリエキとなるものがある。それは、⑭自分の体験を明確にする助けとなるというものだ。

　例として、いま食べているカレーと先週食べたカレーの違いを比べる場合を考えてみよう。しかも、言葉を使わずに比較《ひかく》してみるとする。いま食べているカレーはまさに味がしているが、先週食べたカレーの味はいまはしない。先週のカレーはどうだっただろうか。それを思い出そうとするときに、再び口のなかに味が広がってくるわけではない。何かぼんやりとしたイメージは浮《う》かんでくるかもしれないが、非常に頼《たよ》りないように思われる。いまのカレーと何か違うとはわかっても、どう違うのかまではうまく理解できないだろう。さらに、先週食べたカレーと先々週また別の店で食べたカレーの違いとなると、違いはより曖昧《あいまい》になってくる。

　だが、言葉を使えば区別をつけるのは簡単だ。「いま食べているカレーは、ルーはサラサラして、しびれるような辛《から》さ、ヨーグルトの酸味、玉ねぎの甘味《あまみ》が感じられる」「先週のカレーは、ルーはドロドロで、トマトの酸味が感じられ、最初はそこまで辛くないのだが後を引く辛さがあった」といったように、言葉にすれば違いが明確になる。さまざまな言葉が使えるようになると、その分だけ多くの区別がつけられるようになるのだ。

　感じた味や香りを言葉にする作業は、ソムリエを目指す人が読む本ではよく＊推奨《すいしょう》されている。ソムリエはさまざまなワインの味や香りを記憶《きおく》して区別する必要があり、その能力を⑮ヤシナウためには、ワインを飲んだときに感じた香りや味をメモするのが良いそうだ。言葉にすることでさまざまなワインの違いを整理でき、また、メモを見返すことで「あのワインとこのワインが似ていると感じたのはこういう共通点があったからなのか」といったことも発見できる。自分が感じた味の共通点や相違《そうい》点を、より明確な根拠《こんきょ》から理解できるようになるのだ。

　以上のように、体験を言語化することで体験が明確になる。現在体験している味と過去に体験したさまざまな味の違いは、言葉による区別を利用することで明らかになるのだ。逆に、体験を言語化しないと、その体験が他の体験とどう違うのかもうまく理解できない。⑯言語化は体験の特別さを奪うものではなく、特定の体験の特別さを際《きわ》立たせてくれるものだと言えるだろう。

（源河　亨『「美味しい」とは何か』）

＊弊害…害になる悪いこと。
＊陳腐…古くさくありふれていてつまらないこと。
＊既存…前からあること。
＊推奨…すぐれているところをほめて人にすすめること。

すると、よりコマカイ区別がつけられる）。ひょっとすると、同じ味の商品を大量生産している食品メーカーには、そうした特別な言葉がすでにあるかもしれない。ともかく重要なのは、たとえ日常的な言葉づかいで違いが表現できなくとも、⑨その違いを表す言葉を新しく作れば良いということだ。

解決法はこれだけではない。これとは別に、*既存《きそん》の言葉をたくさん重ねるという方法もとれる。「濃厚な」が当てはまる料理は数えきれないほどあるとしても、「濃厚でコクがある」というように「コクがある」を追加することで、当てはまる料理の幅が狭《せば》まる。「口に入れてすぐコショウのにおいが鼻を抜《ぬ》け」を付け足すとさらに範囲が狭まるだろう。

また、第1章でみたように、私たちが感じる味は五感すべてが得た情報が統合されたものであるため、他の感覚の言葉も使えるはずだ。たとえば、「香《こう》ばしい」「あつあつ」「コリコリとした」「色鮮《いろあざ》やかな」といったものである。こうした作業を繰《く》り返していくと、特定の料理にしか当てはまらない表現が作れるだろう。

こうした多様な言葉を使う⑩ココロミは、自分が感じたものを他人に伝える職業では頻繁《ひんぱん》に行われている。調理師、料理研究家、フードコーディネーター、ソムリエ、調香師、画家、デザイナー、作曲家、演出家などだ。⑪こういった人々の仕事では、言葉が果たす役割が非常に重要になってくる。次に、言葉が果たす役割がどういうものかを説明しよう。さらにそこから、言葉がなければ経験も乏しくなるということを明らかにしたい。

私たちが言葉を使う目的の一つは情報伝達である。体験を言葉にして伝えることで、それを体験していない人にも「その体験がどのようであるか」が伝わるのだ。

たとえば、他人から「あそこに新しくできたラーメン屋は味噌ラーメン専門店だったよ」と聞けば、実際に行かなくても、その店に行けば味噌ラーメンが食べられる、豚骨《とんこつ》ラーメンや醤油《しょうゆ》ラーメンは食べられない、と知ることができる。こうした情報は自分が何を食べるかを判断するための材料となるだろう。それを参考にすることで、ラーメンが食べたいときに「あの店に行ってみよう」と思えるし、ラーメンは食べたいけど味噌ラーメンの気分ではないときには「あの店ではない」と判断できるようになるのだ。

【さらに、もしラーメン店について伝えてきた人が味に関して信頼《しんらい》できる人だったら、「おいしかった」「他では味わえない濃厚さ」（あるいは、「おいしくなかった」「どこにでもあるような味だった」）といった評価も参考にすることができる。その情報に基《もと》づいて、おいしいラーメンが食べたいならそこに行こう（または、あの店はおいしくないから避《さ》けよう）と判断できるのだ。

以上のように、言語化された他人の体験について知ることで、自分では体験していない物事についての情報が得られ、その情報に基づいて自分の行動を決定することができる。私たちが言葉を使う目的の一つは、このようにして情報を共有し、行動のための材料を増やすことである。】

こうした目的は「赤」など幅のある言葉でも果たすことができる。たとえば、「新しく発表されたパソコンの色は赤だった」と聞いたとしよう。それを聞いただけでは、どういった色合いの赤なのかはわからない。だがそれでも、「緑だったら買おうと思っていたけど、赤ならやめとくか」と判断できる。同様に、「あの店のラーメンのスープはさっぱりしている」と聞いたら、具体的にどんな「さっぱり」なのかわからなくても、「今日はこってりしたものを食べたいから別の店に行こう」と決めることができる。言葉による粗い区別の情報も判断材料になるのだ。

気をつけなければならないのは、⑫言葉の目的は体験の代わりとなることではない、という点である。たとえば、「濃厚で、コクがあって、口に入

うした表現は、感じた味を説明することよりも、自分がどれだけ言葉を知っているかを自慢《じまん》するためになされている（味を表しているのではなく自分語りをしている）ように思えてくる。気取った表現を使う人は、料理を味わうことより言葉を探すことに注意が向いていて、言ってみれば、味そのものに向き合ってない。こうした評論家ぶった表現に嫌気《いやけ》がさすと、余計な言葉を喋《しゃべ》るべきではないと思われるだろう。

以上の論点は食に限らない。絵画、音楽、演劇についてああだこうだ言うことで、鑑賞《かんしょう》体験が陳腐なものになってしまうように思えることがある。また、鑑賞された作品よりも鑑賞した自分自身に注意が向いてしまっているような④レビューもあるだろう。そういった例をみると、体験を言葉にすることには弊害があると思えてくる。

これに対し本章では、おいしさを言葉にすることにも重要性があると主張する。とくに、言語化をあきらめると食事の経験も乏《とぼ》しくなることを示したい。前章では知識がなければ経験も貧困《ひんこん》になると述べたが、それと同じようなことになるのだ。

だがその前に、食の経験にとって言葉は役に立たないという考えをもう少し明確にしておきたい。そうすることで、⑤その主張の弱点もみえてくるだろう。

先ほど、自分の体験した味の特別さは言葉では捉えられないと述べた。この点は味覚に限らず、知覚一般に当てはまる。それを理解するために、眼《め》を使ってなされる色の区別と言葉による色の区別を対比させてみよう。

たとえば、トマトもイチゴも紅葉《もみじ》もバラも「赤い」と言われる。しかし、まったく同じ色をしているわけではない。トマトやイチゴの赤さには光沢《こうたく》があるが、紅葉やバラの赤さはそうではない。また、トマトとイチゴの赤さも違っている。イチゴは表面のつぶつぶで凹凸《おうとつ》があるため、トマトのつるつるした表面とは陰影《いんえい》の具合が異なっている。こうした例からわかるように、「赤」という言葉の適用範囲《はんい》には一定の幅《はば》がある。いろんな赤さ、赤さのグラデーションがあるのだ。

もちろん、「赤」よりも狭《せま》い範囲を指す言葉、たとえば、「朱《しゅ》」「茜《あかね》」「真《しん》紅《く》」「チェリーレッド」「スカーレット」といったものもある。だが、それらが意味するものにも一定の範囲がある。「朱色」と言われる二枚の紅葉を見比べても、それぞれの色合いが微妙《びみょう》に異なっているだろう。

以上からわかるのは、⑥言葉による区別は知覚による区別よりも粗《あら》いということである。二つの色、二つの音、二つの形、二つの味は、見たり聞いたり触《さわ》ったり味わったりすれば区別できるのだが、その違いに対応するような言葉が見つからないことがある。そのため、ある料理を食べたときに感じた味だけに当てはまり、よく似ているが違った味を除外する特別な言葉が見つからない場面も出てくる。そうした場面に出くわすと、味は言葉で表現することはできないと思えてくるだろう。

とはいえ、この問題は解決できないものではない。確かに、私たちが普《ふ》段《だん》使っている言葉のなかには、幅がない（特定のものだけを指す）言葉はないかもしれない。だが、そういう言葉を新しく作ることは可能である。専門用語などはまさに⑦そうした理由から作られているだろう。たとえば色を定義するためのカラーコードでは、「#191970」など、十六進法によって日常的な色用語よりもずっと⑧コマカイ区別が使われている。「#191970」と「#191971」の違いは、視力が悪ければ見分けられないくらいコマカイものだ。

やろうと思えば味にもそうした言葉を作り出すことができるはずだ。「砂糖《さとう》○グラム、塩○グラム、味噌《みそ》○グラム、酢《す》○ミリリットル……」で作った味に特別な名前をつければいいのである。（砂糖や塩のメーカーを指定

問九　次の――線で用法が同じものを一つ選びなさい。

明日は台風が近づいて、海が荒《あ》れるらしい。

ア、彼が学校を休むなんてめずらしい。
イ、高いビルが並んでいてとても都会らしい。
ウ、彼女の家はここから近いらしい。
エ、子犬が水を飲む様子はとても愛らしい。

問十　次の春の句について□に入る適切な言葉を一つ選びなさい。

□のなくや小さき口あけて　（与謝蕪村《よさぶそん》）

ア、うぐひす　　イ、うみねこ　　ウ、こがらし　　エ、いのしし

問十一　次の中から「春の七草」にあてはまらないものを一つ選びなさい。

ア、すずしろ　　イ、せり
ウ、ふきのとう　　エ、ほとけのざ

二　次の文章を読んで、後の問いに答えなさい。

味やおいしさは言葉にできないと言われることがある。あの頃《ころ》あの店で食べたあのラーメンのおいしさは①筆舌《ひつぜつ》に尽《つ》くしがたい。どんなに言葉を連ねてもうまく捉《とら》えられない。他の店のラーメンもそれに似ているのだが、やはりどこか違《ちが》う。しかし、何が違うか言葉では説明できない。こういったもどかしい気持ちになったことはないだろうか。

おいしさは言葉にできないだけでなく、言葉にするべきではないという考えをもっている人もいるかもしれない。何かを食べて言うべきなのは「おいしい」「まずい」くらいで、料理についてくどくど語るべきではないということだ。というのも、味を言葉にすることで何かしら*弊害《へいがい》が出てくると思われるからである。

たとえば、「言葉にすると自分の体験から大事なものが失われる」と考える人もいるかもしれない。このラーメンには他にはない特別なおいしさがあるのに、それを「濃厚《のうこう》でコクがある」といったように言葉にすると、自分の体験が何か*陳腐《ちんぷ》なものになった気がする。というのも、「濃厚でコクがある」は他の店のラーメンにも当てはまるからだ。この店のラーメンは他とは違う特別なものであるのに、言葉では他との違いが出てこない。②その味の特別さが言葉の一般《いっぱん》性によって奪《うば》われてしまうのである。こうした点から、自分が体験した特別さを大事にしたいなら味は言葉にすべきではないと考える人もいるだろう。

これとは別に、③食に対してさまざまな言葉を使うのがいけすかないと思う人もいるかもしれない。たとえば、「雨上がりの深い森でたちこめる腐《ふ》葉土《ようど》の香りのワイン」「自然栽培《さいばい》で育てられた野菜本来のたくましい味」といった言い回しを聞いても、どういう味がするのかよくわからない。こ

2024年度

日本大学豊山女子中学校

【国語】〈第三回試験〉（二教科合わせて九〇分）〈満点：一〇〇点〉

一　次の各問いに答えなさい。

問一　次の――線のカタカナを漢字に直しなさい。ただし、送りがなはひらがなで書きなさい。

先生の指示にシタガウ。

問二　次の熟語の読み方をひらがなで二通り書きなさい。

寒気

問三　次の漢字で部首が異なるものを一つ選びなさい。

ア、間　　イ、問　　ウ、関　　エ、開

問四　次の文中の――線を（例）にならって二字熟語に直しなさい。

（例）あなたの部屋はよごれがなくきれいですね。【熟語】清潔

私の朝の日課はアサガオの様子をくわしくみることです。

問五　次の慣用句について□に入らない漢字を一つ選びなさい。

□が広い　　□を洗う　　□が立つ

ア、顔　　イ、鼻　　ウ、腹　　エ、足

問六　次の四字熟語について□に共通して入る漢字を書きなさい。

公明正□　　□同小異　　□器晩成

問七　次の□に入ることわざとして最も適切なものを選びなさい。

□というようにどんな人でも失敗はあるものだ。

ア、仏の顔も三度　　イ、石橋をたたいてわたる

ウ、弘法《こうぼう》も筆の誤り　　エ、ぶたに真珠《しんじゅ》

問八　次の――線の言葉の使い方として適切でないものを一つ選びなさい。

ア、家を出る時に鍵《かぎ》が見つからなくてあたふたした。

イ、昨日は先生にくどくどと同じことを言われた。

ウ、一番下の妹は家族全員からちやほやされている。

エ、先輩《せんぱい》に実力のちがいをまじまじと見せつけられてしまった。

2024年度

日本大学豊山女子中学校　▶解　答

※　編集上の都合により，第３回試験の解説は省略させていただきました。

算　数　＜第３回試験＞（２教科合わせて90分）＜満点：100点＞

解　答

[1] (1)　4　(2)　5.3　(3)　①　1.5　②　2　(4)　4　(5)　①　60　②　125　(6)　1000　[2] (1)　2.4cm　(2)　9：25　[3] (1)　16ｇ　(2)　**食塩水**…300ｇ　**食塩**…16ｇ　(3)　**食塩水**…500ｇ　**濃度**…4.8％　[4] (1)　3.14cm　(2)　6.28cm^2

社　会　＜第３回試験＞（２教科合わせて90分）＜満点：100点＞

解　答

[1] **問１**　ウ　**問２**　ウ　**問３**　1　**問４**　マイクロ　**問５**　ア　**問６**　イ　**問７**　ア　**問８**　香川県　[2] **問１**　イ　**問２**　（例）　品種改良などにより冷害に強い品種が開発されたから。　**問３**　エ　**問４**　(1)　ア　(2)　イ　(3)　エ　(4)　ウ　[3] **問１**　藤原　**問２**　イ　**問３**　エ　**問４**　関白　**問５**　平等院(鳳凰堂)　**問６**　ア　**問７**　ウ　**問８**　徳川秀忠　**問９**　兵力(軍事力)　**問10**　大目付　[4] **問１**　エ　**問２**　ア　**問３**　ウ　**問４**　マッカーサー　**問５**　エ　**問６**　吉田茂　**問７**　日米安全保障条約　**問８**　ア　[5] **問１**　天皇，国民　**問２**　ア　**問３**　生存権　**問４**　ウ　**問５**　ウ　**問６**　エ　[6] **問１**　イ　**問２**　ウ　**問３**　25　**問４**　直接請求権　**問５**　ア　**問６**　エ　**問７**　エ

理　科　＜第３回試験＞（２教科合わせて90分）＜満点：100点＞

解　答

[1] (1)　①　ウ　②　ア　③　ウ　(2)　ＡとＥ　(3)　22.0秒　(4)　イ　(5)　16.5秒　(6)　ア　[2] (1)　①　t_1　0℃　t_2　100℃　②　**AB間**…ア　**BC間**…エ　**CD間**…イ　③　**体積**…ウ　**重さ**…イ　(2)　①　ウ　②　塩化ナトリウム（食塩）　(3)　①　エ　②　ア　(4)　①　74.2ｇ　②　26.6％　③　2.9ｇ　④　18.4ｇ　[3] (1)　細ぼう　(2)　葉緑体　(3)　（例）　葉の色をぬくため。　(4)　デンプン　(5)　③　(6)　二酸化炭素　(7)　①と②　(8)　右の図　(9)　**記号**…ア　**理由**…（例）　日光が当たりやすいから。

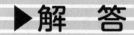

4 (1) (例) 水の流れのある場所。 (2) ① (i) 軽石 (ii) (例) 鉱物 ② (例) 角ばっている。 (3) ① (iii) しゅう曲 (iv) 断層 ② (例) ＡとＢがはなれる向き。 (4) ① 不整合 ② Ｂ→Ｄ→Ｃ→Ａ

国　語　＜第３回試験＞（２教科合わせて90分）＜満点：100点＞

解　答

一 **問１** 下記を参照のこと。 **問２** かんき／さむけ **問３** イ **問４** 観察 **問５** イ **問６** 大 **問７** ウ **問８** エ **問９** ウ **問10** ア **問11** ウ 二 **問１** ウ **問２** ア **問３** (例) 感じた味を説明するよりも自分がどれだけ言葉を知っているかを自慢するだけで，味そのものに向き合っていないと思うから。 **問４** 評価 **問５** 食の経験にとって言葉は役に立たない(という考え) **問６** エ **問７** ア **問８** 下記を参照のこと。 **問９** (例) 雨にぬれて色が変わった砂の色。 **問10** ウ **問11** エ **問12** さまざ～になる(こと。) **問13** イ

●漢字の書き取り

一 **問１** 従う 二 **問８** ⑧ 細かい ⑩ 試み ⑬ 利益 ⑮ 養う

2023年度 日本大学豊山女子中学校

【算　数】〈第１回試験〉（50分）〈満点：100点〉

（注意）定規，三角定規，コンパスは使用できます。分度器，計算機を使用することはできません。

1 次の □ にあてはまる数を求めなさい。

(1)　$12 \times (3 + 2 \times 2) \div 14 - 2 = \square$

(2)　$1\frac{11}{12} \div \left\{\left(\frac{3}{4} - \frac{2}{3}\right) \times \frac{3}{5} + \frac{1}{3}\right\} = \square$

(3)　$\square \times \left(5 - 3\frac{1}{2}\right) - 3.5 = 10$

(4)　毎分 300 m の速さで走る A さんを，□ m 後ろにいる B さんが毎分 450 m の速さで追いかけると，10 秒で B さんは A さんに追いつきます。

(5)　今年のお祭りの参加者数は 4700人で，昨年の参加者数 □ 人より 30 %と 200 人減りました。

(6)　3 つの数 $1\frac{1}{3}$, 1.33 , $\frac{15}{11}$ を小さい順に並べると，㋐，㋑，㋒ です。

2 次の □ にあてはまる数を求めなさい。

(1)　図の ㋐ の角の大きさは □ 度です。
ただし，同じ印は同じ角度を表すものとします。

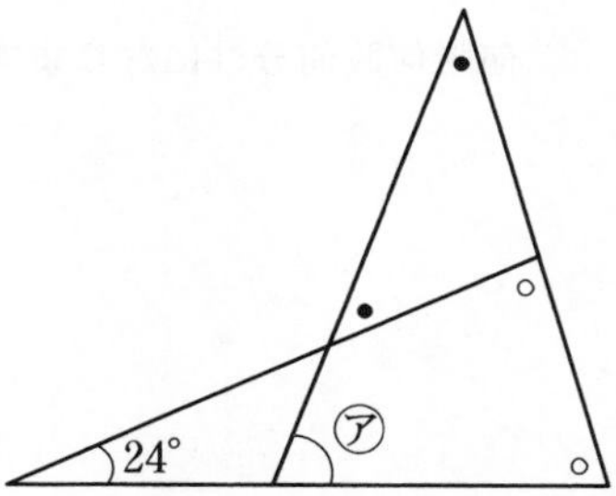

(2)　図の影の部分の面積は □ cm^2 です。

ただし，円周率は 3.14 とします。

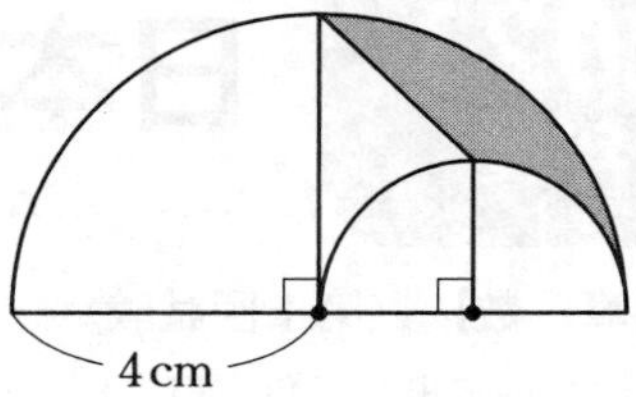

(3)　図のようなプールについて調べたところ，傾斜《けいしゃ》があり，中央の深さは 1.5 m ということがわかりました。このプールの容積は □ m^3 です。

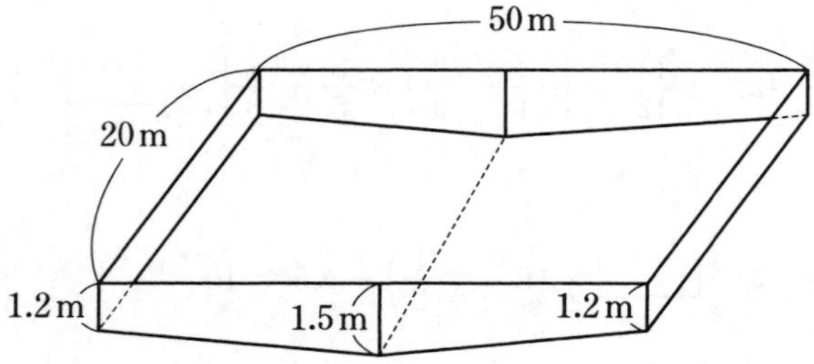

3　かずえさんとあきこさんとひとみさんがじゃんけんをします。

・かずえさんは，パー，パー，グー，グー，チョキ，チョキの順でくり返し出します。

・あきこさんは，グー，チョキ，パーの順でくり返し出します。

・ひとみさんは，グー，グー，チョキ，チョキの順でくり返し出し，パーは出しません。

このとき，次の問に答えなさい。

(1)　あきこさんとひとみさんが２人で 36 回じゃんけんをするとき，あいこは何回ありますか。

(2)　かずえさんとあきこさんとひとみさんの３人で 2023 回じゃんけんをするとき，かずえさんは何勝何敗何分けになりますか。

4 図は，底面を正方形，高さを底面の正方形の一辺の長さの２倍とする直方体です。点Ｐは点Ａを出発し，直方体の辺上を一定の速さでＡ→ア→イ→Ｂ→ウ→エ→Ａと動きます。下のグラフは，点Ｐが点Ａを出発してからの時間と三角形ABPの面積との関係を途中まで示したものです。次の問に答えなさい。

図

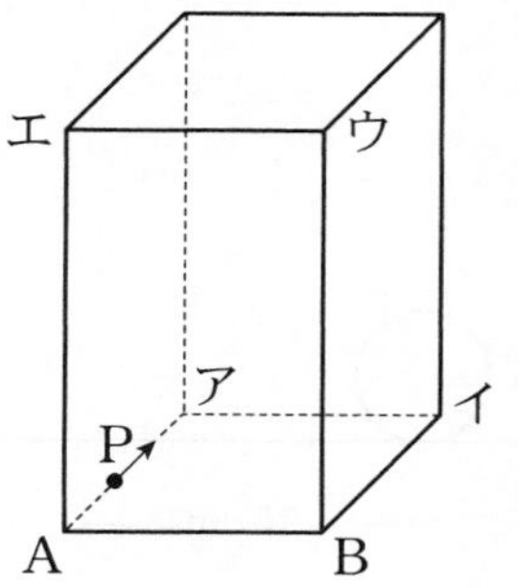

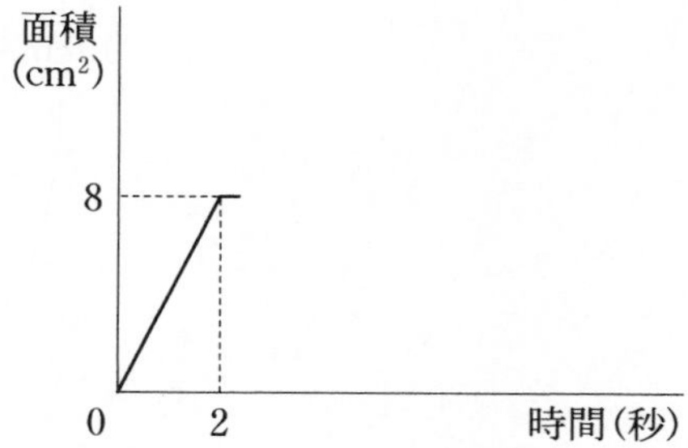

⑴　点Ｐの速さは毎秒何cmですか。

⑵　グラフの完成形として最も適切なものを，①～⑥から１つ選び番号で答えなさい。

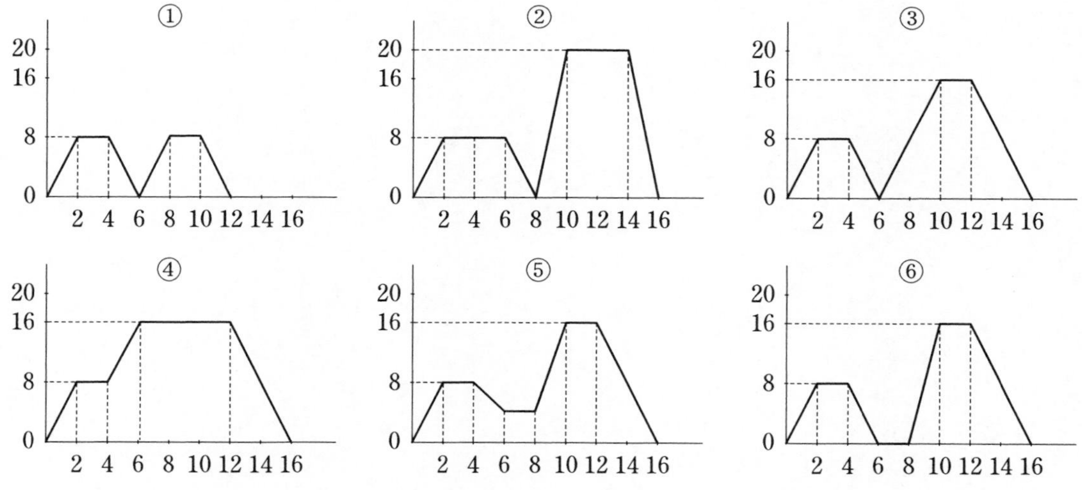

⑶　三角形ABPの面積が$7\,cm^2$となるのは，点Ｐが点Ａを出発してから何秒後かすべて答えなさい。

5 図は，長方形から正方形を切りとった図形です。この図形の中に半径１cmの円があるとき，次の問に答えなさい。ただし，円周率は3.14とします。

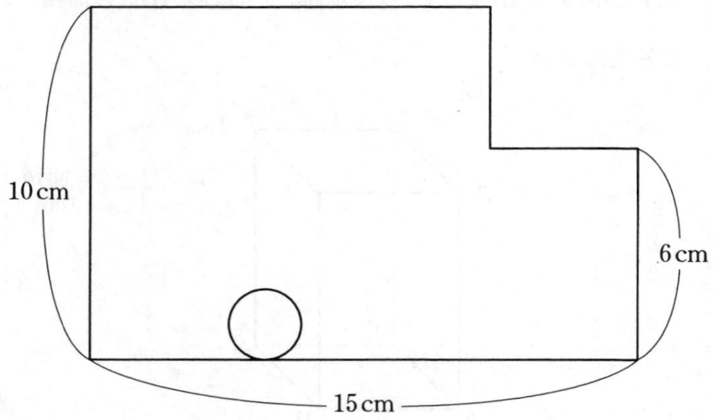

(1) 円がこの図形の中を自由に動くとき，円が通ることのできる部分の面積は何cm^2ですか。

(2) 円がこの図形の中を辺に沿って１周するとき，円の通る部分の面積は何cm^2ですか。

【社　会】〈第１回試験〉（30分）〈満点：60点〉

１　次のすみれさんとふじ子さんの会話文を読み，あとの各問いに答えなさい。

すみれ：2020年から日本でも流行している新型コロナウイルス感染症によって，約３年間も出かけることを自粛《じしゅく》してきたね。

ふじ子：感染症が収まったら，どこかに旅行へ行きたいね。

すみれ：そういえば，2022年は東北新幹線が開業40周年を迎えたんだよ。

ふじ子：東北新幹線に乗ったらどんな景色が見えるのかな。調べてみよう。

すみれ：東北新幹線は，東京～新青森までを結んでいるから海や山など様々な景色を見ることができるよ。

ふじ子：東京を出発して20分くらいすると大宮駅に到着するね。

すみれ：大宮駅を出発すると，はやぶさ号では仙台駅まで約１時間で到着するんだね。
この区間は，日本の新幹線の中でも最速の320㎞/hで走行する区間もあるんだよ。

ふじ子：すごいね。ということは，大宮～仙台間にある（　A　）県と①福島県はあっという間に通過してしまうんだね。

すみれ：（　A　）県を通る際は，車窓から日光連山や那須連峰を眺めることができるね。

ふじ子：（　A　）県は，いちごの生産量が日本一だよね。

すみれ：私もいちごは大好き。仙台駅を出発すると，②盛岡駅に約４０分で到着するね。

ふじ子：仙台～盛岡というと海岸が特徴的な地域だね。

すみれ：進行方向右側に③小さな湾と岬《みさき》が入り組んだ海岸が発達していて，左側には日本一長い（　B　）山脈が南北に連なってるね。

ふじ子：盛岡駅を出発すると，八戸を経由して新青森に到着だね。

すみれ：東京から約３時間で④青森についたね。青森は，ほたて貝の養殖が行われているから食べてみたいな。

ふじ子：新幹線で色々な所に早く旅行できるようになるといいね。

問１　文章中の空欄Aにあてはまるものを次のア～エのうちから１つ選び，記号で答えなさい。

ア　群馬県　　イ　栃木県　　ウ　茨城県　　エ　長野県

問２　文章中の空欄Bにあてはまる山脈の名称を何といいますか。

問３　下の表は下線部①の県で，生産がさかんに行われている作物の都道府県別の生産量の割合（2018年）を示しています。この作物をあとのア～エのうちから１つ選び，記号で答えなさい。

山梨	34％
福島	21％
長野	11％
その他	34％

（『日本国勢図会 2020/21年版』より作成）

ア　もも　　イ　ぶどう　　ウ　メロン　　エ　みかん

問４　下線部②がある県で，伝統的に生産されている工芸品を次のア～エのうちから１つ選び，記号で答えなさい。

ア　曲げわっぱ　　イ　九谷焼　　ウ　こけし　　エ　南部鉄器

問５　次の写真は，下線部③の海岸を示しており，カキやわかめの養殖がさかんに行われています。この海岸のような地形を何といいますか。

(Google Earthより作成)

問６　次のア～エの雨温図はそれぞれ青森市・仙台市・松本市・松山市のものを示しています。青森市を示しているものをア～エのうちから１つ選び，記号で答えなさい。

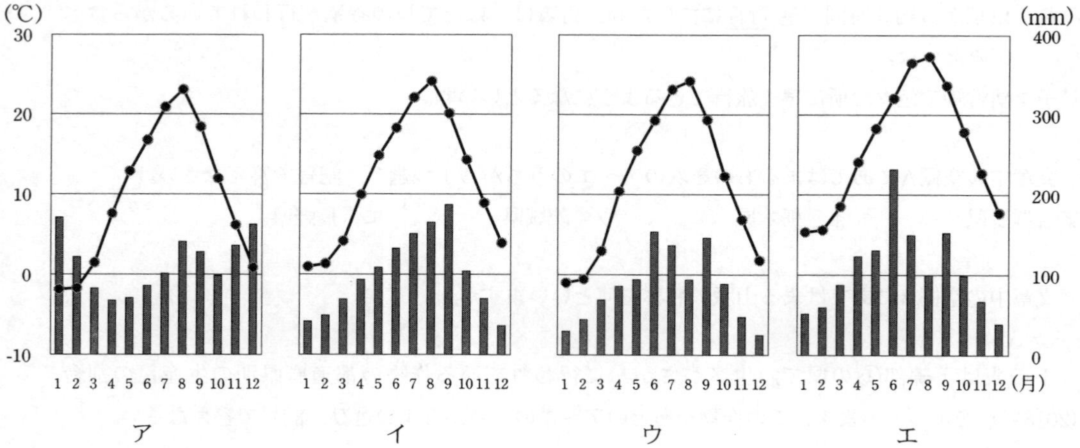

(気象庁ホームページより作成)

2　次の２万５千分の１の地形図（宮城県仙台市）を見て，あとの各問いに答えなさい。

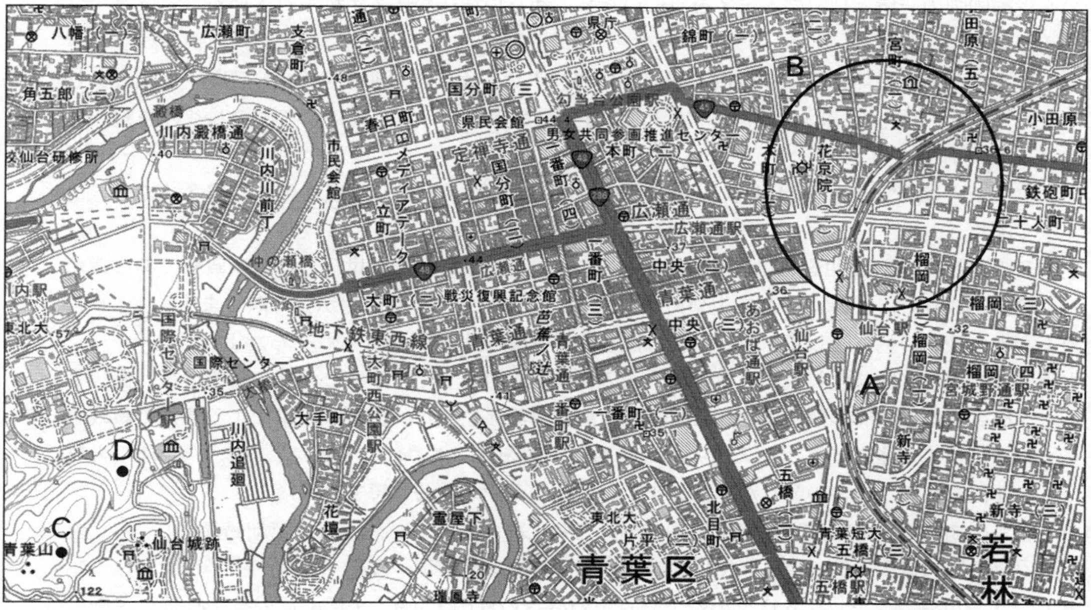

（国土地理院電子国土 webより作成）

〈編集部注：編集上の都合により実際の試験問題の75%に縮小してあります。〉

問１　Ａの仙台駅から見て，「仙台城跡」はどの方位にありますか。次のア～エのうちから１つ選び，記号で答えなさい。

ア　南　東　　　イ　南　西　　　ウ　北　東　　　エ　北　西

問２　地形図中のＢの範囲に見られる地図記号としてあやまっているものを次のア～エのうちから１つ選び，記号で答えなさい。

ア　老人ホーム　　　イ　寺　院　　　ウ　警察署　　　エ　中学校

問３　Ｃ地点からＤ地点までは，地図上で２cmです。実際の距離は何ｍか答えなさい。

問４　地形図上のＡ～Ｄのそれぞれの地点の特徴を読み取ったものとして，あやまっているものを次のア～エのうちから１つ選び，記号で答えなさい。

ア　Ａ地点の南東には，多くの寺院が立地している。

イ　Ｂ地点の西側には県庁や市役所などが集まっている地域が見られる。

ウ　Ｃ地点とＤ地点では，Ｄ地点の方が標高が高い。

エ　Ｄ地点の近くには仙台市博物館がある。

3　次の会話文を読み，あとの各問いに答えなさい。

あやめ：受験勉強の一環としてニュースを見ていたら，新しい法律が多く定められていることに気が付きました。

先　生：日本で初めての体系的な法典は，藤原不比等によって編さんがすすめられ，701年に施行された（　あ　）だと言われています。当時の日本は，［　X　］を手本にして国のしくみを整えました。

あやめ：でも10世紀に［　X　］は滅び，日本は日本独自の文化である①国風文化を発展させていきますよね。

先　生：その通りです。11世紀には②院政がはじまりました。さらに12世紀には武家政権である鎌倉幕府が成立し，③承久の乱で上皇方が敗れると，ますます幕府の力が強くなります。

あやめ：武士の裁判の基準として，日本最初の武家法の④御成敗式目が作られましたよね。

先　生：そうですね。約700年続いた武士の政治の目安とされました。しかし，元の襲来の後，徳政令が出されると幕府の信用は失われました。鎌倉幕府滅亡後は，後醍醐天皇による建武の新政が始まります。多くの武士が天皇中心の政治に不満をもつようになると，（　い　）が別の天皇を即位させて，２つの朝廷が並立します。いわゆる南北朝時代です。

あやめ：２つの朝廷は室町幕府３代将軍足利義満のころに統一されましたよね。足利義満は［　Y　］との貿易で利益を上げ，室町文化の発展に大きな影響を与えました。

先　生：そうですね。しかし，８代将軍の後継者争いなどの理由で1467年に応仁の乱が起き，全国に広がりました。戦国時代の始まりです。以降，戦国大名は各々で法令を定め，領国の支配を強めていきます。江戸時代に入ると，幕府は大名に対して（　う　）を，朝廷や公家に対して禁中並公家諸法度を出しました。

問１　下線部①の時期の作品として正しいものを次のア～エのうちから１つ選び，記号で答えなさい。

ア　古今和歌集　　イ　奥の細道　　ウ　万葉集　　エ　徒然草

問２　下線部②を開始した天皇は誰ですか。次のア～エのうちから１人選び，記号で答えなさい。

ア　推古天皇　　イ　聖武天皇　　ウ　桓武天皇　　エ　白河天皇

問３　下線部③の後に，京都の監視のために置かれた役職を答えなさい。

問４　下線部④の説明として正しいものを次のア～エのうちから１つ選び，記号で答えなさい。

ア　外国船が近づいたら直ちに撃退するよう命じた。

イ　守護・地頭のつとめや御家人の領地の決まりなどをまとめた。

ウ　御家人の生活を救うため，借金の取り消しを命じた。

エ　天皇を中心とする政治を行うことを宣言した。

問５　空欄あ～うにあてはまる語句をそれぞれ答えなさい。

問６　空欄X・Yにあてはまる国名の組合せとして正しいものを次のア～エのうちから１つ選び，記号で答えなさい。

ア　X－唐　Y－宋　　イ　X－唐　Y－明

ウ　X－魏　Y－宋　　エ　X－魏　Y－明

4 次の年表を見て，あとの各問いに答えなさい。

年	できごと
1868	①五カ条の誓文が出される
1874	②板垣退助が民選議院設立建白書を提出する
1886	ノルマントン号事件が起こる
1891	足尾銅山鉱毒事件が議会に取りあげられる
	A
1894	日清戦争がはじまる
1895	③三国干渉
	B
1904	日露戦争がはじまる
	C
1914	第一次世界大戦がはじまる
1924	④加藤高明内閣が発足する
	D
1941	太平洋戦争がはじまる
1945	第二次世界大戦が終結する
	E
1951	⑤サンフランシスコ平和条約が調印される
1956	日本が国際連合に加盟する

問1　下線部①に関連して，新政府の方針としてあやまっているものを次のア～エのうちから1つ選び，記号で答えなさい。

ア　四民平等　　イ　殖産興業　　ウ　民本主義　　エ　富国強兵

問2　下線部②が1881年に結成した政党を答えなさい。

問3　下線部③について説明した次の文のうち，空欄Xにあてはまる国の組合せとして正しいものをあとのア～エのうちから1つ選び，記号で答えなさい。また，空欄Yにあてはまる語句を答えなさい。

（　X　）の三国が（　Y　）条約の内容に反対し，日本に対して遼東半島を清に返すよう強く求めた。

ア　ロシア・フランス・ドイツ　　イ　ロシア・フランス・中国

ウ　アメリカ・フランス・中国　　エ　アメリカ・ドイツ・中国

問４　下線部④のときのできごととして正しいものを次のア～エのうちから１つ選び，記号で答えなさい。

ア　普通選挙法制定　　イ　八幡製鉄所の操業開始

ウ　シベリア出兵　　エ　日中戦争開始

問５　下線部⑤と同じ年に調印された条約として正しいものを次のア～エのうちから１つ選び，記号で答えなさい。

ア　日韓基本条約　　イ　日ソ中立条約　　ウ　日米安全保障条約　　エ　日米和親条約

問６　次のできごとが起きた時期を，年表中Ａ～Ｅのうちからそれぞれ選び，記号で答えなさい。

（１）日英同盟の成立　　（２）領事裁判権の廃止　　（３）日本国憲法の公布

5　次の文章を読み，あとの各問いに答えなさい。

私たちの①基本的人権は，②憲法や法律によって保障されています。もし，この大切な権利がおかされたり，権利同士が対立し争いになったときには，裁判所が憲法や法律にもとづいて公正に解決します。

③裁判が公正に行われるために，裁判所は④国会や⑤内閣など他の機関から独立しています。そして，判断をくだす裁判官も，自分の良心と憲法，法律にのみしたがって裁判を行い，誰の指示や命令も受けません。これらは，他の権力から圧力などを受けずに，私たちの権利を守るための大切な決まりです。

問１　下線部①について，その中の自由権として正しいものを次のア～エのうちから１つ選び，記号で答えなさい。

ア　学問の自由

イ　生存権

ウ　教育を受ける権利

エ　プライバシーの権利

問２　下線部②について，次の条文の空欄に共通してあてはまる語句を漢字２字で答えなさい。

> 天皇は，日本国の象徴であり日本（　　）統合の象徴であって，この地位は，主権の存する日本（　　）の総意に基く。
> （日本国憲法第１条）

問３　下線部③について，裁判には民事裁判と刑事裁判があります。刑事裁判において起《き》訴《そ》をするのは誰ですか。次のア～エのうちから１つ選び，記号で答えなさい。

ア　被害者　　イ　弁護人　　ウ　検察官　　エ　裁判官

問４　下線部④について，国会は憲法の規定にもとづき，天皇が召集《しょうしゅう》します。憲法で定められた天皇による形式的・儀礼《ぎれい》的な行為を何といいますか。

問５　下線部⑤について，内閣が定める命令のことを何といいますか。

6　次の文章を読み，あとの各問いに答えなさい。

国民は主権者として様々な形で政治に参加することができます。国の政治では，国会議員の選挙のほかに①憲法改正や最高裁判所裁判官に関して政治参加の機会があります。地方の政治では，首長や地方議会議員の選挙のほか②直接請求権を行使することができます。また，③国会議員や知事，地方議会の議員などに立候補することもできます。

問１　下線部①において，国会の発議のあと国民に提案してその承認を経なければなりません。この承認の手続きを何といいますか。

問２　下線部②についての説明として正しいものを次のア～エのうちから１つ選び，記号で答えなさい。

ア　条例の制定・改正・廃止を請求するには，有権者数の50分の１以上の署名を首長に提出し，首長は自身の判断で結果を決める。

イ　監査を請求するには，有権者数の３分の１以上の署名を選挙管理委員会に提出し，選挙管理委員会が監査を行い，結果を公表する。

ウ　議会の解散を請求するには，有権者数の50分の１以上の署名を監査委員に提出し，監査委員が解散を行う。

エ　首長・議員の解職を請求するには，有権者数の３分の１以上の署名を選挙管理委員会に提出し，住民投票を行い，過半数の賛成があると首長・議員はその職を失う。

問３　下線部③に関する説明として正しいものを次のア～エのうちから１つ選び，記号で答えなさい。

ア　衆議院議員は任期が４年で，立候補できる年齢は満35歳以上である。

イ　参議院議員は任期が６年で，立候補できる年齢は満30歳以上である。

ウ　都道府県知事は任期が６年で，立候補できる年齢は満25歳以上である。

エ　都道府県や市町村議会の議員は任期が４年で，立候補できる年齢は満20歳以上である。

7　酷暑が続いた2022年の夏休みに，ゆりさんは気候変動対策の歩みについてまとめました。次の表を見て，あとの各問いに答えなさい。

1972年	A国連人間環境会議が開かれる
1992年	B国連環境開発会議が開かれる
1997年	C地球温暖化防止京都会議が開かれる
2015年	Dパリ協定が結ばれる

問１　下線部Ａ・Ｂの会議はどこで開かれましたか。地名の組合せとして正しいものを次のア～エのうちから１つ選び，記号で答えなさい。

ア　Ａストックホルム — Ｂヨハネスバーグ　　イ　Ａストックホルム — Ｂリオデジャネイロ

ウ　Ａリオデジャネイロ — Ｂストックホルム　　エ　Ａリオデジャネイロ — Ｂヨハネスバーグ

問２　下線部Ｃ・Ｄの説明の正誤の組合せとして正しいものを，あとのア～エのうちから１つ選び，記号で答えなさい。

Ｃ　温室効果ガスを削減していく具体的な数値目標が定められ，新興国や発展途上国にも削減義務があった。

Ｄ　産業革命のころとくらべて，世界の平均気温の上昇を２度より低くおさえることを目標とした。

ア　Ｃ—正　Ｄ—正　　イ　Ｃ—正　Ｄ—誤　　ウ　Ｃ—誤　Ｄ—正　　エ　Ｃ—誤　Ｄ—誤

【理　科】〈第１回試験〉（30分）〈満点：60点〉

1　次の文章中の（　ア　）～（　ク　）に適する語句または数値（整数）を答えなさい。

金属の銅を燃焼させると（　ア　）ができます。燃焼とは熱と（　イ　）をともなって酸化することをいいます。（　ア　）は元の銅よりも重さが重くなります。金属の銅の重さと，その銅を燃焼させてできた（　ア　）の重さの関係を表したグラフが【図１】です。

銅の重さと，その銅を燃焼させてできた（　ア　）の重さの関係を最も簡単な整数比で表すと

銅の重さ：その銅を燃焼させてできた（　ア　）の重さ ＝（　ウ　）：（　エ　）

となります。

また，銅の重さと結びついた酸素の重さの関係を最も簡単な整数比で表すと

銅の重さ：結びついた酸素の重さ ＝（　オ　）：（　カ　）

となります。

32gの銅を燃焼させてできる（　ア　）の重さは（　キ　）gで，32gの銅に結びついた酸素の重さは（　ク　）gとなります。

【図１】

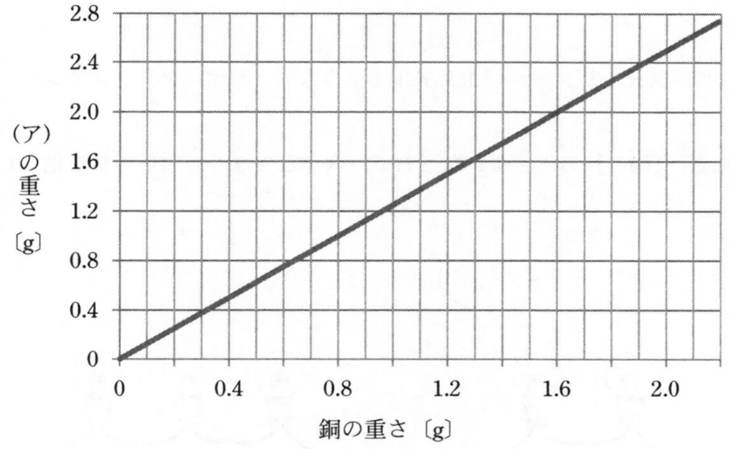

2　電気回路についていくつかの実験を行いました。

（1）電気回路を作るための部品について答えなさい。

①　学校の実験で使う導線《どうせん》には，抵抗が小さく電気を通しやすいとか，値段が安く手に入りやすいなどの理由で，ある金属がよく使われています。この金属の種類として最もよくあてはまるものを次のア～オの中から１つ選び，記号で答えなさい。

ア．金　　イ．銀　　ウ．銅　　エ．鉄　　オ．アルミニウム

②　【図１】のような部品を豆電球といいます。豆電球の中には，電流が流れると熱や光を出す金属でできたフィラメントという部分があります。フィラメントに使われる金属の種類として最もよくあてはまるものを次のア～オの中から１つ選び，記号で答えなさい。

【図１】

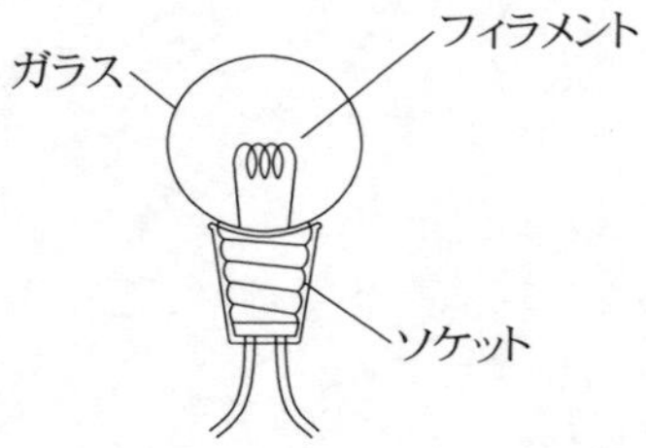

ア．銀　　イ．銅　　ウ．ステンレス　　エ．アルミニウム　　オ．タングステン

（2）乾電池《かんでんち》１個に豆電球をつなぎ，【図２】のようなつなぎ方で，次々とつなぐ豆電球の数を増やしました。

【図２】

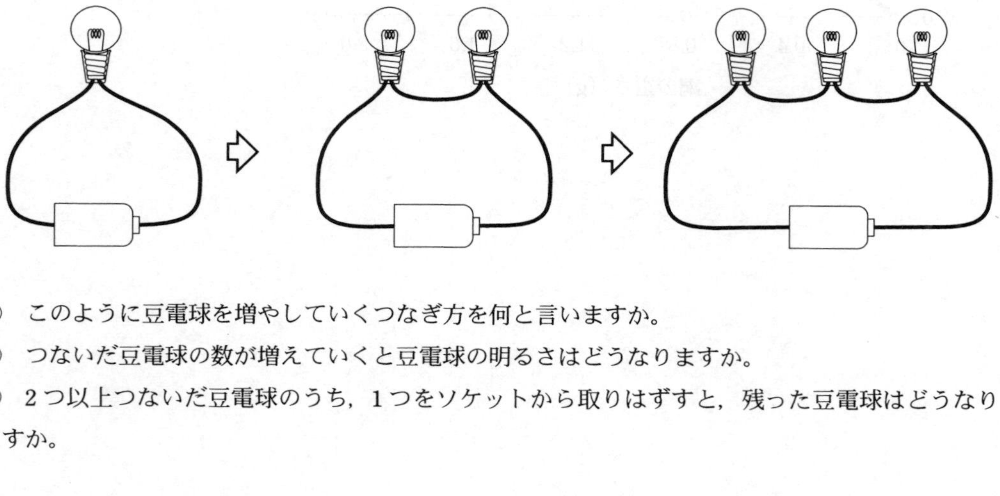

①　このように豆電球を増やしていくつなぎ方を何と言いますか。

②　つないだ豆電球の数が増えていくと豆電球の明るさはどうなりますか。

③　２つ以上つないだ豆電球のうち，１つをソケットから取りはずすと，残った豆電球はどうなりますか。

（３） 次に，乾電池１個に豆電球をつなぎ，【図３】のようなつなぎ方で，次々とつなぐ豆電球の数を増やしました。

【図３】

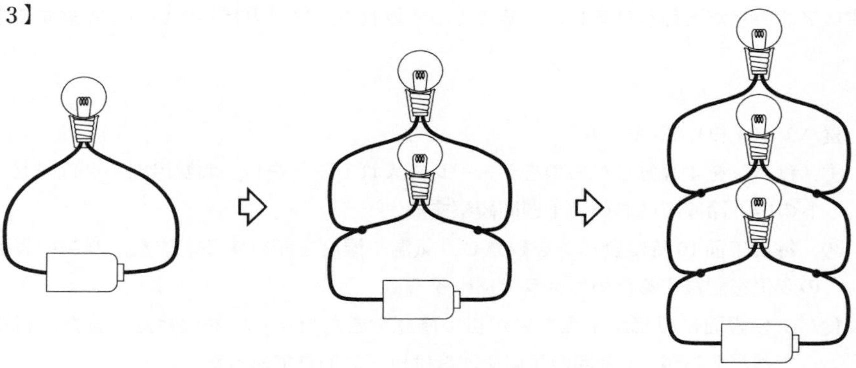

① このように豆電球を増やしていくつなぎ方を何と言いますか。

② つないだ豆電球の数が増えていくと豆電球の明るさはどうなりますか。

③ ２つ以上つないだ豆電球のうち，１つをソケットから取りはずすと，残った豆電球はどうなりますか。

（４） 乾電池１個と豆電球３個を用いて，【図２】または【図３】のつなぎ方で電気回路を作ったとき，電池の寿命《じゅみょう》が長いのは【図２】と【図３】のどちらのつなぎ方か，答えなさい。（答えは【図２】または【図３】と答えること。）

（５） 【図４】のア～カのようないろいろな回路を作りました。以下の問いに最もよくあてはまる回路をそれぞれア～カから選び，記号で答えなさい。あてはまるものが複数ある場合はすべて答えること。また，同じものを何度選んでも良いものとします。

【図４】

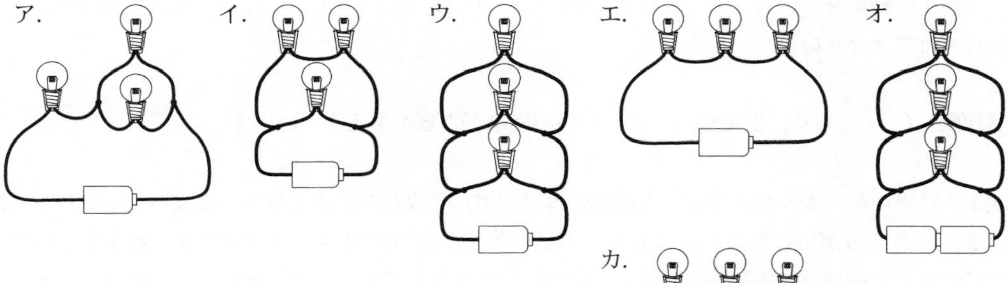

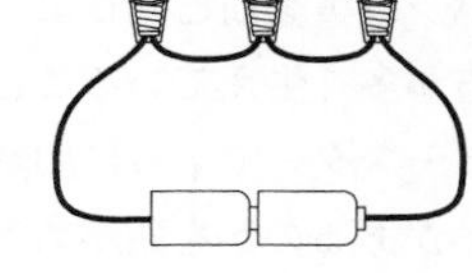

① 最も明るく光る豆電球を含む回路

② 最も暗く光る豆電球を含む回路

③ 乾電池１個に豆電球１個をつないだときと同じ明るさで光る豆電球を含む回路

3 学校が夏休みに入り暑い日が続いていたある真夏日，すみれさんはキッチンにある，ふくろが空いた状態の食パンの一部が青く変色していることに気がつきました。よく見てみると，食パンの白い部分に小さな青い粒状《つぶじょう》のものがたくさん集まっているように見えました。図《ず》鑑《かん》で調べてみるとパンやもちなどに生えやすいアオカビだとわかりました。そこで，すみれさんは「カビ」について実験することにしました。

［実験に使うもの］　食パン（１枚），シャーレ

［実験１］　①　食パンを４等分したものをシャーレに入れてふたをし，お風呂場，クローゼットの中，冷凍《とう》庫において１週間観察する。

②　毎日午前10時に食パンを観察し，気温や湿《しつ》度《ど》を記録する。また，パンの表面の変化を記録するためカメラで撮影《さつえい》する。

［実験１の結果］　食パンの表面にカビが生えたのが目で確認できた日から○をつけた。また，日によって差があるが，１週間の気温や湿度は以下の通りであった。

	お風呂場	クローゼットの中	冷凍庫
気温（℃）	25～32	24～29	－18
湿度（％）	70～85	60～75	約20以下
１日後	×	×	×
２日後	×	×	×
３日後	○	×	×
４日後	○	×	×
５日後	○	○	×
６日後	○	○	×
７日後	○	○	×

（１）　上の文章中の下線部にある真夏日とは，１日の最高気温が何℃以上の日のことですか。次のア～オから最も適切なものを１つ選び，記号で答えなさい。

ア．20℃　　イ．25℃　　ウ．30℃　　エ．35℃　　オ．40℃

（２）　実験１の結果を次のようにまとめました。下の（　ⅰ　）・（　ⅱ　）にあてはまる適切な語句をそれぞれ答えなさい。

「　温度が（　ⅰ　）く，湿度が（　ⅱ　）い環境ほどカビが生えやすい。」

実験１の結果から，すみれさんは，実験後のカビが生えた食パンと生えなかった食パンをさわって比べたところ，あるちがいに気がつきました。カビの生えなかった食パンはパサパサに乾燥していたのに，カビの生えた食パンは実験前と同じように少ししっとりしていました。また，パンの耳よりも，白いやわらかい部分の方が多く生えていることに気がつきました。

そこで，食パンをトースターで十分に加熱し，カリカリになるまで焼いた食パンと生の食パンで，カビの生えやすさに違いがあるのかを確かめるために実験２を行いました。

［実験２］　①　食パンを４等分し，２切れはオーブントースターでじっくり焼いてから，残りの２切れはそのままシャーレに入れる。

②　お風呂場とクローゼットの中に，生の食パンと，焼いた食パンの入ったシャーレを１つずつ置き，１週間観察する。

③　毎日午前10時に食パンを観察し，気温や湿度を記録する。

［実験２の結果］　食パンの表面にカビが生えたのが目で確認できた日から○をつけた。また，日によって差があるが，１週間の気温や湿度は以下の通りであった。

	お風呂場		クローゼットの中	
気温（℃）	25～32		24～30	
湿度（%）	70～85		60～75	
	生の食パン	焼いた食パン	生の食パン	焼いた食パン
１日後	×	×	×	×
２日後	×	×	×	×
３日後	○	×	×	×
４日後	○	×	×	×
５日後	○	×	○	×
６日後	○	○	○	×
７日後	○	○	○	○

（３）　実験２の結果から，すみれさんはカビが生えやすい条件として，次のように考えました。下の（　ⅰ　）にあてはまる適切な語句を答えなさい。

「　食パンに含まれる（　ⅰ　）量の違いでカビの生えやすさが変わる。このことから，食品に含まれる（　ⅰ　）量が多いほどカビは生えやすい。」

（４）　カビは目に見えない生物の（　ⅰ　）というグループに含まれます。この（　ⅰ　）の中でも，カビはキノコやコウボと同じ「菌類《きんるい》」というグループに含まれ，（　ⅱ　）は仲間と言えます。コウボは，パンを作る時に使われ，パン生地をふくらませるはたらきがあります。

①　文中の（　ⅰ　）にあてはまる適切な語句を答えなさい。

②　文中の（　ⅱ　）にあてはまる生物例を，次のア～オからすべて選び，記号で答えなさい。

ア．ミカヅキモ　　イ．エノキ　　ウ．ナデシコ　　エ．シイタケ　　オ．マイマイ

③　カビの仲間に，コウジカビという生物がいます。このコウジカビは，デンプンやタンパク質を分解する酵素《こうそ》というものを作ります。この酵素のはたらきを利用して，様々な食品が作られています。カビや菌が食べ物にくっついた結果，その食品がよりおいしく，ヒトの体にとって大切な栄養分が増えるようなはたらきを（　ⅲ　）といい，それによってできた食品を（　ⅲ　）食品と言います。（　ⅲ　）食品の例として，大豆に納豆菌を混ぜて（　ⅲ　）させたものを納豆，大豆にコウジカビと食塩を混ぜて（　ⅲ　）させたものが（　ⅳ　），これをお湯でといた飲み物を（　ⅳ　）汁といいます。また，牛乳に乳酸菌を混ぜて（　ⅲ　）させると，液体だった牛乳がゆるく固まり（　ⅴ　）になります。

文中の（　ⅲ　）～（　ⅴ　）にあてはまる適切な語句をそれぞれ答えなさい。

4 次の文章を読んで，以下の各問いに答えなさい。

地球の表面はプレートとよばれる十数枚の巨大《きょだい》な岩ばんでおおわれていて，それぞれのプレートが年間数cmずついろいろな方向へ移動しています。日本では，海洋プレートと大陸プレートがぶつかり合うと，（　①　）プレートの下に（　②　）プレートがしずみこみます。海洋プレートの動きにひっぱられて，大陸プレートもゆがみます。岩ばんでできているプレートはかたく，少ししか変形しないので，ゆがみがある程度たまると一気にはね返り，この時に地震《じしん》が発生します。地震はプレートの境界部やプレートの内部で多く発生します。日本は（　③　）つのプレートが合わさる場所に位置しているので地震が多く，火山の活動も活発です。

地震が発生した時，観測点での実際のゆれの程度を（　④　）といい，0が最も弱く，7が最も強くなります。そして，地震そのものの大きさ，つまり地震の規模（エネルギー）が（　⑤　）です。地震による二次災害はいくつかありますが，海底の地形が上下に動き，その動きが海面に伝わって起こるのが（　⑥　）です。2011年に起きた東北地方太平洋沖地震（東日本大震災）では，太平洋沿岸を巨大な（　⑥　）が襲《おそ》い大きな被害が出ました。

（１）　文中の（　①　）と（　②　）に適する語句の組み合わせを，ア～イから選び，記号で答えなさい。

ア．　①　大陸　　　②　海洋

イ．　①　海洋　　　②　大陸

（２）　文中の（　③　）に適する数を入れなさい。

（３）　文中の（　④　）（　⑤　）（　⑥　）に適切な語句をそれぞれ答えなさい。

（４）　世界で起きる地震の何％が日本とその周辺で発生していますか。ア～エから選び，記号で答えなさい。

ア．1　　　イ．10　　　ウ．40　　　エ．60

【図１】は，地震計を使って地震のようすを記録したものです。地震が起きた直後には弱いゆれが記録され，その後強いゆれが記録されます。地震が起きた直後の弱いゆれを伝える波を（　i　）波といい，強いゆれを伝える波を（　ii　）波といいます。

【図１】

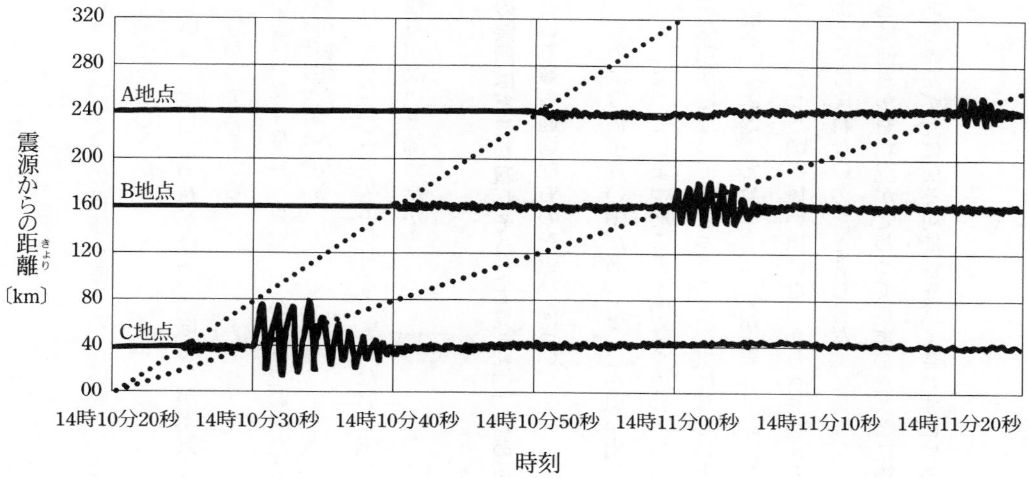

（５）　文中の（　i　）（　ii　）に適切なアルファベットをそれぞれ１文字ずつ答えなさい。

（６）　B地点では（　i　）波が到着《とうちゃく》してから（　ii　）波が到着するまで何秒かかっていますか。

（７）　弱いゆれを伝える波の速さは秒速何kmですか。

問八　――線⑧「でも、パパは怒らなかった。」の理由として最も適切なものを選びなさい。

ア、いま怒ったとしても「ぼく」の機嫌を直すことは難しいと判断し、別の言い方で諭《さと》そうとしたから。

イ、照れかくしでつい言ってしまっただけで、「ぼく」が本気で言ったわけではないと分かっているから。

ウ、「ぼく」が皮肉を言いたくなるくらい、パパと間違われたことを気にしているのが可哀想《かわいそう》だったから。

エ、「ぼく」にはまだ言いたいことが伝わりきっていないと感じ、この場で怒っても仕方がないと諦めたから。

問九　――線⑨「パパの笑顔はどこか寂しそうにも見えた。」とあるが、パパの心情の説明として最も適切なものを選びなさい。

ア、自分にも「ぼく」のように小さい頃があったことを思い出しながら、年を取って大人になってしまったことを切なく思っている。

イ、おばあちゃんが認知症になってしまったことを気にしないようにしていたのに、「ぼく」に指摘《してき》されたことで気が重くなっている。

ウ、おばあちゃんが元気だった頃の思い出になつかしさを覚えると同時に、もう昔のようには戻《もど》れないのだと悲しくなっている。

エ、自分の幼い頃とは何もかも状況が変わってしまったことに絶望しながらも、おばあちゃんが元に戻る可能性を捨てきれずにいる。

問十　本文の内容として最も適切なものを選びなさい。

ア、「ぼく」は、パパから説明されることで、おばあちゃんもシマウマのようにしあわせな人生を送っているのだと確信を持った。

イ、「ぼく」は、子どもの頃のパパの姿を想像することで、パパもつらい立場にいるのだということに気づくことができた。

ウ、パパは、「ぼく」の前であえて泣く姿を見せることで、しあわせな時はいつか終わりがくるのだということを教えようとした。

エ、パパは、おばあちゃんの認知症についてつらい気持ちを持っていることを、「ぼく」には感じさせないようにふるまおうとした。

問三　**――線③「動物を見に来たはずなのに、園舎には目もくれずに通路をずんずん進む。」の心情として最も適切なものを選びなさい。**

ア、「ぼく」の問いかけに答えるのにふさわしい場所で、「ぼく」と大切な話をしたい。

イ、動物を見る余裕《よゆう》もないほど、「ぼく」の問いかけに動揺《どうよう》していることをごまかしたい。

ウ、「ぼく」の問いかけに何と答えるべきか考えあぐねて、少しでも時間を稼《かせ》ぎたい。

エ、「ぼく」の問いかけに答えるために、人目にふれない場所に早く連れていきたい。

問四　**――線④「水飲み場で水を飲む姿も、しょんぼりとうつむいているように見えてきた。」の理由を説明した文の A ～ C に当てはまる言葉を考え、答えなさい。**

本来 A で暮らしているはずのシマウマが、 B の中に閉じ込められている姿を改めてみると、 C に思えてきたから。

問五　**――線⑤「そんなの急に言われても、すぐには答えられない。」の理由として最も適切なものを選びなさい。**

ア、動物にとってのしあわせが何なのか、人間には分からないから。

イ、しあわせについて意見するには、人生経験が少なすぎるから。

ウ、何をしあわせとするかは、他人が決めてよいものではないから。

エ、どこに基準を合わせるかで、しあわせの見え方が異なるから。

問六　**――線⑥「いまは、おばあちゃんが手を握ってもらう番だ。」と「パパ」が言った理由として最も適切なものを選びなさい。**

ア、人はいつまでも元気でいられるわけではなく、誰《だれ》かの手助けが必要になる時がくることを、「ぼく」に理解してほしかったから。

イ、体調を崩《くず》して不安になった時は、大人でも手を握ってほしくなる時があるのだということを、「ぼく」に納得してほしかったから。

ウ、親切にしてきた人は、いざ自分が困った時に誰かに手を差し伸《の》べてもらえるのだということを、「ぼく」に実感してほしかったから。

エ、本人が理解できなかったとしても、好意を持って手助けしてくれる存在がいるしあわせを、「ぼく」にも共感してほしかったから。

問七　**――線⑦「しあわせとふしあわせは、どっちかに決めてしまえるものじゃないのかもしれない。」の説明として最も適切なものを選びなさい。**

ア、その人が置かれている状況《じょうきょう》に基《もと》づいて考えなければ、大切な本質を見逃してしまうのだということに気づいた。

イ、きちんと線引きして考えることも大切だが、あいまいにしておいた方が良いこともあるのだということに気づいた。

ウ、一つの側面だけで判断できるものではなく、簡単に線引きして決めるものではないということに気づいた。

エ、目に見える事実だけが大切なのではなく、心で感じたことを信じることも大事なのだということに気づいた。

自分のために一所懸命になってくれるひとがいるって、しあわせだよ、ほんとに」

　サンキュー、とお礼を言われると、むしょうに照れくさくなった。思わず「パパと間違《まちが》えられちゃったけどね」と言ってしまった。ひねくれてる。意地悪でもある。自分でもすぐに後悔《こうかい》した。

　⑧でも、パパは怒らなかった。「がっかりだったよな」と苦笑して、「でも、おばあちゃんの顔、しわくちゃの、いい笑顔だったと思わないか?」と言った。思う。ぼくはうなずいて、小さな声で「……ごめんなさい」と言った。

「謝《あやま》ることないさ」

「でも……」

　それより、とパパは広場を見回しながら「なつかしいなあ」と言った。

「この動物園、昔、来たことがあるんだ」

「そうなの?」

「いまの翔太より、もうちょっと小さな頃かな。おばあちゃんに連れて来てもらったんだ。おばあちゃんも若くて、ママみたいに美人だったんだぞ」

　いたずらっぽく言って、「ずーっと、ずーっと昔の話だけどな」と笑った。声は明るかったのに、目が合うと、⑨パパの笑顔はどこか寂《さび》しそうにも見えた。

「お、キリンがこっちに来たぞ」

　パパはぼくに背中を向けて、近づいてきたキリンの顔を見上げ、「背が高いよなあ……」とつぶやいた。

　そのまま、パパはしばらく動かなかった。背中に声をかけると、返事の代わりに、なにか聞こえた。

ハナをすする音だった。肩《かた》も小刻みにふるえていた。

きっと、気のせいだと思うけど。

(重松《しげまつ》　清《きよし》『答えは風のなか』「しあわせ」)

問一　**――線①「いつも、こうなってしまう。」の理由として最も適切なものを選びなさい。**

ア、おばあちゃんに会いにいっても「ぼく」のパパにしか話しかけないから。

イ、パパが「ぼく」の機嫌《きげん》を取ろうとしていることに激しい怒《いか》りを覚えているから。

ウ、おばあちゃんに「ぼく」のパパと名前を間違えられて傷ついているから。

エ、おばあちゃんに名前を呼んでもらえるパパに「ぼく」は嫉妬《しっと》しているから。

問二　**――線②「今日は言っちゃおう。」の理由として最も適切なものを選びなさい。**

ア、パパに怒られたくないのでおばあちゃんの認知症について聞けないでいたが、今日なら聞いても大丈夫だと考えたから。

イ、いまを逃すと、おばあちゃんの認知症についてパパはどう思っているのか聞けなくなってしまうと感じていたから。

ウ、認知症のおばあちゃんに怒っても仕方ないと諦《あきら》めていたが、パパにはつらい心情を理解してもらいたいと思ったから。

エ、おばあちゃんの認知症について尋《たず》ねるタイミングを逃せば、パパにはぐらかされるだろうと分かっていたから。

ない。

「パパは？」

　聞き返すと、パパはシマウマを見つめたまま「どっちなんだろうなあ、パパにもよくわかんないな」と言った。

　ぼくはまた「えーっ」と声をあげる。今度はブーイングっぽく。自分でも答えがわからないのに聞いてくるなんて、ずるい。でも、パパが「アフリカにいたほうがしあわせだ」と言っても、逆に「動物園のほうがしあわせだ」と言っても、ぼくは心の半分で「だよね」と納得《なっとく》しながら、残り半分では「そうかなあ？」と首をひねっていただろう。

　飼育員のお兄さんとお姉さんが干し草を一輪車にのせて運んできた。ごはんの時間だ。やっぱり、なにもしなくてもごはんが出てくるのって、しあわせかも。あ、でも、生きるたくましさを奪《うば》われて、かえってふしあわせなのかも。どっちなんだろう。ほんとうに、どっちなんだろう……。

　二人の飼育員さんは干し草を置いたあとも広場に残って、ごはんを食べるシマウマや散歩中のキリンの一頭ずつに近寄って、声をかけたり体をなでたりしていた。

「具合が悪くないか、ああやって確かめてるんだよ」

　パパが教えてくれた。「あと、遊び相手にもなってるのかもな」――ほんとだ、ダチョウがお兄さんの背中をくちばしでツンツン突《つ》っついているのは、遊んでよ、遊んでよ、とせがんでいるみたいに見える。

「飼育員さんはみんな、病気になったら徹夜《てつや》で看病して、赤ちゃんが生まれたら涙《なみだ》を流して喜んで……動物のために一所懸命《いっしょけんめい》がんばってくれてるんだよな」

「うん……」

「アフリカにいるのと動物園にいるのと、どっちがしあわせかなんて、わからない。たぶんシマウマ本人にもわからないんじゃないかな」

　でも、とパパは続けた。

「ここには、自分のことを大切に思ってくれる飼育員さんたちがいる。それは、ぜーったいに、しあわせだ」

　まるでいまの言葉に返事をするみたいに、柵の近くにいたシマウマがしっぽをブルッと振《ふ》った。

「おばあちゃんもそうだよ」

　急に話が変わった。きょとんとするぼくに、パパは、子どもの頃にインフルエンザで寝込んだときのことを教えてくれた。おばあちゃんは高熱にうなされるパパの手を夜通し握《にぎ》って、看病してくれたのだという。そのときのおばあちゃんの手の感触《かんしょく》を、パパはいまでもおぼえているらしい。

「でも、⑥いまは、おばあちゃんが手を握ってもらう番だ。翔太も今日、見ただろう？」

　グループホームの介護士《かいごし》さんは、みんな優《やさ》しい。車椅子《くるまいす》に座《すわ》るおばあちゃんと話すときには、いつもしゃがんで目の高さを合わせる。おばあちゃんの昔ばなしを聞くときも、背中をさすったり手を握ったりしながら、どんなに繰《く》り返しばかりになっても、笑顔であいづちを打ってくれる。

「認知症になって、いろんなことを忘れてしまうのは、ふしあわせだよ。でも、おばあちゃんのカサカサの手を握ってくれるひとがいるのは、しあわせだ」

　あ、そっか、と思った。⑦しあわせとふしあわせは、どっちかに決めてしまえるものじゃないのかもしれない。

「おばあちゃんは翔太にキーホルダーをもらって、大喜びしてただろう？それは翔太が、なにがいいか考えて、迷って、選んでくれたからなんだ。

ちゃんが暮らしているグループホームに出かけた。おみやげのキーホルダーを、おばあちゃんはとても喜んでくれた。ぼくもうれしかった。売店でさんざん迷ったすえに選んだんだから。

でも、おばあちゃんは「ありがとうね、ありがとうね」と何度も言ったあと、ぼくの頭をなでながら、続けた。

「ケイちゃんのおみやげ、おかあさん、ずーっと大切にするからね」

おばあちゃんは何年も前から認知症《にんちしょう》をわずらっている。いまがいつなのか、ここがどこなのか、目の前にいるひとがだれなのか、そして自分がだれなのか……わからなくなってしまった。

そんなおばあちゃんと年に何度か会うたびに、パパやママに聞きたくなることがある。いままではグッとこらえて黙っていたけど、②今日は言っちゃおう。口に出せるタイミングがあったら、もう、がまんせずに言おう。それを逃《のが》してしまうと、またずっと言えないままになりそうだし。

だからぼくは、動物園の駐車場《ちゅうしゃじょう》にとめた車から降りて、パパと二人でチケット売り場まで歩いているときに、よし、いまだ——と、言った。

「ねえ、パパ。おばあちゃんって、いま、しあわせなのかなあ。みんなのことをどんどん忘れちゃって、長生きしても全然しあわせじゃないような気がしない？」

怒られるかも。覚悟《かくご》はしていた。でも、パパは「んー？」と寝言《ねごと》のような声を出したきり、なにも答えなかった。券売機でチケットを買っている間も、そう。園内に入ってからも、ぼくの質問なんて忘れてしまったみたいに、Jリーグやバトルゲームやスーパー戦隊のことしか話さない。

どうしたんだろう。歩き方もヘンだ。③動物を見に来たはずなのに、園舎には目もくれずに通路をずんずん進む。

奥《おく》まったところにある園舎で、パパはやっと足を止めた。『サバンナ園』と案内板が出ている。キリンやシマウマやダチョウが広場を散歩して、池にはペリカンもいて、いま、シマウマの一頭がぼくたちのすぐ目の前に歩いてきた。

「しあわせって、なんなんだろうなあ」

パパはのんびりした声で言った。「え？」と聞き返すぼくにニッと笑ってから、その笑顔をシマウマに向けた。

「なぁ、翔太。シマウマって、もともと、どこにすんでるんだっけ」

「アフリカでしょ？」

「だよな。広ーいサバンナだ。で、ここはどこだ？」

「……ニッポン」

「そう、遠いニッポンに連れて来られて、狭《せま》ーい動物園の柵《さく》の中に閉じ込められてるわけだよな」

言われてみると確かにそのとおりだ。④水飲み場で水を飲む姿も、しょんぼりとうつむいているように見えてきた。

「でも、ここにいれば、ライオンに襲《おそ》われる心配はないし、食べるものがなくて飢《う》え死にすることもないよな。病気になったら獣医《じゅうい》さんだっている。シマウマみたいに弱い動物も安心して生きていけるよ」

いまの話も、確かにそのとおりだ。大きなシマウマと小さなシマウマが並んで立っている。お母さんと子どもなのかな。もしも子どもシマウマがライオンに襲われたら、お母さんシマウマはどれほど悲しむのか……想像すると、ぼくまで泣きそうになってしまった。

「翔太は、動物園のシマウマってしあわせだと思う？　思わない？　どっちだ？」

不意に聞かれて、「えーっ」と声をあげた。どうなんだろう、どうなんだろう、と考えてみたけど、⑤そんなの急に言われても、すぐには答えられ

問十一　次に示すのは、池上さんの文章を読んだ後の、花子さんとある友だちとのやりとりです。会話文中の［Ｂ］に入る文章として最も適切なものを選びなさい。

花　子―何か困ったことが起きた時に頼《たよ》ることのできるメンターが、私にも見つかるといいなと思いました。
友だち―そうですね。私も早く、出会いたいです。
花　子―もし今後、メンターに出会えたら、積極的にアドバイスを求めたり、質問したりしたいです。
友だち―池上さんのように、メンターが故人の場合もありますね。メンターに直接質問ができない時は、どうしますか。花子さんの考えを教えてください。
花　子―［Ｂ］
友だち―そのように行動することが大切ですね。これから迎《むか》える中学校生活の中で、一生尊敬できるメンターと出会えることを期待したいです。

ア、メンターの考え方を直接知るために、メンターの弟子《でし》を訪ねます。そして、「メンターならどう考えると思うか？」と聞いて、メンターの考えに近いアドバイスをもらうことで、自分の人生に役立てていきたいと考えます。

イ、メンターの考えに近づくために、メンターが歩んだ人生を真似《まね》します。そうすれば、「メンターならどうするか？」と考えなくても自然と良い行いができるようになるので、私もメンターのように苦しむ人を助けたいと考えます。

ウ、メンターが残した知識が書かれている本をよく読み、理解を深めます。そのうえで、「メンターならどう答えるだろうか？」と考え、心の中で想像したメンターと対話をし、最終的には自分で決断していきたいと考えます。

エ、メンターの生き方が書かれているものやメンターが残したものを集めて自分なりにまとめます。そうすると、「メンターはどう考えたか？」という想像力をつけることができるので、他者を理解するために生かしたいと考えます。

三　次の文章を読んで、後の問いに答えなさい。

「ちょっと寄《よ》り道して、動物園に行ってみるか」
車を運転しながらパパが言った。
少しだけ遠回りをすれば、小さな動物園がある。パンダやコアラのような人気者の動物はいないから、ぼくはどっちでもよかった。でも、パパは、ぼくが返事をしないうちに「よーし、じゃあ、行こう」と張り切った声で言って、直進するはずだった交差点で左折のウインカーを出した。
ぼくに気をつかって、元気づけたいんだ。わかる。ぼくはさっきからずーっと黙《だま》り込《こ》んでいた。パパに話しかけられても「うん」か「ううん」しか答えなかった。怒《おこ》っていたし、落ち込んでもいた。おばあちゃんに会いに行った帰り道は、①いつも、こうなってしまう。
おばあちゃんは今日も、ぼくとパパをまちがえた。ぼくの名前は「翔太《しょうた》」なのに、何度も「ケイちゃん」と呼んだ――パパの名前が「圭一《けいいち》」だから。
今日は小学校の修学旅行のおみやげを渡《わた》しに、パパと二人で、おばあ

問五　[A]に漢字を一字入れ、慣用句を完成させなさい。

問六　――線⑥「人間が人間らしく生きるために、経済学を役立たせなければいけない」の理由として最も適切なものを選びなさい。

ア、本来は自動車の保有者が個人で負担すべき公害問題を、社会全体が負担するのは間違っているため、日本人全員が反対運動する必要があることを経済学のデータで示すべきだから。

イ、経済が発展すればするほど、社会には大きな負の影響も与えられるのだということを日本人に理解してもらわなければ、このままでは日本で安心して生きていくことができなくなるから。

ウ、アメリカで大気汚染問題を解決するために必要だった知識を、日本でも活用することができなければ、日本の公害問題は社会に負の影響を与え続けることになってしまうから。

エ、経済が発展すれば必ず大気汚染や水質汚染が広がるというのは間違いであり、公害問題の解決に資金を投じれば、環境は回復するということを日本人に理解させなければならないから。

問七　――線⑦「現実の問題点というのはなかなか見えてきません。」の理由として最も適切なものを選びなさい。

ア、常識や環境に疑問を持つためには、冷静で客観的な視点がなければならないから。

イ、「先見の明」を持つためには、本来的に何が問題なのか気づく力が必要だから。

ウ、自分が長年培ってきた常識を疑うことは、常に問い続ける以上に困難だから。

エ、常識や思い込みを疑って、常に問題を考え続けることは非常に難しいから。

問八　――線⑧「『外』を見ること」と同じ意味の文を、「こと」が続くよう文中から二十字で抜《ぬ》き出しなさい。

問九　――線⑨「『何のため』という目的意識は、思考力に大きな力を与えてくれる」の説明として最も適切なものを選びなさい。

ア、苦しい人びとを助けたいという強い意志を持つことで、社会的共通資本を多く生み出せること。

イ、苦しむ人びとを幸せにしたいという使命感を持つことで、学問探究に原動力が生まれること。

ウ、海外の研究を日本でも生かしたいと決心することで、個人の幸福度を上げることができること。

エ、世の中の問題を解決したいという願望を持つことで、生涯の研究テーマに巡《めぐ》り合えること。

問十　――線⑩「私のメンター的存在」の説明として最も適切なものを選びなさい。

ア、問題に直面した時に、自分の思考の支えになってくれる存在。

イ、仕事で困難を抱えた時に、直接一緒に問題を考えてくれる存在。

ウ、生き方に悩《なや》んだ時に、心を癒《いや》す言葉をかけてくれる存在。

エ、人生で迷った時に、自分の代わりに困難を解決してくれる存在。

う。メンターには自然と出会う場合もあるし、なかなか出会わない場合もあるでしょうが、実社会の中で周りの人のいいところをよく観察していれば、いずれ出会えるものです。

メンターには、自分から積極的にアドバイスを求めてもいいでしょう。好意的な気持ちというのは相手にも伝わりますから、親身になって答えてくれる場合が多いはずです。ただし一方的な思いをしつこくぶつけるとストーカーもどきになるので、要注意ですが。

あるいは、宇沢さんのように故人であれば、その人の生き方や残したものを知ることによって、「こういうときにはこの人はどう考えるだろうか、どう行動するだろうか」と想像してみるのです。メンターと仰《あお》ぐ人の考え方を、基礎《きそ》的な知識、基盤としてよく知っていなければ想像はできませんから、結果的に、その人の考え方を学ぶことにつながります。

また「この人ならどうするか？」とは、つまり応用力でもあります。自分が抱《かか》えている問題について、メンターは何も語っていなかったということは、往々にしてあり得ます。そのときに、「メンターのこれまでの主張や意見を踏まえれば、この問題にはどのように答えるだろうか」と考えるのは、まさに思考の応用力です。

（池上《いけがみ》彰《あきら》『社会に出るあなたに伝えたい　なぜ、いま思考力が必要なのか？』）

問一　――線①「コウリツ」・④「シュクショウ」を漢字に直しなさい。

問二　――線②「エッセンシャルワーカーの重要性」とあるが、「エッセンシャルワーカー」が「重要」な理由として最も適切なものを選びなさい。

ア、コロナ禍でも休むことなく仕事をしている人たちだから。

イ、感染症にかかった患者を医療機関につなぐ人たちだから。

ウ、社会の基盤となる仕事に就いている人たちだから。

エ、コロナ感染者に生活必需《ひつじゅ》品を届ける人たちだから。

問三　――線③「こんなこと」の説明として最も適切なものを選びなさい。

ア、日本の衛生環境が改善した結果、保健所の数を削減したために、現在コロナ感染者の急増で仕事が回らなくなってしまった状態。

イ、三〇年前から比べると、保健所で取り行う業務の内容は大幅《おおはば》に減ったために、外部からは暇に見え、保健所の数が削減された状態。

ウ、新型コロナの感染が拡大したことで、保健所が感染症に関する業務を全て担うことになった結果、救急隊員の仕事が減った状態。

エ、コロナ感染者で自宅療養が必要となった際、感染者に日用品を届ける業務を、保健所で全て担わなければならなくなった状態。

問四　――線⑤「経済学を始めた当初の目的、原点に返るのです。」の説明として最も適切なものを選びなさい。

ア、自分は何のために研究をしているのかという出発点に対して改めて疑問を持ったということ。

イ、アメリカで経済の研究をしていても日本を豊かにすることはできないと改めて気づいたということ。

ウ、悲惨な戦争はなぜ世界中で起こるのかという疑問を必ず解決したいと改めて感じたということ。

エ、日本の人びとの間で広がる経済的格差の原因を研究したいという思いを改めて持ったということ。

とガソリンなどの維持費だけではなく、道路維持費、排気《はいき》ガス問題、交通事故など、社会に大きな負の影響を与えている。本来、自動車を持っている個人が負担《ふたん》すべき費用を社会が全部負担しているのだ、ということを考えさせる本でした。「経済学はこういうことにも役に立つのか」と、 A から鱗《うろこ》が落ちる思いでした。

広大なアメリカから日本に帰ってきたとき、宇沢さんは大気汚染《おせん》や排気ガスのひどさにびっくりしたのだと思います。川は汚《よご》れて悪臭《あくしゅう》が立ちのぼり、大気汚染でぜんそく患者が続出するという、それはひどい状態の日本を見て、⑥人間が人間らしく生きるために、経済学を役立たせなければいけないと考えたのでしょう。

こうした研究の到達点《とうたつてん》が、「社会的共通資本」という概念です。

当時の私をはじめとした多くの人たちは、大気汚染や水質汚染について、「経済が発展すりゃ、そういうもんだろう」と思っていました。一九六〇年代の北九州市や四日市市など、「四大公害病」が発生していた地域の小学校や中学校の校歌などでも、「煙突《えんとつ》から出る煙《けむり》がわが町の誇《ほこ》り」などといった、いまから思えばびっくりするような歌詞がたくさんあったのです。公害が大きな社会問題となってからは、その部分の歌詞だけが環境に配慮《はいりょ》した文言に差し替《か》えられています。

自分の生き方、暮らしている地域や国、自分が長年培《つちか》ってきた常識などに対して、改めて疑問を持ち、問いを立てるというのは非常に難しいことです。だからこそ意識して冷静で客観的な視点を持ち、本来的に何が問題なのか、常に問い続けなければ、⑦現実の問題点というのはなかなか見えてきません。宇沢さんが「先見の明」を持てたことの根底には、当時の常識や「ステレオタイプ」を疑って、常に問いを立て続けた宇沢さんの姿勢があったのだと思います。

一度これまでとは違《ちが》う環境に身を置いてみるということは、こういう意味でも有意義です。育ってきた場所から、大学進学を機に別の地方で暮らしてみる、一度海外で暮らしてみるなどすることによって、ふるさとを客観的に見ることができるようになるでしょう。⑧「外」を見ることで視野が広がるのです。

宇沢さんの学問探究の根底には、「苦しい人を助けるため」といった目的意識がありました。そうして、社会的共通資本などの研究結果が生まれたのです。⑨「何のため」という目的意識は、思考力に大きな力を与えてくれるのだと思います。

縁《えん》あって宇沢さんの著書『経済学は人びとを幸福にできるか 新装版』（東洋経済新報社）に寄《よ》せた序文の冒頭《ぼうとう》に、私はこう書きました。

「経済学は、何のための学問か。人を幸せにするための学問ではないか。（中略）人々を幸福に少しでも近づけるために、経済学の理論は、どう構築されるべきなのか。これを生涯《しょうがい》にわたって追究してきたのが、宇沢弘文氏です」

ちなみに宇沢さんの家はお医者さんの一家で、代々医師を輩出《はいしゅつ》していました。宇沢さん本人だけが経済学の道に行き、娘《むすめ》の占部《うらべ》まりさんも医師になり、孫娘の方も医学部に通って医師を目指しています。お医者さん一家で育ったことも、宇沢さんが世の中の問題点を「治療する」役割を担うという自覚を持った一因かもしれません。

私はよく、さまざまな問題に直面するにつけ、「宇沢さんだったらどう考えるのだろうか」と考えます。宇沢さんが⑩私のメンター的存在となっているのです。

生き方でも仕事でも、遊び方だって、「素敵《すてき》な人だな」「この人に憧《あこが》れるな」と思ったら、自分で勝手に「この人はメンターだ」と思ってみましょ

ではないか。しかし衛生環境《かんきょう》が改善してきた日本で、コロナ禍以前は保健所が外部からは「暇《ひま》」のように見えていて、その数が削減されてしまったのです。

私が幼稚園児《ようちえんじ》の頃《ころ》などは、感染症が全国でひっきりなしに起きていました。当時住んでいた東京の吉祥寺《きちじょうじ》では、赤痢《せきり》が発生するたびに保健所の人が防護服を着てやってきて、街中に白い消毒液を撒《ま》いているのを見かけたものです。六四年の東京オリンピック直前には、千葉県や静岡県などでコレラの感染者が見つかり、大問題になったこともありました。七〇年代後半にも、和歌山県有田市での集団感染をはじめ、日本国内でたびたびコレラ感染者が発生していました。

しかしその後、国内での感染症の発生は激減していましたから、保健所は飲食店の衛生検査を踏《ふ》まえた営業許可、乳幼児の健診《けんしん》など、通常業務をするのに必要な数だけが配置され、④シュクショウされていったのです。

やはり社会には「バッファー(余裕《よゆう》)」の部分が、どこにでも必要なんだなと改めて思います。

新自由主義は政府などによる規制の最小化と、市場での自由競争を重んじる考え方です。「こんなものはいらないだろう」といろいろなものが切り捨てられていますが、でもそれが実は大事なもので、社会的な「共通資本」だったということもあるのだと、改めていま、実感しています。

この「社会的共通資本」という概念《がいねん》を、一九七〇年代から提唱していたのが宇沢弘文さんなのです。社会的共通資本とは、「一つの国ないし特定の地域に住むすべての人々が、ゆたかな経済生活を営み、すぐれた文化を展開し、人間的に魅力《みりょく》ある社会を持続的、安定的に維持《いじ》することを可能にするような社会的装置」を意味しています。

社会的共通資本は、大気や森林、河川《かせん》、土壌《どじょう》などの「自然環境」と、道路や交通機関、上下水道、電力・ガスなどの「社会資本」と、教育や医療、司法、金融《きんゆう》などの「制度資本」の三つから成り立つとしています。

宇沢さんは学生の頃、当時日本で大きな影響《えいきょう》力のあった書籍《しょせき》『貧乏《びんぼう》物語』(河上肇《かわかみはじめ》、岩波文庫)を読んで、どうしてこの世の中にはこれほど貧乏な人がいるんだろうか、どうしてこんなに格差があるんだろうかと考え、これを勉強しようとして経済学を学び始めました。

それまでの宇沢さんは、純粋《じゅんすい》に数学が好きで数理学を研究していました。河上肇に触発《しょくはつ》されて経済学に方向転換《てんかん》した後、経済学のさまざまな理論を数学的に処理する数理経済学の分野で一躍《いちやく》有名になり、世界のトップレベルの研究者として、アメリカで活躍していました。

しかし大国アメリカが介入《かいにゅう》した悲惨《ひさん》なベトナム戦争をきっかけに、いまいる世界へ大いなる疑問を持ち、⑤経済学を始めた当初の目的、原点に返るのです。自分は何のために研究をしているのか、と自分で自分に問い続けたのでしょう。

そこで、戦争や格差があるこの世界を改めて研究しなければと考え、宇沢さんはシカゴ大学の教授という職を辞して、東京大学の助教授という格下のポジションで日本に戻《もど》ってきました。当時、「ノーベル経済学賞にいちばん近い日本人」と言われていた研究者でしたから、経済学界の界隈《かいわい》では相当な話題に上りました。

そうして帰国後に出した著書が『自動車の社会的費用』(岩波新書)です。これを読んだときには「こういう考え方があるのか」と衝撃《しょうげき》を受けました。

高度経済成長真《ま》っ只中《ただなか》で、自動車がどんどん増え、みんながマイカーを持てるようになる。「これこそ豊かさのシンボルだ、いずれ自分も車を持ちたいな」と私も含《ふく》めて多くがそう思っていた時代に、自動車は購入《こうにゅう》代金

問八　次の――線と同じ用法のものを一つ選びなさい。

ニュースによると明日の天気は雨らしい。

ア、愛らしい熊のぬいぐるみがイスに置かれる。
イ、幼いながらに懸命《けんめい》に取り組む姿はいじらしい。
ウ、最高学年らしい言動をとるよう心がける。
エ、電車の遅延《ちえん》により彼は遅《おく》れてくるらしい。

問九　次の□に入るカタカナ語として、適切なものを一つ選びなさい。

近年、多くの企業《きぎょう》は環境問題を意識した□な製品開発を行っている。

ア、エモーショナル　イ、サスティナブル
ウ、コンパクト　エ、ニュートラル

問十　次の季語の中で季節が異なるものを一つ選びなさい。

ア、風薫《かお》る（涼《すず》しい風がゆるやかに吹《ふ》く様子）
イ、おぼろ月（ほのかにかすんだ月）
ウ、花いかだ（水面に散った花びらが連なり流れていく様子）
エ、陽炎《かげろう》（熱せられた空気が炎《ほのお》のように揺《ゆ》らいで見える現象）

二　次の文章を読んで、後の問いに答えなさい。

二一世紀に入ってから、①コウリツ一本槍《やり》の新自由主義的な方向への変化を加速させてきた日本では、「無駄《むだ》の削減《さくげん》」などの掛《か》け声のもと、医療《いりょう》や福《ふく》祉《し》、物流、小売り、公共交通機関など社会の基盤《きばん》をなす仕事や、その仕事に就《つ》いている「エッセンシャルワーカー」たちを顧《かえり》みてきませんでした。

しかしコロナ禍《か》で、私たちは改めてエッセンシャルワーカーのありがたみを痛感しました。

この②エッセンシャルワーカーの重要性を、一九七〇年代から提唱していた経済学者がいます。宇沢弘文《うざわひろふみ》さん（一九二八～二〇一四年）です。

コロナ禍で特に問題となったのは、保健所の不足でした。日本の保健所はすごい勢いで削減され、三〇年前に約八五〇ヵ所あったのが、二〇二〇年には四六九ヵ所と、その数は六割以下となっています。結果的に、コロナ禍で保健所の業務がパンクしてしまいました。

新型コロナに感染《かんせん》したら、必ず保健所に報告がいきます。だから本来は保健所が入院先を決めるのですが、患者《かんじゃ》が急増した地域ではとてもそこまで手が回らないため、救急車の救急隊員が「どこか空いている病床《びょうしょう》はないですか」と探し回らなければいけなくなりました。

病院に入れないとなると自宅療養となるわけで、そうなると改めて保健所の管轄《かんかつ》になり、自宅療養の人たちに毎日電話をかけて、具合はいかがですかと確認をします。あるいは、陽性者は外に買い物にも行けないから、インスタント食品やティッシュペーパーなどを届けないといけません。その手配などを全部保健所が担《にな》うことになり、パンクしてしまっているわけです。

三〇年前の保健所の数が現在もあれば、③こんなことにはならなかったの

2023年度 日本大学豊山女子中学校

【国語】〈第一回試験〉（五〇分）〈満点：一〇〇点〉

（注意）㈠選択《せんたく》問題は記号で答えなさい。
㈡字数が指定されている場合、句読点や符号《ふごう》も一字と数えなさい。

一 次の各問いに答えなさい。

問一　次の――線のカタカナを漢字に直しなさい。ただし、送りがなはひらがなで書きなさい。

アブナイ場所には行かない

問二　次の熟語の読みの組み合わせとして適切なものを一つ選びなさい。

「仲間」

ア、音読み＋音読み　　イ、音読み＋訓読み
ウ、訓読み＋音読み　　エ、訓読み＋訓読み

問三　次の熟語で他と構成の異なるものを一つ選びなさい。

ア、補欠　　イ、調整　　ウ、創造　　エ、測量

問四　次の意味を持つ四字熟語を一つ選びなさい。

こじれた物事を見事に解決すること

ア、新進気鋭《しんしんきえい》　　イ、栄枯盛衰《えいこせいすい》
ウ、快刀乱麻《かいとうらんま》　　エ、一攫千金《いっかくせんきん》

問五　次のことわざの意味として最も適切なものを選びなさい。

対岸の火事

ア、他人にとっての重大事を自分に置き換《か》えて深く考えること
イ、他人には重大事でも自分には関係がなくなんの苦痛もないこと
ウ、他人にとっての重大事は自分にはどうすることもできないこと
エ、他人には重大事でも自分のためにあえて手をかさないこと

問六　次の文で――線の言葉の使い方として、適切でないものを一つ選びなさい。

ア、生徒たちが、担任の先生の言い間違《まちが》いに思わず失笑する。
イ、志望校の先輩《せんぱい》から学校の話を聞いて、がぜん学習意欲が高まる。
ウ、私は演劇の経験が少ないので、主人公を演じるには役不足です。
エ、勝利をかみしめるように、おもむろにトロフィーを掲《かか》げる。

問七　次の慣用句の意味として最も適切なものを選びなさい。

舌を巻く

ア、驚《おどろ》きや感心のあまり言葉が出ないこと
イ、次から次へと言葉が出てくること
ウ、言いたいことがあっても我慢《がまん》すること
エ、適切な言葉づかいができないこと

2023年度

日本大学豊山女子中学校 ▶解説と解答

算　数　＜第１回試験＞（50分）＜満点：100点＞

解　答

1 (1) 4　(2) 5　(3) 9　(4) 25　(5) 7000　(6) ㋐ 1.33　㋑ $1\frac{1}{3}$　㋒ $\frac{15}{11}$　**2** (1) 63　(2) 3.42　(3) 1350　**3** (1) 12回　(2) 506勝505敗1012分け　**4** (1) 毎秒２cm　(2) ③　(3) $1\frac{3}{4}$秒後，$4\frac{1}{4}$秒後，$7\frac{3}{4}$秒後，$14\frac{1}{4}$秒後　**5** (1) 132.925cm^2　(2) 82.065cm^2

解　説

1 四則計算，逆算，旅人算，相当算，小数の性質，分数の性質

(1) $12\times(3+2\times2)\div14-2=12\times(3+4)\div14-2=12\times7\div14-2=84\div14-2=6-2=4$

(2) $1\frac{11}{12}\div\left\{\left(\frac{3}{4}-\frac{2}{3}\right)\times\frac{3}{5}+\frac{1}{3}\right\}=\frac{23}{12}\div\left\{\left(\frac{9}{12}-\frac{8}{12}\right)\times\frac{3}{5}+\frac{1}{3}\right\}=\frac{23}{12}\div\left(\frac{1}{12}\times\frac{3}{5}+\frac{1}{3}\right)=\frac{23}{12}\div\left(\frac{1}{20}+\frac{1}{3}\right)=\frac{23}{12}\div\left(\frac{3}{60}+\frac{20}{60}\right)=\frac{23}{12}\div\frac{23}{60}=\frac{23}{12}\times\frac{60}{23}=5$

(3) $\square\times\left(5-3\frac{1}{2}\right)-3.5=10$より，$\square\times\left(\frac{10}{2}-\frac{7}{2}\right)-3.5=10$，$\square\times\frac{3}{2}-3.5=10$，$\square\times\frac{3}{2}=10+3.5=13.5$　よって，$\square=13.5\div\frac{3}{2}=13.5\div1.5=9$

(4) 右の図１の□の長さを求めればよい。Ａさんの速さは毎秒，$300\div60=5$（m），Ｂさんの速さは毎秒，$450\div60=7.5$（m）だから，ＢさんはＡさんよりも１秒間に，$7.5-5=2.5$（m）多く走る。よって，10秒間では，$2.5\times10=25$（m）多く走るので，$\square=25$（m）とわかる。

図１

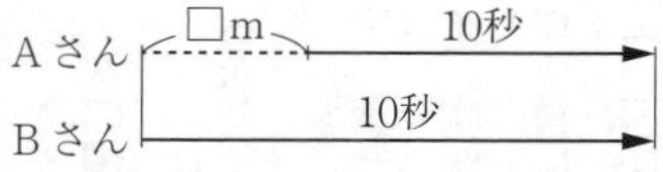

(5) 昨年の参加者数を１として図に表すと，右の図２のようになる。図２で，$1-0.3=0.7$にあたる人数が，$4700+200=4900$（人）とわかるから，（昨年の参加者数）$\times0.7=4900$（人）と表すことができる。よって，昨年の参加者数は，$4900\div0.7=7000$（人）と求められる。

図２

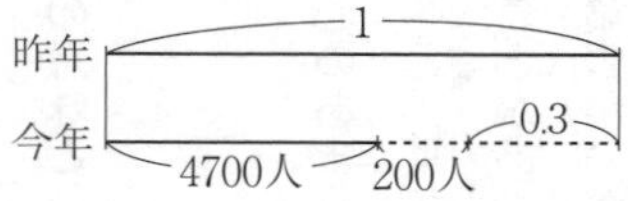

(6) 分数を小数に直して大きさを比べる。$1\frac{1}{3}=\frac{4}{3}=4\div3=1.333\cdots$，$\frac{15}{11}=15\div11=1.36\cdots$より，小さい順に並べると，1.33，$1\frac{1}{3}$，$\frac{15}{11}$となることがわかる。

2 角度，面積，体積

(1) 下の図１で，三角形DCEの内角の和に注目すると，○印をつけた角２つ分の大きさが，$180-24=156$（度）とわかるから，○印をつけた角の大きさは，$156\div2=78$（度）となる。また，三角形AFEで，内角と外角の関係から，●＋●＝○になり，●印をつけた角の大きさは，$78\div2=39$（度）と求められる。したがって，三角形ABCの内角の和より，㋐の角の大きさは，$180-(78+39)$

＝63(度)とわかる。

(2)　下の図２の影《かげ》の部分は，半径が４cmの四分円アから，半径が，４÷２＝２(cm)の四分円イと台形ウを除いたものである。四分円アの面積は，４×４×3.14÷４＝４×3.14(cm^2)，四分円イの面積は，２×２×3.14÷４＝１×3.14(cm^2)，台形ウの面積は，(２＋４)×２÷２＝６(cm^2)だから，影の部分の面積は，４×3.14－１×3.14－６＝(４－１)×3.14－６＝３×3.14－６＝9.42－６＝3.42(cm^2)と求められる。

(3)　このプールは，下の図３の影の部分を底面とする五角柱と考えることができる。影の部分は２つの台形に分けることができ，■＋△＝50(m)なので，影の部分の面積は，(1.2＋1.5)×■÷２＋(1.2＋1.5)×△÷２＝1.35×■＋1.35×△＝1.35×(■＋△)＝1.35×50＝67.5(m^2)と求められる。よって，このプールの容積は，67.5×20＝1350(m^3)である。

図１

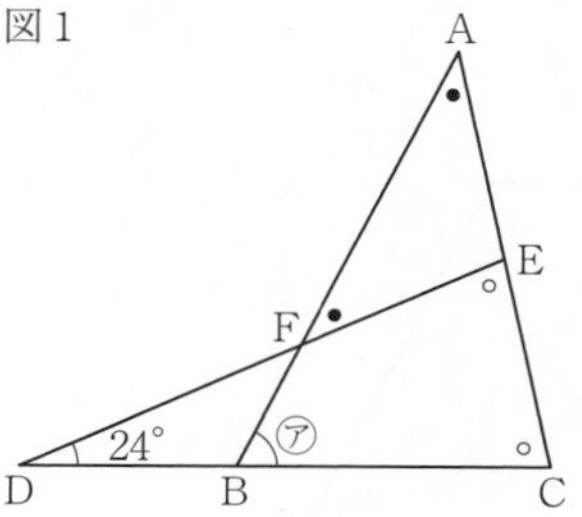

図２

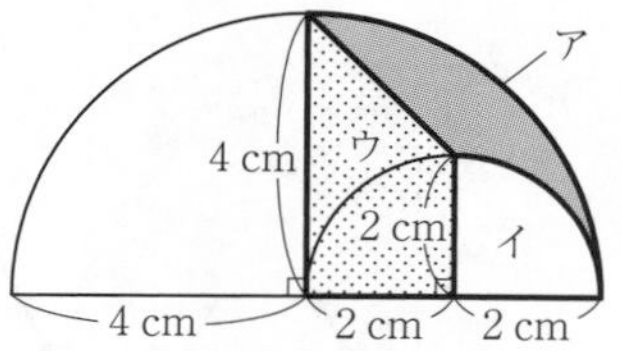

図３

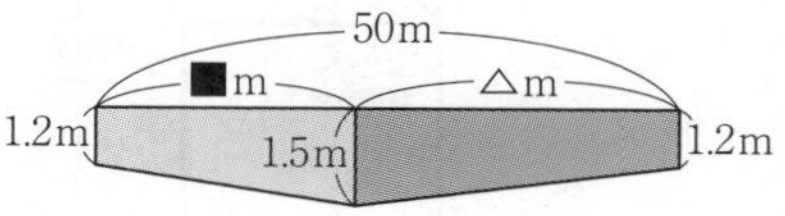

3　周期算

(1)　かずえさんは，２＋２＋２＝６(回)，あきこさんは，１＋１＋１＝３(回)，ひとみさんは，２＋２＝４(回)ごとに同じ手を出す。ここで，６と３と４の最小公倍数は12だから，下の図のような，12回の出し方がくり返されることになる。あきこさんとひとみさんの２人がじゃんけんをするとき，①～⑫のうち，あいこになるのは{①，⑧，⑩，⑪}の４回ある。36÷12＝３より，36回じゃんけんをするとき，①～⑫が３回くり返されるので，あいこは全部で，４×３＝12(回)ある。

(2)　３人でじゃんけんをするとき，かずえさんが勝つのは{①，④，⑫}の３回，かずえさんが負けるのは{⑤，⑧，⑨}の３回あり，残りの，12－(３＋３)＝６(回)はあいこになる。2023÷12＝168余り７より，2023回じゃんけんをするとき，①～⑫が168回くり返され，さらに７回余ることがわかる。①～⑦のかずえさんの成績は２勝１敗４分けだから，勝ちの回数は全部で，３×168＋２＝506(回)，負けの回数は全部で，３×168＋１＝505(回)，あいこの回数は全部で，６×168＋４＝1012(回)と求められる。よって，2023回のかずえさんの成績は506勝505敗1012分けとなる。

回	①	②	③	④	⑤	⑥	⑦	⑧	⑨	⑩	⑪	⑫
かずえさん	パー	パー	グー	グー	チョキ	チョキ	パー	パー	グー	グー	チョキ	チョキ
あきこさん	グー	チョキ	パー	グー	チョキ	パー	グー	チョキ	パー	グー	チョキ	パー
ひとみさん	グー	グー	チョキ	チョキ	グー	グー	チョキ	チョキ	グー	グー	チョキ	チョキ

4　グラフ―図形上の点の移動，面積

(1)　問題文中のグラフから，点ＰがＡからアまで動くのにかかる時間が２秒であり，２秒後の三角形ABPの面積が８cm^2とわかる。よって，正方形ABイアの面積は，８×２＝16(cm^2)だから，16＝４×４より，この正方形の一辺の長さは４cmとわかる。したがって，点Ｐは２秒で４cm動くので，点Ｐの速さは毎秒，４÷２＝２(cm)と求められる。

⑵　(1)より，直方体の高さは，４×２＝８(cm)とわかるから，点Pが直方体の頂点にくる時間と，そのときの三角形ABPの面積の関係は下の図１のようになる。よって，グラフは下の図２のようになるので，正しいのは③である。

⑶　三角形ABPの面積が７cm²になるのは，図２の●印の４回ある。三角形ABPの面積は，０～２秒後は毎秒，８÷２＝４(cm²)の割合で増え，４～６秒後は毎秒４cm²の割合で減る。同様に，６～10秒後は毎秒，16÷(10－６)＝４(cm²)の割合で増え，12～16秒後は毎秒４cm²の割合で減る。よって，三角形ABPの面積が７cm²変化するのにかかる時間はいずれも，７÷４＝$1\frac{3}{4}$(秒)だから，１回目は$1\frac{3}{4}$秒後，２回目は，６－$1\frac{3}{4}$＝$4\frac{1}{4}$(秒後)，３回目は，６＋$1\frac{3}{4}$＝$7\frac{3}{4}$(秒後)，４回目は，16－$1\frac{3}{4}$＝$14\frac{1}{4}$(秒後)と求められる。

図１

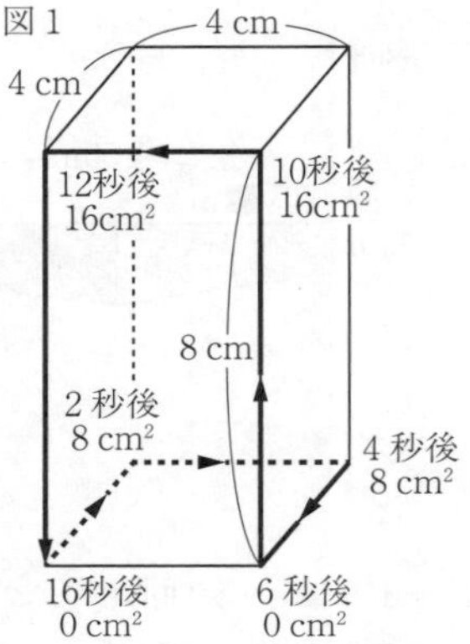

図２

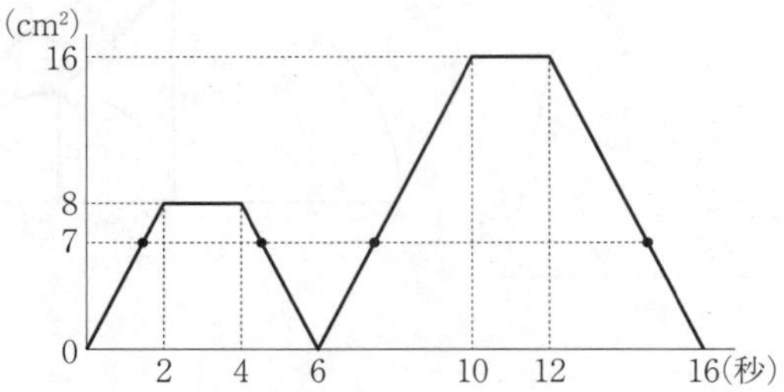

5　平面図形―図形の移動，面積

⑴　はじめに，もとの長方形の面積は，10×15＝150(cm²)である。また，切りとった正方形の一辺の長さは，10－６＝４(cm)だから，切りとった正方形の面積は，４×４＝16(cm²)となり，右の図全体の面積は，150－16＝134(cm²)とわかる。次に，円が図形の中を自由に動くとき，円が通ることができないのは斜線《しゃせん》部分である。これは，一辺１cmの正方形から半径１cmの四分円を除いたものなので，斜線部分１か所の面積は，１×１－１×１×3.14÷４＝１－0.785＝0.215(cm²)と求められる。これが全部で５か所あるから，円が通ることのできる部分の面積は，134－0.215×５＝132.925(cm²)となる。

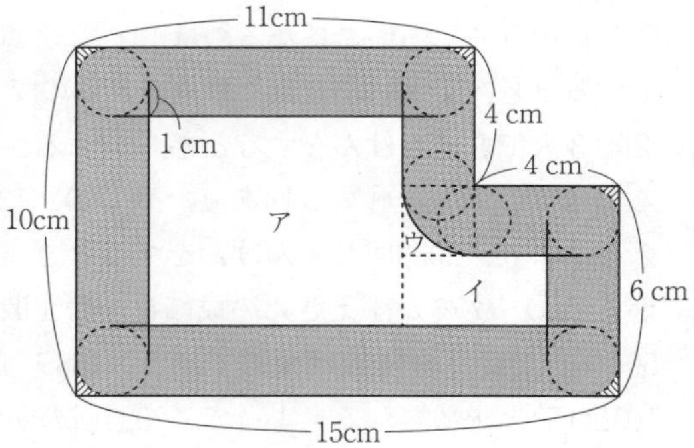

⑵　円が図形の中を辺に沿って１周するとき，円が通るのは影の部分なので，斜線部分のほかにア，イ，ウの３か所も通ることができない。アは，たての長さが，10－１×４＝６(cm)，横の長さが，11－１×４＝７(cm)の長方形だから，面積は，６×７＝42(cm²)となる。また，イは，たての長さが，６－１×４＝２(cm)，横の長さが，15－１×４－７＝４(cm)の長方形なので，面積は，２×４＝８(cm²)とわかる。さらに，ウは斜線部分と相似で，２倍に拡大したものだから，ウの面積は斜線部分の面積の，２×２＝４(倍)であり，0.215×４＝0.86(cm²)とわかる。よって，ア，イ，ウ

の面積の合計は，42＋８＋0.86＝50.86(cm^2)なので，円の通る部分の面積は，132.925－50.86＝82.065(cm^2)と求められる。

社　会　＜第１回試験＞（30分）＜満点：60点＞

解　答

［1］ **問１**　イ　**問２**　奥羽(山脈)　**問３**　ア　**問４**　エ　**問５**　リアス海岸　**問６**　ア　［2］ **問１**　イ　**問２**　ウ　**問３**　500(m)　**問４**　ウ　［3］ **問１**　ア　**問２**　エ　**問３**　六波羅探題　**問４**　イ　**問５**　**あ**　大宝律令　**い**　足利尊氏　**う**　武家諸法度　**問６**　イ　［4］ **問１**　ウ　**問２**　自由党　**問３**　**X**　ア　**Y**　下関　**問４**　ア　**問５**　ウ　**問６**　(1)　B　(2)　A　(3)　E　［5］ **問１**　ア　**問２**　国民　**問３**　ウ　**問４**　国事行為　**問５**　政令　［6］ **問１**　国民投票　**問２**　エ　**問３**　イ　［7］ **問１**　イ　**問２**　ウ

解　説

［1］ 東北新幹線が通る都道府県についての問題

問１　東北新幹線は，東京―新青森間を結び，大宮(埼玉県)―仙台(宮城県)間で茨城県・栃木県・福島県を通過する。日光連山はおもに栃木県日光市に広がる山々の集まり，那須連峰《れんぽう》は栃木県北部に位置する山々の連なりである。よって，イが正しい。なお，いちごの生産量は栃木県が全国で最も多く，「とちおとめ」などの品種で知られる。統計資料は『日本国勢図会』2022／23年版による(以下同じ)。

問２　奥羽山脈は，東北地方の中央部を青森県から福島県と栃木県の県境にかけて南北に連なる日本で最も長い山脈である。全長は約500kmあり，「日本の背骨」や「東北の背骨」ともよばれる。

問３　ももとぶどうは山梨県，メロンは茨城県，みかんは和歌山県の生産量が日本一多い。ももは山梨県についで，福島県・長野県の順に生産量が多く，ぶどうは山梨県についで長野県・山形県の順に生産量が多い。したがって，統計はももの生産量の割合を表している。

問４　盛岡駅は，岩手県の県庁所在地である盛岡市の中心駅である。南部鉄器は岩手県の盛岡市や奥州市でつくられてきた鉄鋳物《いもの》で，伝統的工芸品に指定されている。なお，アの曲げわっぱは秋田県，イの九谷焼は石川県，ウのこけしは宮城県の伝統的工芸品である。

問５　写真のように，海岸線が複雑に入り組んだ地形をリアス海岸という。リアス海岸は山地が海に沈《しず》みこんで，谷だったところに海水が侵入《しんにゅう》した出入りが複雑な海岸で，波が穏やかなため養殖業がさかんに行われるが，津波が発生すると湾の奥に波が集中するため被害が大きくなりやすい。

問６　青森市・仙台市(宮城県)・松本市(長野県)・松山市(愛媛県)の中で，青森市は最も北に位置するため気温が低く，日本海側の気候に属するので冬の降水量が多い。したがって，アが青森市の雨温図を表している。なお，太平洋側に位置する仙台市は夏の降水量が多いイ，中央高地に位置する松本市は１年を通して降水量が少なく，気温差が大きいウ，瀬戸内海地域に位置する松山市は１年を通して降水量が少なく，冬でも比較《ひかく》的温暖なエである。

［2］ 地形図の読み取りについての問題

問１　地形図中に方位記号が示されていないので，この地形図では上が北，下が南，右が東，左が西を表している。仙台駅の左下に仙台城跡があるので，南西とわかる。

問２　Ｂの範囲に交番(Ⅹ)はあるが，警察署(⊗)はないので，ウがあやまっている。なお，アの老人ホームの地図記号は(⌂)，イの寺院の地図記号は(卍)，エの中学校の地図記号は(文)。

問３　地形図上の長さの実際の距離は，(地形図上の長さ)×(縮尺の分母)で求めることができる。この地形図の縮尺は２万５千分の１とあるので，Ｃ－Ｄ間の実際の距離は，２(cm)×25000＝50000(cm)＝500(m)となる。

問４　ア　Ａ地点の南東の若林(区)には，多くの寺院(卍)があるので，正しい。　イ　Ｂ地点の西側の地域には，県庁や市役所(◎)，政令指定都市の区役所(○)，官公署(ö)などが集まっているので，正しい。　ウ　２万５千分の１の地形図では，等高線が10mおきに引かれるので，Ｃ地点の標高は130～140m，Ｄ地点の標高は60～70mとわかる。したがって，Ｄ地点のほうが標高が低いので，あやまっている。　エ　Ｄ地点の右上に博物館(🏛)があるので，正しい。

3　古代から近世までの法を題材にした問題

問１　国風文化は894年の菅原道真の提案による遣唐使の廃止《はいし》以降に栄えた，平安時代の貴族を中心とする文化である。よって，平安時代に紀貫之《つらゆき》らが編さんしたアの『古今和歌集』が正しい。なお，イの『奥の細道』は江戸時代の松尾芭蕉《ばしょう》による紀行文，ウの『万葉集』は奈良時代に編さんされた現存する日本最古の歌集，エの『徒然草』は鎌倉時代の吉田兼好による随筆《ずいひつ》である。

問２　院政とは，天皇が位をゆずって自らは上皇や法王となり，自分の住まいである院で政治を行うことである。1086年に白河天皇が子を堀河天皇として即位《そくい》させ，自身は上皇となって院で政治を開始したことが，その始まりとされている。

問３　承久の乱後，朝廷や西国の御家人を監視《かんし》するために，鎌倉幕府は京都に六波羅探題を置いた。なお，承久の乱とは1221年に後鳥羽上皇が朝廷に政権を取り戻すために起こした戦いである。

問４　御成敗式目(貞永《じょうえい》式目)は，鎌倉幕府の第３代執権《しっけん》北条泰時《やすとき》が制定した日本で最初の武家法である。源頼朝以来の先例や慣習をもとに，武家の道徳，守護と地頭の権利と義務，御家人の所領に関すること，家族制度などについて定めた。したがって，イが正しい。なお，アは異国船打ち払い令，ウは徳政令，エは王政復古の大号令について説明している。

問５　**あ**　文武天皇の命を受け，藤原不比等と刑部《おさかべ》親王らが中心になって701年に大宝律令を制定した。刑罰《けいばつ》(律)と政治のしくみ(令)がそろった日本で最初の本格的な法律であり，これによって天皇中心の中央集権国家体制が固まった。　**い**　足利尊氏が京都に光明天皇をたてたことに対して，後醍醐天皇は奈良の吉野で皇統の正統性を主張したため，京都の北朝と吉野の南朝が対立する南北朝時代が始まった。　**う**　江戸幕府は大名を統制するために武家諸法度を制定した。武家諸法度は1615年に第２代将軍徳川秀忠の名で出されて以来，原則として将軍がかわるたびに改定が重ねられた。第３代将軍の徳川家光のときには特に大きく改定され，参勤交代が追加された。

問６　Ｘについて，飛鳥～奈良時代の日本は，政治のしくみや都の造営などにおいて，進んだ文化や政治制度を持つ唐(中国)を手本に，国家体制を整えた。Ｙについて，室町幕府の第３代将軍を務めた足利義満は，15世紀の初めに明(中国)に朝貢する形で日明貿易を始めた。倭寇《わこう》と正式な貿易船とを区別するために勘合《かんごう》とよばれる割符が使用されたため，日明貿易は勘合貿易ともよばれる。

4　近代以降の政治・外交についての問題

問１　民本主義とは，大正デモクラシーの風潮の中で吉野作造が唱えた民主主義の理論である。したがって，明治政府の方針ではないので，ウがあやまっている。

問２　1881年に出された国会開設の詔《みことのり》によって1890年の国会開設が約束されると，自由民権運動の指導者であった土佐藩出身の板垣退助は，自由党を結成した。なお，翌82年には大隈重信が立憲改進党をつくった。

問３　**Ｘ，Ｙ**　日清戦争の講和条約である下関条約が1895年に結ばれると，日本は清(中国)から遼東《リャオトン》半島・澎湖《ポンフー》諸島・台湾をゆずり受けた。しかし，ロシアがフランス・ドイツとともに遼東半島の清への返還を求める三国干渉《かんしょう》を行ったため，日本は遼東半島を清に返還した。

問４　1924年に加藤高明内閣が発足すると，翌25年には普通選挙法と治安維持法が成立した。よって，アが正しい。なお，イの八幡製鉄所の操業開始は1901年，ウのシベリア出兵は1918年から始まった。また，エの日中戦争は1937年に北京郊外で起こった盧溝橋《ろこうきょう》事件から始まった。

問５　日米安全保障条約は，サンフランシスコ平和条約と同日に吉田茂《しげる》内閣がアメリカと結んだ条約である。サンフランシスコ平和条約によって日本は独立国として認められたが，日米安全保障条約によって独立後も日本国内にアメリカ軍が駐留《ちゅうりゅう》し続けることになった。したがって，ウが正しい。なお，アの日韓基本条約は1965年，イの日ソ中立条約は1941年，エの日米和親条約は1854年に結ばれた条約である。

問６　**(1)**　日英同盟は，ロシアの南下政策を警戒《けいかい》するイギリスと日本の利害が一致し，1902年に結ばれた同盟である。この同盟成立後，日本は1904年にロシアとの戦争に踏み切り，日露戦争が始まった。したがって，Ｂの時期にあたる。　**(2)**　領事裁判権(治外法権)は，1894年に外務大臣の陸奥宗光がイギリスとの交渉に成功し，撤廃《てっぱい》された。その直後に日清戦争が始まったので，Ａの時期にあたる。　**(3)**　日本がポツダム宣言を受け入れて無条件降伏《こうふく》すると，GHQ(連合国軍最高司令官総司令部)の指導の下で日本の民主化が推し進められた。その中で，大日本帝国憲法が改正され，国民主権・基本的人権の尊重・平和主義を三大原則とする日本国憲法が1946年11月３日に公布，翌47年５月３日に施行された。したがって，Ｅの時期にあたる。

5　日本国憲法と国会・内閣・裁判所についての問題

問１　学問の自由は，自由権の中の精神の自由の１つとして日本国憲法第23条に規定されているので，アが正しい。なお，イの生存権(第25条)とウの教育を受ける権利(第26条)は社会権，エのプライバシーの権利は新しい権利にふくまれる。新しい権利とは，憲法の条文には直接明記されてはいないが，社会の変化とともに認められるようになった権利である。

問２　日本国憲法は第１条で天皇の地位について，「天皇は，日本国の象徴であり日本国民統合の象徴であって，その地位は，主権の存する日本国民の総意に基《もとづ》く」と定めている。

問３　刑事裁判とは，罪を犯したと疑われる人(被疑者)が本当に犯罪行為を行ったかどうか，また犯罪行為を行った場合にはどのような刑罰を与えるべきかを決めるための裁判で，検察官が被疑者を起訴《きそ》することで始まる。よって，ウが正しい。なお，被疑者は刑事裁判で訴《うった》えられると被告人とよばれるようになり，被告人には必ず弁護人がつく。裁判では検察官と弁護人の両者の主張を受けて，裁判官が判決を下す。

問４　国事行為とは，日本国憲法に定められた天皇が行う形式的・儀礼的な行為である。国事行為には内閣の助言と承認が必要であり，内閣がその責任を負う。

問５　政令とは，憲法や法律で決められたことを実施するために内閣が定める命令のこと。閣議による決定で成立し，天皇が公布する。

6　議会や直接請求権についての問題

問１　衆参両議院の総議員の３分の２以上の賛成が得られると，国会が憲法改正を発議し，国民に提案する。その後行われる国民投票で賛成票が有効投票数の過半数を超《こ》えると，国民の承認があったものとみなされ，天皇がこれを国民の名で公布する。

問２　ア　条例の制定・改正・廃止の請求が首長に提出されると，首長が議会を招集して議会で審議される。決めるのは議会であり，首長自身の判断で結果を決めることはできないので，正しくない。　　イ　監査の請求は，有権者数の３分の１以上ではなく50分の１以上の署名でできるので，正しくない。また，提出先は選挙管理委員会ではなく監査委員である。　　ウ　議会の解散請求には有権者数の３分の１以上の署名が必要で，監査委員ではなく選挙管理委員会に署名を提出する。選挙管理委員会は住民投票を実施し，過半数の同意があれば議会は解散する。したがって，正しくない。　　エ　首長・議員の解職請求について，正しく説明している。

問３　衆議院議員・地方議会議員・市町村長の被選挙権(立候補する権利)は満25歳以上，参議院議員と都道府県知事の被選挙権は満30歳以上である。また，参議院議員の任期は６年だが，そのほかはどれも任期が４年なので，イが正しい。なお，選挙権(投票する権利)はいずれも満18歳以上である。

7　気候変動対策に関する国際会議についての問題

問１　1972年，「かけがえのない地球」をスローガンに国連人間環境会議がスウェーデンのストックホルムで開かれた。また，その20年後の1992年にはブラジルのリオデジャネイロで国連環境開発会議(地球サミット)が開催《かいさい》され，「アジェンダ21」が採択《さいたく》された。よって，イが正しい。

問２　C　地球温暖化防止京都会議では京都議定書が結ばれ，先進国に対しては温室効果ガスを削《さく》減《げん》していく具体的な数値目標が定められたが，新興国や発展途上国には削減義務を求めなかったので，正しくない。　　D　2015年に開かれた国連気候変動枠組条約締約国会議(COP21)で結ばれたパリ協定の内容について，正しく説明している。

理　科　＜第１回試験＞（30分）＜満点：60点＞

解　答

1　**ア**　酸化銅　**イ**　光　**ウ**　4　**エ**　5　**オ**　4　**カ**　1　**キ**　40　**ク**　8

2　(1)　①　ウ　②　オ　(2)　①　直列つなぎ　②　暗くなる。　③　すべて消える。　(3)　①　並列つなぎ　②　変わらない。　③　変わらない。　(4)　【図２】　(5)　①　オ　②　ア，エ　③　イ，ウ

3　(1)　ウ　(2)　i　高　ii　高　(3)　水分　(4)　①　微生物　②　イ，エ　③　iii　発酵　iv　みそ　v　ヨーグルト

4　(1)　ア　(2)　4　(3)　④　震度　⑤　マグニチュード　⑥　津波　(4)　イ　(5)　i　P　ii　S　(6)　20秒　(7)　秒速８km

解　説

1　銅の燃焼についての問題

ア　銅を燃焼させると，銅と空気中の酸素が結びついて酸化銅ができる。　**イ**　ものが熱や光を出しながら激しく酸素と結びつくことを燃焼という。　**ウ，エ**　問題文中の図１は０(原点)から右上にのびる直線のグラフとなっているので，銅の重さとその銅を燃焼させてできた酸化銅の重さは比例していることがわかる。グラフより，1.6ｇの銅を燃焼させると，2.0ｇの酸化銅ができたことが読み取れる。したがって，(銅の重さ)：(その銅を燃焼させてできた酸化銅の重さ)＝1.6：2.0＝４：５と求められる。　**オ，カ**　燃焼させてできる酸化銅の重さは，銅の重さとそれに結びついた酸素の重さの和となる。1.6ｇの銅を燃焼させたとき，銅に結びついた酸素の重さは，2.0－1.6＝0.4(ｇ)となるので，(銅の重さ)：(結びついた酸素の重さ)＝1.6：0.4＝４：１とわかる。　**キ**　32ｇの銅を燃焼させてできる酸化銅の重さは，$32\times\frac{5}{4}=40$(ｇ)である。　**ク**　32ｇの銅に結びついた酸素の重さは，40－32＝８(ｇ)と求められる。なお，$32\times\frac{1}{4}=8$(ｇ)と求めてもよい。

2　電気回路についての問題

⑴　①　抵抗《ていこう》が小さく電気を通しやすいものから順に，銀，銅，金，アルミニウム，鉄となる。よって，導線としては銀が最もふさわしいが，銀は値段が高いため，実際にはほとんど用いられていない。そこで，銀の次に電気を通しやすく，値段が安く手に入りやすい銅が導線として使われていることが多い。　②　タングステンは燃えにくく熱に強いため，電球(豆電球)のフィラメントに使われている。

⑵　①　図２のように，電流の通り道が１つになるような豆電球のつなぎ方を直列つなぎという。　②　直列につなぐ豆電球の数が増《ふ》えると，全体の抵抗が大きくなり，豆電球に流れる電流の強さが小さくなる。よって，このとき豆電球の明るさは暗くなる。　③　直列につないだ豆電球のうち１個をソケットから取りはずすと，回路が切れて電流が流れなくなるので，残った豆電球はすべて消える。

⑶　①　図３のように，電流の通り道が２つ以上になるような豆電球のつなぎ方を並列つなぎという。　②　並列につなぐ豆電球の数が増えても，それぞれの豆電球に流れる電流の強さは変化しない。したがって，このとき豆電球の明るさは変わらない。　③　並列につないだ豆電球のうち１個をソケットから取りはずしても，残りの豆電球に流れる電流の強さは変化しない。そのため，残りの豆電球の明るさは変わらない。

⑷　乾《かん》電池１個に対して豆電球１個をつないだときに流れる電流の強さを１とする。乾電池１個に対して豆電球３個を直列につないだときには，それぞれの豆電球に流れる電流の強さが，$1\div3=\frac{1}{3}$になり，乾電池から流れ出る電流の強さも$\frac{1}{3}$となる。一方，乾電池１個に対して豆電球３個を並列につないだときには，それぞれの豆電球に流れる電流の強さが１となるため，乾電池から流れ出る電流の強さは，$1\times3=3$になる。したがって，図２の直列つなぎの方が，乾電池から流れ出る電流の強さが小さい分，乾電池の寿命《じゅみょう》は長くなる。

⑸　乾電池１個に対して豆電球１個をつないだときに流れる電流の強さを１とする。アでは，豆電球の２個の並列部分の抵抗は合わせて豆電球$\frac{1}{2}$個分なので，全体の抵抗は，$1+\frac{1}{2}=\frac{3}{2}$(個分)となり，乾電池から流れ出る電流の強さは$\frac{2}{3}$とわかる。よって，左側の豆電球には$\frac{2}{3}$の強さ，右側の２

個の並列部分の豆電球にはそれぞれ$\frac{1}{3}$の強さの電流が流れる。イでは，上側の２個の直列部分の豆電球にはそれぞれ$\frac{1}{2}$の強さ，下側の豆電球には１の強さの電流が流れる。乾電池から流れ出る電流の強さは，$\frac{1}{2}+1=\frac{3}{2}$である。ウでは，それぞれの豆電球には１の強さの電流が流れるから，乾電池から流れ出る電流の強さは，$1\times3=3$となる。エでは，それぞれの豆電球に流れる電流の強さも，乾電池から流れ出る電流の強さも，$1\div3=\frac{1}{3}$である。オでは，それぞれの豆電球には２の強さの電流が流れ，乾電池からは，$2\times3=6$の強さの電流が流れ出る。カでは，それぞれの豆電球に流れる電流の強さも，乾電池から流れ出る電流の強さも，$2\div3=\frac{2}{3}$となる。以上より，①は最も強い電流が豆電球に流れるオ，②は流れる電流の強さが$\frac{1}{3}$の豆電球を含《ふく》むアとエ，③は流れる電流の強さが１の豆電球を含むイとウになる。

3 微《び》生物のはたらきについての問題

(1)　１日の最高気温が25℃以上の日を夏日，30℃以上の日を真夏日，35℃以上の日を猛《もう》暑日という。

(2)　実験１の結果から，最もカビが生えやすいのはお風呂《ふろ》場で，次がクローゼットの中とわかる。冷凍《とう》庫ではカビが生えていない。これらの気温や湿度《しつど》の違《ちが》いから，温度や湿度が高い環境《かんきょう》ほどカビが生えやすいと考えられる。

(3)　実験２の結果から，お風呂場でもクローゼットの中でも，焼いた食パンよりも生の食パンの方がカビは生えやすいといえる。焼いた食パンは水分量が少ないので，カビの生えやすさは食品に含まれる水分量の違いで変わり，水分量が多いほどカビが生えやすいと予想できる。

(4)　①　菌《きん》類や細菌類など目に見えないくらい小さな生物を微生物という。　②　カビの仲間や，エノキやシイタケなどのキノコの仲間は菌類というグループに含まれる。なお，ミカヅキモは藻《も》の仲間，ナデシコは秋の七草に数えられる種子植物，マイマイはカタツムリのことである。　③　食べ物に微生物がくっついた結果，人間にとって有益なものができる場合を発酵《はっこう》といい，発酵によってつくられた食品を発酵食品という。発酵食品のうち，みそはコウジカビ，ヨーグルトは乳酸菌のはたらきを利用してつくられる。

4 地震《じしん》についての問題

(1)　日本列島は大陸プレートの上にあり，この下に海洋プレートがしずみこんでいる。

(2)　日本の周辺には太平洋プレートとフィリピン海プレートの２つの海洋プレートと，北アメリカプレートとユーラシアプレートの２つの大陸プレートの合計４つのプレートがある。

(3)　④　各地で観測されるゆれの程度は，震度で表される。震度は，０，１，２，３，４，５弱，５強，６弱，６強，７の10段階になっている。　⑤　地震そのものの規模《きぼ》(エネルギー)を表した数値をマグニチュードという。マグニチュードの数値が１大きくなると，地震の規模(エネルギー)は約32倍になる。　⑥　地震などによって海底の地形が上下に動き，それが海水に伝わって起きる波を津波という。2011年の東北地方太平洋沖地震(東日本大震災)では，東北地方を中心とした太平洋岸に大きな津波がおし寄せ，甚大《じんだい》な被害《ひがい》が発生した。

(4)　世界で起きる地震の約10％が，日本とその周辺で発生している。

(5)　地震が発生すると，Ｐ波とＳ波という２つの地震波が周囲に伝わっていく。Ｐ波は縦《たて》方向の弱いゆれをもたらし，このゆれを初期微動という。また，Ｓ波は横方向の強いゆれをもたらし，このゆれを主要動という。Ｐ波の方がＳ波よりも伝わる速さが速いので，ふつう地震では先に縦方向の弱いゆれがあり，まもなく横方向の強いゆれが起こる。

⑹　図１で，点線でかかれている２本の直線のうち，かたむきが大きい方のグラフは速さが速いＰ波のグラフである。このグラフを見ると，Ｂ地点にＰ波が到着《とうちゃく》したのは14時10分40秒と読み取れる。一方，かたむきが小さい方のＳ波のグラフより，Ｂ地点にＳ波が到着したのは14時11分00秒と読み取れる。したがって，Ｂ地点ではＰ波が到着してからＳ波が到着するまで，14時11分00秒－14時10分40秒＝20秒かかっていることがわかる。

⑺　地震が発生したのは14時10分20秒で，震源からの距離《きょり》が160kmのＢ地点にＰ波が到着したのは14時10分40秒だから，Ｐ波は160kmを，14時10分40秒－14時10分20秒＝20秒で伝わったことがわかる。したがって，弱いゆれを伝えるＰ波の速さは，秒速，160÷20＝８（km）と求められる。

国　語　＜第１回試験＞（50分）＜満点：100点＞

解　答

一　**問１**　下記を参照のこと。　**問２**　エ　**問３**　ア　**問４**　ウ　**問５**　イ　**問６**　ウ　**問７**　ア　**問８**　エ　**問９**　イ　**問10**　ア　二　**問１**　下記を参照のこと。　**問２**　ウ　**問３**　ア　**問４**　エ　**問５**　目　**問６**　イ　**問７**　エ　**問８**　一度これまでとは違う環境に身を置いてみる（こと）　**問９**　イ　**問10**　ア　**問11**　ウ　三　**問１**　ウ　**問２**　イ　**問３**　ア　**問４**　**A**　（例）　広いサバンナ　**B**　（例）　狭い動物園の柵　**C**　（例）　かわいそう　**問５**　エ　**問６**　ア　**問７**　ウ　**問８**　イ　**問９**　ウ　**問10**　エ

●漢字の書き取り

一　**問１**　危ない　　二　**問１**　①　効率　④　縮小

解　説

一　**漢字の書き取り，熟語の知識，四字熟語の知識，慣用句・ことわざの知識，語句の知識，品詞の知識，外来語の知識，季語**

問１　音読みは「キ」で，「危険」などの熟語がある。

問２　「仲間」は「なかま」と読み，訓読み＋訓読みの組み合わせである。「仲」の音読みは「チュウ」で，「仲裁」などの熟語がある。「間」の音読みは「カン」「ケン」で，「中間」「世間」などの熟語がある。訓読みにはほかに「あいだ」がある。

問３　アは「欠けを補う」という意味の，下の字が上の字の目的・対象になっている熟語。イの「調整」，ウの「創造」，エの「測量」は，それぞれ「ととの（える）」「つく（る）」「はか（る）」という読みを持つ，似た意味の漢字を組み合わせた熟語。

問４　「快刀乱麻《かいとうらんま》」は，こみいった物事を見事に解決すること。「新進気鋭《しんしんきえい》」は，新しく現れて勢いがさかんなこと。「栄枯盛衰《えいこせいすい》」は，栄えたりおとろえたりすること。「一攫千金《いっかくせんきん》」は，簡単に一度で大金を得ること。

問５　「対岸の火事」は，他人には重大なことだが自分には関係のないこと。

問６　ウの「役不足」は，その人の能力に対して，与《あた》えられた役目が軽すぎることをいうので，適

切な使い方ではない。

問７　「舌を巻く」は，“非常に驚《おどろ》いたり，感心したりする”という意味。

問８　「雨らしい」「遅《おく》れてくるらしい」の「らしい」は，推定を表している。

問９　「環境《かんきょう》問題を意識した」ことに関係するカタカナ語は，“持続可能な”という意味の「サスティナブル」になる。「エモーショナル」は“感情的”，「コンパクト」は“小型の”，「ニュートラル」は“中立的”という意味である。

問10　アの「風薫《かお》る」は夏の季語，イの「おぼろ月」，ウの「花いかだ」，エの「陽炎《かげろう》」は，春の季語である。

二　出典は池上彰《いけがみあきら》の『なぜ，いま思考力が必要なのか？　社会に出るあなたに伝えたい』による。筆者のメンター的存在である経済学者の宇沢弘文《うざわひろふみ》さんの業績を紹介し，メンターを持ち，その考えを学ぶことをすすめている。

問１　①　費やした労力に対する，成果の割合。　④　規模《きぼ》を縮めて小さくすること。

問２　二文前の内容から，「エッセンシャルワーカー」は，「社会の基盤《きばん》をなす仕事」についている人のことをいうとわかる。

問３　「こんなこと」とは，「三〇年前の保健所の数」が保たれていれば起こらなかったことなので，直前に書かれている，保健所の業務がコロナ禍《か》でパンクした状態を指す。

問４　宇沢さんが「経済学を始めた当初の目的，原点」は，二段落前に述べられている。「どうしてこの世の中にはこれほど貧乏《びんぼう》な人がいるんだろうか，どうしてこんなに格差があるんだろうか」と，世の中の経済的格差に疑問を持ったことが，「経済学を学び始め」たきっかけである。

問５　「目から鱗《うろこ》が落ちる」は，“何かがきっかけとなって急にものごとがわかるようになる”という意味。

問６　高度経済成長中の日本において，「自動車がどんどん増え，みんながマイカーを持てるように」なったことを，「豊かさのシンボル」と多くの人が思っていたが，宇沢さんは自動車が「道路維持《いじ》費，排気《はいき》ガス問題，交通事故など，社会に大きな負の影響《えいきょう》を与えている」ということを著作で指摘《してき》し，筆者はそこから経済学が役立つ一面に気づいている。こうして「人間が人間らしく生きるために」は「大きな負の影響」を理解する必要があると宇沢さんは考えたのだろうと，筆者は推測しているのである。

問７　ぼう線⑦を含む文の最初には，前のことがらを理由として，後に結果をつなげるときに用いる「だからこそ」があるので，ぼう線⑦の理由は直前にあるとわかる。よって，「常識などに対して，改めて疑問を持ち，問いを立てる」のは「非常に難しい」ことが理由である。

問８　「ふるさとを客観的に見ること」が「『外』を見ること」にあたるので，「『外』を見ること」は，「一度これまでとは違《ちが》う環境に身を置いてみる」ことと言い換《か》えられる。

問９　直前の二文に注目する。宇沢さんは「苦しい人を助けるため」という「目的意識」が「学問探究の根底」にあったからこそ，研究にも力が入り，すぐれた研究結果を得ることができた。そこからぼう線⑨のように筆者は考えたのだから，イが合う。

問10　筆者は，「さまざまな問題に直面する」とき，この人だったら「どう考えるのだろうか」と思考をめぐらす支えになる人を「メンター」と呼んでいる。

問11　本文最後の二段落に注目する。メンターが故人であるなら，「その人の生き方や残したもの」

を知ってその人の考え方を学び，メンターならどう考え，どう行動するかを想像することは「思考の応用力」だと筆者は述べているので，ウが適している。

三　**出典は重松清《しげまつきよし》の『答えは風のなか』所収の「しあわせ」による。**認知症《にんちしょう》になったおばあちゃんはしあわせだと思うかと聞いた「ぼく」に，パパはなかなか答えをくれない。

問１　前後に注意する。おばあちゃんに会いに行った帰り道，「ぼく」がいつも怒《おこ》り，落ちこんでしまうのは，おばあちゃんが「ぼくとパパをまちがえ」て呼ぶからである。

問２　続く二文に理由が述べられている。おばあちゃんについて聞きたいことについて，今日「口に出せるタイミング」を「逃《のが》してしまうと，またずっと言えないままになりそう」と「ぼく」は考えている。

問３　「ぼく」に，おばあちゃんはしあわせだと思うかと聞かれたパパは，この後『サバンナ園』で，動物園のシマウマはしあわせだと思うかと逆に「ぼく」に尋《たず》ねている。パパは，しあわせについて考えるのにふさわしい場所に行き，「ぼく」と話をしたかったことが読み取れる。

問４　**A**　シマウマはもともとは「広ーいサバンナ」に住んでいると，パパは言っている。　**B**　目の前にいるシマウマは，「狭《せま》ーい動物園の柵《さく》」の中に閉じ込《こ》められている。　**C**　シマウマが「しょんぼりとうつむいているように見えてきた」のは，狭い柵の中に閉じ込められて「かわいそう」に思えてきたからだと考えられる。「気の毒」「あわれ」などでもよい。

問５　「ぼく」は，動物園のシマウマはしあわせだと思うかどうかと聞かれ，狭い場所に閉じ込められてかわいそうとも思うが，飢《う》え死にや病気の心配がなく，「安心して生きていける」のも「確か」だとも感じている。しあわせかどうかは，どの面に注目するかで変わってくると気づき，「ぼく」はわからなくなってしまっているのである。

問６　子どものころ，おばあちゃんに夜通し手を握《にぎ》って看病してもらったことを，パパは「ぼく」に話している。元気だったおばあちゃんも年を取って認知症になり，今は手を握られ，助けられる側になったとパパは伝えているのである。

問７　おばあちゃんにとって認知症になったのはふしあわせだが，親身に世話してくれる人がいるのはしあわせだとパパは言っている。シマウマもそうであるように，一つの側面だけを見てしあわせかどうかは決められないと「ぼく」は気づいたのである。

問８　おばあちゃんに修学旅行のおみやげをわたしたことにパパがお礼を言ってくれたため，照れくさくなった「ぼく」は，おばあちゃんに「パパと間違《まちが》えられちゃった」と思わず「ひねくれ」たことを言ってしまったが，パパは「ぼく」が「照れくさくなった」から言ってしまったとわかっていたので，怒らなかったのだと推測できる。

問９　昔，今の「ぼく」より小さなころに，この動物園に「おばあちゃんに連れて来てもらった」ことをパパは思い出し，「なつかしいなあ」と言っている。パパはなつかしさを感じるとともに，「ずーっと昔の話」で，そのころにはもどれない悲しさのようなものも感じているのだろうと考えられる。

問10　昔おばあちゃんに動物園に連れて来てもらったと話し，「どこか寂《さび》しそう」な笑顔を見せたパパは，その後，「ぼくに背中を向けて」，ハナをすすったり肩をふるわせたりしている。表情を「ぼく」に見せないようにしているが，おばあちゃんの認知症をつらく感じていると思われるので，エが合う。

Dr.福井の
入試に勝つ! 脳とからだのウルトラ科学

試験場でアガらない秘けつ

キミたちの多くは，今まで何度か模擬試験（たとえば合不合判定テストや首都圏模試）を受けていて，大勢のライバルに囲まれながらテストを受ける雰囲気を味わっているだろう。しかし，模擬試験と本番とでは雰囲気がまったくちがう。そういうところでも緊張しない性格ならば問題ないが，入試独特の雰囲気に飲みこまれてアガってしまうと，実力を出せなくなってしまう。

試験場でアガらないためには，試験を突破するぞという意気ごみを持つこと。つまり，気合いを入れることだ。たとえば，中学の校門前にはあちこちの塾の先生が激励《げきれい》のために立っている。もし，キミが通った塾の先生を見つけたら，「がんばります！」とあいさつをしよう。そうすれば先生は必ずはげましてくれる。これだけでもかなり気合いが入るはずだ。ちなみに，ヤル気が出るのは，TRHホルモンという物質の作用によるもので，十分な睡眠をとる，運動する（特に歩く），ガムをかむことなどで出されやすい。

試験開始の直前になってもアガっているときは，腹式呼吸が効果的だ。目を閉じ，おなかをふくらませるようにしながら，ゆっくりと大きく息を吸う。ここでは「ゆっくり」「大きく」がポイントだ。そして，ゆっくりと息をはく。これをくり返し何回も行うと，ノルアドレナリンという悪いホルモンが減っていくので，アガりを解消することができる。

よく「手のひらに“人”の字を書いて飲みこむことを3回行う」とアガらないというが，そのようなおまじないを信じて実行し，自分に暗示をかけてもいいだろう。要は，入試に対するさまざまな不安な気持ちを消し去って，試験に集中できるようなくふうをこらせばいいのだ。

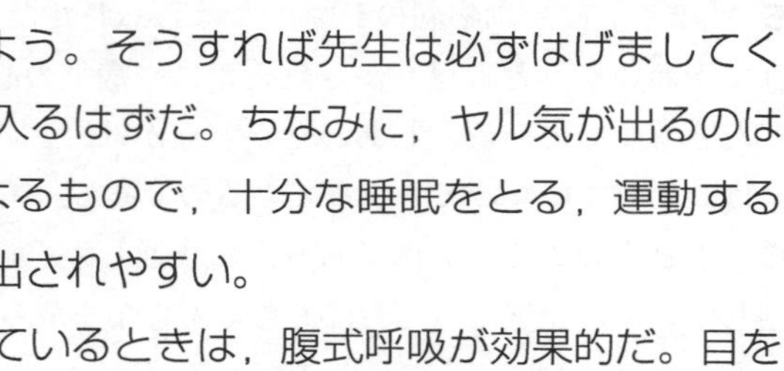

Dr.福井（福井《ふくい》一成《かずしげ》）…医学博士。開成中・高から東大・文Ⅱに入学後，再受験して翌年東大・理Ⅲに合格。同大医学部卒。さまざまな勉強法や脳科学に関する著書多数。

2023年度 日本大学豊山女子中学校

※　この試験は算数・社会・理科・国語から２教科を選択して受験します。実際の試験問題では，各教科が１つの冊子にまとまっています。

【算　数】〈第３回試験〉（２教科合わせて90分）〈満点：100点〉

（注意）定規，三角定規，コンパスは使用できます。分度器，計算機を使用することはできません。

1　次の $\square$ にあてはまる数を求めなさい。

(1)　$2\times3+(\square-1)\times4=46$

(2)　$\dfrac{4}{5}-\left\{2\dfrac{5}{6}-\left(\dfrac{2}{3}+2\dfrac{1}{4}\right)\div1\dfrac{2}{5}\right\}=\square$

(3)　$\dfrac{1}{2}+\dfrac{1}{\square}+\dfrac{1}{15}=\dfrac{1}{3}+\dfrac{1}{4}+\dfrac{1}{12}$

(4)　ある規則にしたがって数が並んでいます。

$\dfrac{1}{2}$，$\dfrac{3}{4}$，$\dfrac{5}{6}$，$\dfrac{7}{8}$，……の100番目は $\square$ です。

(5)　原価が $\square$ 円の商品に５割の利益を見込んで定価をつけました。しかし，売れなかったので定価の20％引きにして売りました。それでも売れなかったので，その値段から500円引きで売ったところ，ようやく売れて150円の利益が出ました。

(6)　ISS国際宇宙ステーションは，地上から408 kmの高度にあり，90分をかけて地球を１周します。地球の半径を6400 km，円周率を３としたとき，この宇宙ステーションの速さは時速 $\square$ kmとなります。

(7)　Aさんは３日仕事をすると１日休み，Bさんは４日仕事をすると１日休みます。２月１日は二人とも休みだったのでいっしょに遊びに行きました。次に二人がいっしょに休みで遊びに行けるのは２月 $\square$ 日です。

2 図1のように，底面の半径が5 cm，高さが14 cm の円柱形の容器に水がいっぱいに入っています。これを図2のように傾けて水をこぼしてから，図3のように元のとおりに戻します。次の問に答えなさい。ただし，円周率は3. 14 とします。

図1

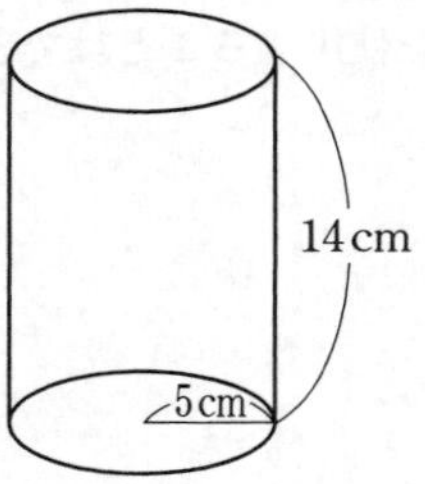

図2

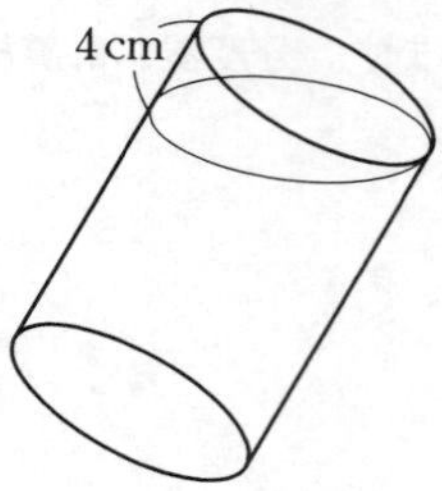

図3

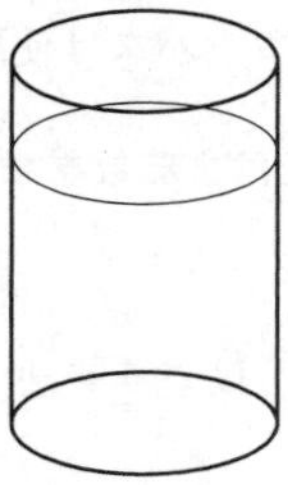

(1) 図2で，こぼれた水の量は何 cm^3 ですか。

(2) 図3で，水面の高さは何 cm ですか。

3 かずえさんはA駅からB山へのハイキングの予定を立てました。A駅を出発し，B山を登り，頂上で昼食をとり，C公園を経由してA駅に戻ります。行きの道のりは9 km，帰りの道のりは8 km です。午前10時にA駅を出発し，午後1時にB山の頂上に到着，午後2時にB山を出発し，午後4時にA駅に戻る計画です。次の問に答えなさい。

(1) 予定より早く集合できたので，午前9時に出発しました。時間にゆとりができたので，予定よりもゆっくりと歩き，B山の頂上に到着したのが予定と同じ時刻の午後1時になりました。A駅を出発してからB山の頂上に着くまで，実際に歩いた速さは予定の速さの何％の速さですか。

(2) B山の頂上を午後2時に出発し，時速4 km の速さでC公園まで歩き，30分休憩しました。C公園からは時速6 km の速さでA駅に向かったところ，予定通り午後4時に到着しました。B山の頂上からC公園までの道のりは何 km ですか。

4　図のように，半径が６cm の半円があり，半円周上の真ん中の点をＣとします。次の問に答えなさい。ただし，円周率は3.14とします。

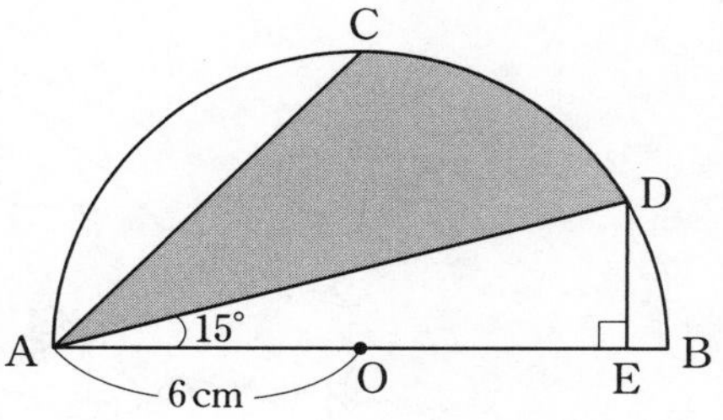

⑴　弧 CD の長さは何 cm ですか。

⑵　DE の長さは何 cm ですか。

⑶　影の部分の面積は何 cm^2 ですか。

【社　会】〈第３回試験〉（２教科合わせて90分）〈満点：100点〉

1　次の地図を見て，あとの各問いに答えなさい。

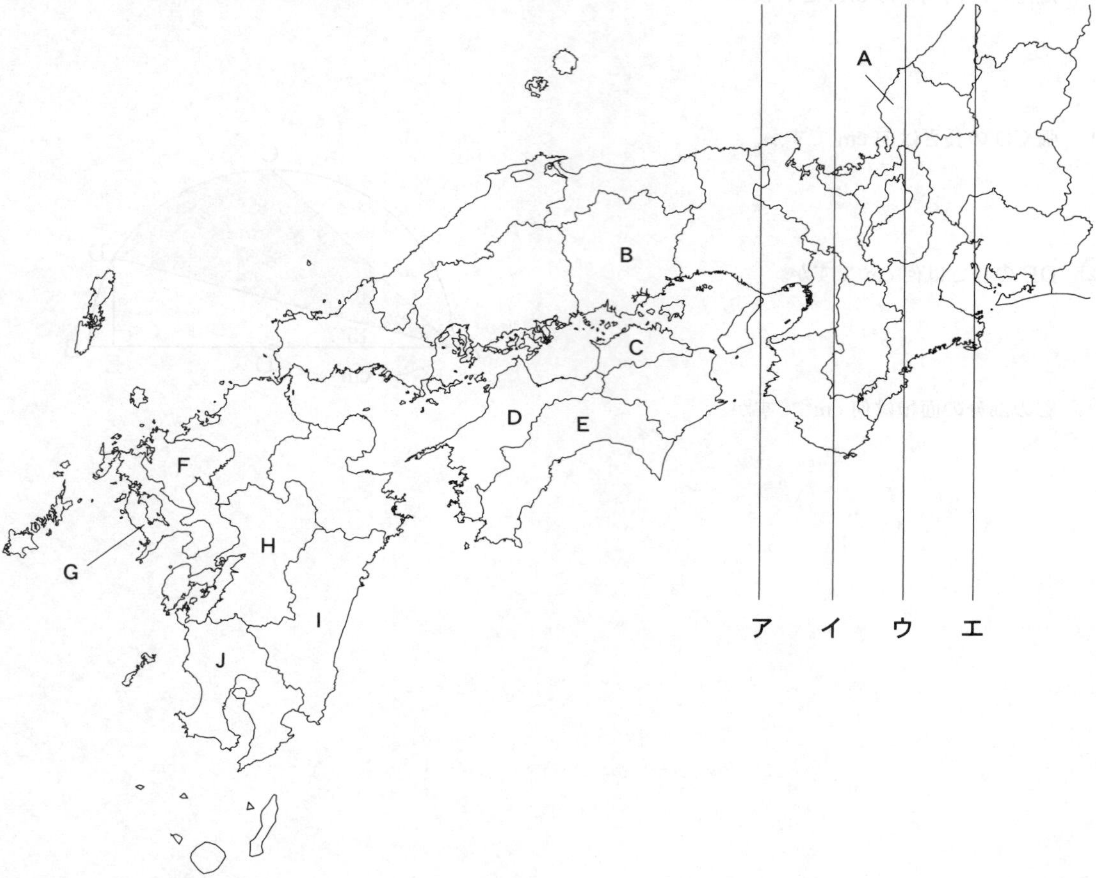

問１　日本標準時子午線を示しているものを地図中**ア～エ**から１つ選び，記号で答えなさい。

問２　**A**県の海沿いには多くの原子力発電所があります。下のグラフ①～③はそれぞれ水力発電，火力発電，原子力発電の電力量の推移を示したものです。①～③の組合せとして正しいものを下のア～エから１つ選び，記号で答えなさい。

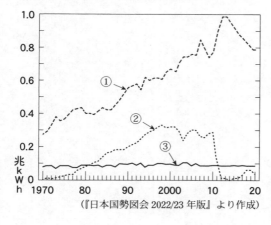

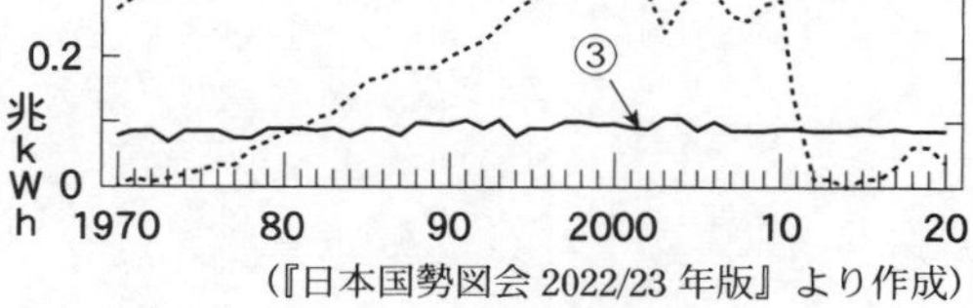

（『日本国勢図会 2022/23 年版』より作成）

	①	②	③
ア	原子力	水力	火力
イ	原子力	火力	水力
ウ	火力	原子力	水力
エ	水力	原子力	火力

問３　Ｂ県の石油化学コンビナートでは，原油から得られる（　　　）を原料にして，プラスチック，合成ゴム，化学肥料，石けん，薬品，化粧品などのさまざまな製品がつくられています。空欄にあてはまる語句をカタカナ３字で何といいますか。

問４　Ｃ県では，下の航空写真で見られるようなため池が大小１万4000以上あります。ため池がつくられた理由と，ため池の水の主な使いみちについて説明しなさい。

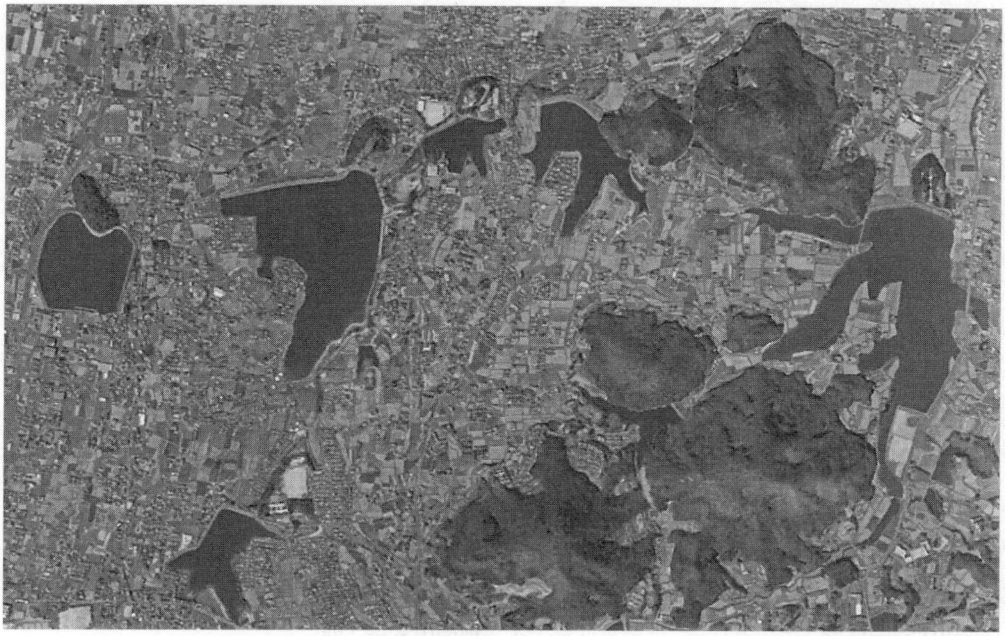

(Google Earthより作成)

問５　Ｄ県について述べた文として正しいものを次のア～エから１つ選び，記号で答えなさい。

ア　この県で夏に行われる阿波おどりには，多くの観光客が訪れます。

イ　この県の宍道湖は海水と淡水がまじりあった湖で，しじみが多く取れます。

ウ　この県の今治市はタオルの生産がさかんで，ブランド化されています。

エ　この県の境港市はマグロ・サバなどが多く水あげされ，日本を代表する漁港です。

問６　Ｅ県について述べた次の文の空欄にあてはまる語句や図の組合せとして正しいものをあとのア～エから１つ選び，記号で答えなさい。

Ｅ県では（　　①　　）が有名で，下の（　②　）がそれを示しています。

X

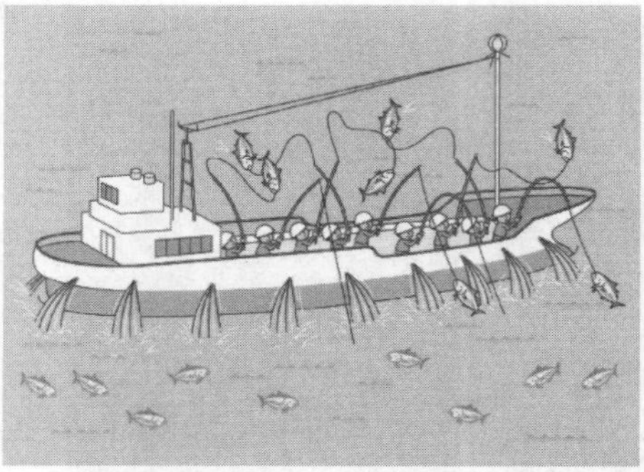

Y

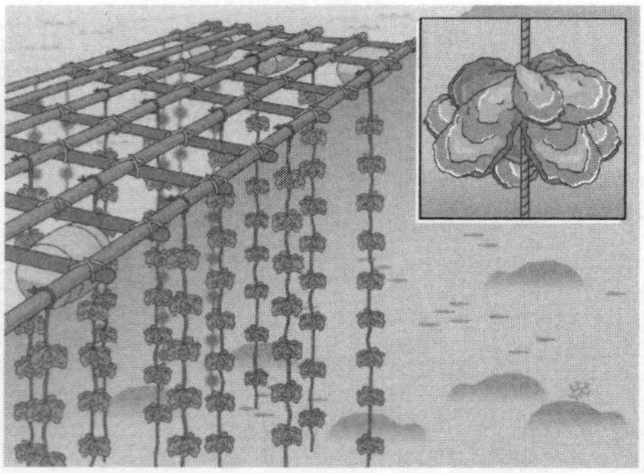

（農林水産省 Webサイトより）

ア　①―かつおの一本釣り　②―X　　イ　①―かつおの一本釣り　②―Y
ウ　①―かきの養殖　②―X　　エ　①―かきの養殖　②―Y

問７　昨年９月，西九州新幹線が開業しました。開業した区間として正しいものを次のア～エから１つ選び，記号で答えなさい。

ア　地図中Ｆ―Ｇ間　　イ　地図中Ｆ―Ｉ間
ウ　地図中Ｇ―Ｈ間　　エ　地図中Ｉ―Ｊ間

問８　Ｊ県に広がる，火山灰が積もってできた台地を何といいますか。

2　次の表を見て，あとの各問いに答えなさい。

日本三景	日本三大急流	日本天然三大美林
・松島（宮城県）	・①球磨川	・④津軽ヒバ
・天橋立（京都府）	・②富士川	・秋田スギ
・宮島（広島県）	・（　③　）	・（　⑤　）

問１　次の日本三景の写真の組合せとして正しいものをあとのア～エのうちから１つ選び，記号で答えなさい。

A

B

C

	A	B	C
ア	宮　島	天橋立	松　島
イ	宮　島	松　島	天橋立
ウ	松　島	宮　島	天橋立
エ	松　島	天橋立	宮　島

問２　下線部①が流れる熊本県について述べた文として正しいものを次のア～エのうちから１つ選び，記号で答えなさい。

ア　ぶたの飼育数が日本一で，茶の生産でも知られています。

イ　山陽新幹線の博多駅があり，その周辺はホテルや銀行が立ち並んでいます。

ウ　沖合を黒潮が流れ，ビニールハウスを使ったピーマンの促成栽培がさかんです。

エ　稲作と畑作がさかんで，特にたたみ表の原料となるいぐさはこの県で作られています。

問３　下線部②の下流でさかんな工業として最も適切なものを次のア～エのうちから１つ選び，記号で答えなさい。

ア　製　鉄　　　イ　製紙・パルプ　　　ウ　セメント　　　エ　造　船

問４　空欄③にあてはまる河川名を答えなさい。

問５　下線部④に関連して，津軽半島は（　　）トンネルで北海道と結ばれています。空欄にあてはまる語句を答えなさい。

問６　空欄⑤にあてはまる語句を答えなさい。

3 次の文章を読み，あとの各問いに答えなさい。

ユリさんのクラスでは，歴史の時間にグループになって興味のある時代をカードにしました。次のA～Dのカードについて，あとの各問いに答えなさい。

A	①鎌倉幕府　②室町幕府　③江戸幕府 将軍が政治を行った	B	縄文時代　弥生時代 いろいろな土器や④道具を使って工夫した
C	⑤奈良時代　⑥平安時代 貴族の文化が栄えた	D	⑦古墳時代　⑧飛鳥時代 強大な権力者が登場した

問1　下線部①について，鎌倉幕府は将軍が家来の領地を認めたり，新たに土地を与えたりしました。これを御恩といい，それに対し御家人は警備や戦時に出兵しました。これを奉公といいます。このように土地をなかだちとした主人と家来の関係を何制度といいますか。

問2　下線部①について，源氏の将軍が絶えると将軍をたすける執権が幕府を動かすようになりました。幕府の政治や裁判の基本とした御成敗式目を制定した執権は誰ですか。次のア～エのうちから1人選び，記号で答えなさい。

ア　北条時政　　イ　北条義時　　ウ　北条泰時　　エ　北条時宗

問3　下線部②について，室町幕府のしくみは鎌倉幕府にならったものでした。有力大名が任命され，将軍をたすけて室町幕府を動かす重要な役職は何ですか。

問4　下線部②について，8代将軍足利義政のときに，将軍や有力大名の後つぎ争いと幕府の主導権争いからおこった乱は何ですか。次のア～エのうちから1つ選び，記号で答えなさい。

ア　壬申の乱　　イ　保元の乱　　ウ　応仁の乱　　エ　島原の乱

問5　下線部③について，江戸幕府の政治は，非常時に大老がおかれることもありましたが，将軍のもとにおかれた老中が中心となって行いました。その老中をたすける役職は何ですか。

問6　下線部③について，将軍にとって京都の朝廷は注意しなければならない存在でした。天皇や公家の行動を監視するためにおかれた役所は何ですか。次のア～エのうちから1つ選び，記号で答えなさい。

ア　京都所司代　　イ　寺社奉行　　ウ　大目付　　エ　郡　代

問７　下線部③について，江戸幕府の中ごろには８代将軍徳川吉宗によって政治の立て直しが行われました。これを享保の改革といいます。この改革にあてはまらないものを次のア～エのうちから１つ選び，記号で答えなさい。

ア　公事方御定書を定めて，裁判の基準とした。

イ　株仲間を解散して，物価を下げようとこころみた。

ウ　目安箱を設置して，庶民の意見をきいた。

エ　上米の制を実施して，幕府の収入を増やした。

問８　下線部④について，縄文時代のゴミ捨て場である貝塚からは貝がらだけではなく，土器や石器，道具なども見つかっています。動物の骨や角でつくられた道具を何といいますか。

問９　下線部④について，弥生時代の祭りの道具（祭器）は何ですか。次のア～エのうちから１つ選び，記号で答えなさい。

ア　銅　鐸　　　イ　石包丁　　　ウ　かめ棺　　　エ　田下駄

問10　下線部⑤について，奈良時代，遣唐使によって唐の進んだ文化が取り入れられました。遣唐使について，あやまっているものを次のア～エのうちから１つ選び，記号で答えなさい。

ア　第１回遣唐使は犬上御田鍬だった。

イ　唐から来日した鑑真は，奈良に法隆寺を建てた。

ウ　遣唐使の航路は新羅との関係が悪化し，北路から南路や南海路に変わった。

エ　日本から唐にわたった阿倍仲麻呂はとうとう帰国できなかった。

問11　下線部⑥について，平安時代の摂関政治のころに国風文化が栄えました。紀貫之がかな文字で書いた最初の日記とは何ですか。

問12　下線部⑦について，３世紀半ばから４世紀にかけて，強大な権力者の墓である前方後円墳が近畿地方を中心につくられはじめました。この近畿地方の勢力が拡大すると各地に古墳がつくられるようになりました。大王を中心に豪族たちがまとまった政権を何といいますか。

問13　下線部⑧について，飛鳥に政治の中心がおかれていたころのこととして，正しいものを次のア～エのうちから１つ選び，記号で答えなさい。

ア　聖徳太子（厩戸皇子）は蘇我馬子を隋に派遣した。

イ　聖徳太子は聖武天皇の摂政として政治を行った。

ウ　飛鳥文化は最初の仏教文化で，インド・ペルシャ・ギリシアなどの文化の影響がみられる。

エ　飛鳥文化の寺院建築の代表的なものとして，蘇我馬子が建立した四天王寺がある。

問14　カードＡ～Ｄを時代の古い順に並べたとき，正しいものを次のア～エのうちから１つ選び，記号で答えなさい。

ア　Ｂ→Ｄ→Ａ→Ｃ　　　イ　Ｂ→Ｄ→Ｃ→Ａ

ウ　Ｄ→Ｂ→Ａ→Ｃ　　　エ　Ｄ→Ｂ→Ｃ→Ａ

4　次の文章を読み，あとの各問いに答えなさい。

2022年，東京国立博物館は開館150周年を迎えました。国立博物館の役割は文化財を収集し，最善の状態で保管・修復・展示して国民に優れた芸術や高度な技術を広めることです。収蔵品は約12万件，そのうち国宝89件，重要文化財648件を所有し，質・量ともに日本一の博物館です。

そのはじまりは1872年に湯島聖堂で開催された日本初の博覧会で，展示品は①岩倉使節団も訪れたウィーン万国博覧会への出品予定品が中心でした。この博覧会で日本の②伝統工芸品が展示され，日本庭園も造られました。③当時のヨーロッパにおける日本ブームもあって好評だったと伝えられています。

上野の寛永寺の跡地に博物館が建設されたのは1881年で，これは当時の「④富国強兵・⑤殖産興業」の国策に沿ったものでした。イギリス人建築家ジョサイア・コンドルの設計でしたが，⑥関東大震災で壊れ，現存していません。博物館とともに設置準備が進められていた⑦上野動物園もこの時に開園しました。このように，初期の博物館は美術館，自然史博物館，動物園，図書館を含む総合文化施設でした。当時の⑧博物館美術部長は岡倉天心，美術部理事はアメリカ人の美術史家アーネスト・フェノロサが務めていました。

この後，日本は⑨戦争で多くの文化財を失いました。その一方で美術品を地方に疎開させ，守った人たちも多くいました。そのおかげで今日，私たちは貴重な文物を見ることができるのです。

1947年（昭和22年）5月，東京国立博物館は⑩新憲法公布によって文部省の管理へと移りました。⑪1965年（昭和40年）のツタンカーメン展，1974年（昭和49年）のモナ・リザ展などは大きな反響を呼び，社会的な話題となりました。近年は新型コロナウイルスの影響もあって入場制限が設けられていますが，博物館を訪れる人の多さは世界でも有数で，多くの国民が貴重な文化的遺産に接する機会に恵まれている国はそう多くはありません。若いうちから本物の芸術に接する機会を持ち，他国の歴史や文化に敬意を持つことで，人々の人生は豊かなものになっていくのです。

問１　下線部①について述べた文として正しいものを次のア～エのうちから１つ選び，記号で答えなさい。

ア　勝海舟や福沢諭吉らを伴い，オランダから購入した咸臨丸が初めて太平洋を横断した。
イ　アメリカとヨーロッパの工場などを主に視察し，帰国後は八幡製鉄所建設に着手した。
ウ　江戸幕府が結んだ不平等条約の改正を目的に交渉を行ったが，成功しなかった。
エ　帰国後，西郷隆盛や大久保利通，板垣退助らは一致団結して国内の近代化に努めた。

問２　下線部②について，伝統工芸品の材料が産業革命により大量生産に成功した例があります。明治時代後半，日本の重要な輸出品となったものとその生産地の組合せとして正しいものを次のア～エのうちから１つ選び，記号で答えなさい。

ア　岐阜県―窯業《ようぎょう》　　イ　群馬県―製糸業　　ウ　青森県―漆器産業　　エ　島根県―和紙産業

問３　下線部③について，このような現象をジャポニスム運動と呼び，浮世絵がヨーロッパの画家たちに大きな影響を与えました。その代表的作品である「東海道五十三次」の作者を次のア～エのうちから１人選び，記号で答えなさい。

ア　雪　舟　　イ　狩野永徳　　ウ　菱川師宣　　エ　歌川広重

問４　下線部④について，この目的のために兵役を国民の義務とする令が出されました。これを何といいますか。

問５　下線部⑤について，この言葉の意味を説明しなさい。

問６　下線部⑥について述べた文として正しいものを次のア～エのうちから１つ選び，記号で答えなさい。

ア　北関東が大きな被害を受けたが，東京はそれほど大きな被害が出なかった。

イ　地震の影響で浅間山が噴火して溶岩が流れ出て，ふもとの村に大きな被害が出た。

ウ　震災後，身の危険を感じた社会主義者や労働運動の活動家が暴動を起こした。

エ　木造家屋が多かったため，火災が多数発生し，死者，行方不明者は10万人を超えた。

問７　下線部⑦について，ここにいるジャイアントパンダは，1972年の国交正常化を記念してある国から贈られました。その国と日本がのちに結んだ条約の組合せとして正しいものを次のア～エのうちから１つ選び，記号で答えなさい。

ア　中華人民共和国―――日中平和友好条約　　イ　中華民国―――サンフランシスコ条約

ウ　中華人民共和国―――ワシントン条約　　エ　中華民国―――日中共同声明

問８　下線部⑧について，岡倉天心とフェノロサは日本文化の保護と発展に努めたことで知られています。次の文のうち，当時の状況として正しいものを次のア～エのうちから１つ選び，記号で答えなさい。

ア　寺社の保護管理を厳しくし非公開としたため，仏像は全く人目に触れなくなった。

イ　神仏分離令により廃仏《はいぶつ》毀釈《きしゃく》が起こり，多くの仏像が破壊されたり海外に流出していた。

ウ　キリスト教が自由化され，多くの教会が建築された。政府の保護で西洋文化は地方まで広まった。

エ　天皇家との関係で寺院は手厚く保護されたが，神社は次第に衰退した。

問９　下線部⑨について，次の資料はある戦争の講和条約です。この時日本が戦った相手はどこの国ですか。

(1) 韓国が独立国であることを承認する　　(2) リャオトン半島，台湾を日本に割譲する
(3) ２億両（テール）の賠償金を支払う　　(4) …省略…
(5) 通商航海条約を新たに西洋諸国と同じ条件で結び，日本の治外法権や関税率を承認する

問10　下線部⑨について，次の資料はある戦争の時に発表された詩です。その戦争は何という戦争ですか。

あゝおとうとよ君を泣く　君死にたもうことなかれ　末に生れし君なれば　親のなさけはまさりしも　親は刃をにぎらせて　人を殺せとおしえしや　人を殺して死ねよとて　二十四までをそだてしや

問11　下線部⑩について述べた文として正しいものを次のア～エのうちから1つ選び，記号で答えなさい。

ア　旧憲法では内閣にあった主権が，新憲法では国民のものと明記され，成立の年に国連に加盟した。

イ　男女は平等だが，女性に選挙権が与えられるまでにはさらに10年以上かかった。

ウ　平和主義を掲げ，警察予備隊が武力を行使する場合は国会の決議が必要と示された。

エ　国民の基本的人権を尊重する新憲法に基づき，労働基準法の制定や税制改革が行われた。

問12　下線部⑪について，この頃の出来事について述べた次の文章の空欄に適する語句を答えなさい。

1964年に行われたアジア初の（　　　）をきっかけに，日本は目覚ましい発展を遂げました。（　　　）と同じ年に東海道新幹線も開通しました。

5　あとの各問いに答えなさい。

A　2022年4月，①成年年齢が20歳から18歳に引き下げられました。これにともない，裁判員に選ばれる年齢も18歳以上となりました。②今年から，高校生が裁判員に選ばれる可能性があります。

問1　下線部①について，成年年齢の引き下げによって，保護者の同意なく様々な契約をすることが可能となりました。一方で，契約をめぐる消費者被害にあう可能性もあります。そこで，消費者を守る制度として次のようなものがあります。この制度を何といいますか。

訪問販売などで消費者が契約したとしても，一定期間内であれば，一方的にその契約を解除することができる。

問2　下線部②について，裁判員に選ばれた人々の辞退率は年々上がっています。次の資料を見て，その原因として考えられることを，「審理」の語句を使って簡潔に説明しなさい。

年	2009	2010	2011	2012	2013	2014	2015
平均審理予定日数	3.4	4.2	4.8	5.4	5.5	5.7	6.1
辞退率	53.1％	53.0％	59.1％	61.6％	63.3％	64.4％	64.9％

（最高裁判所Webサイトより作成）

B　2022年5月，最高裁判所は，海外に住む日本人が最高裁判所裁判官の国民審査に投票できないのは，③憲法に違反するとの判決を下しました。

問3　下線部③について，裁判所は法律などが憲法に違反していないかどうかを判断する権限を持っています。この権限を何といいますか。

C　2022年７月，第26回④参議院議員通常選挙が行われ，⑤政権を担当する政党の議席が過半数をこえました。翌月には（　⑥　）国会が召集され，新しい参議院議長などが選ばれました。

問４　下線部④について，参議院では２つの選挙制度を組み合わせています。都道府県ごとに選ぶ選挙区選挙とあと１つは何ですか。

問５　下線部⑤のことを何といいますか。漢字２字で答えなさい。

問６　空欄⑥にあてはまる国会の種類を何といいますか。

D　2022年８月，外遊《がいゆう》中の岸田文雄⑦内閣総理大臣に代わり，野田聖子女性活躍担当大臣が⑧閣議をとり行いました。

問７　下線部⑦について，次の指示にしたがって，ア～エの記号で答えなさい。

ア…Ｘ・Ｙがともに正しい場合　　イ…Ｘのみ正しい場合
ウ…Ｙのみ正しい場合　　エ…Ｘ・Ｙともにあやまりの場合

Ｘ：内閣を構成する国務大臣の過半数は，国会議員でなければならない。
Ｙ：内閣総理大臣は，行政府の長である。

問８　下線部⑧について，次の文章中の空欄Ｘ・Ｙにあてはまる語句の組合せとして正しいものを次のア～エから１つ選び，記号で答えなさい。

内閣の方針を決める会議を閣議といいます。閣議は（　Ｘ　）で行われます。その決定は，出席者の（　Ｙ　）の同意が必要です。

ア　Ｘ：公開　Ｙ：過半数　　イ　Ｘ：公開　Ｙ：すべて
ウ　Ｘ：非公開　Ｙ：過半数　　エ　Ｘ：非公開　Ｙ：すべて

6　下の表は，令和４年度の国と地方公共団体の財政について比べたものです。あとの各問いに答えなさい。

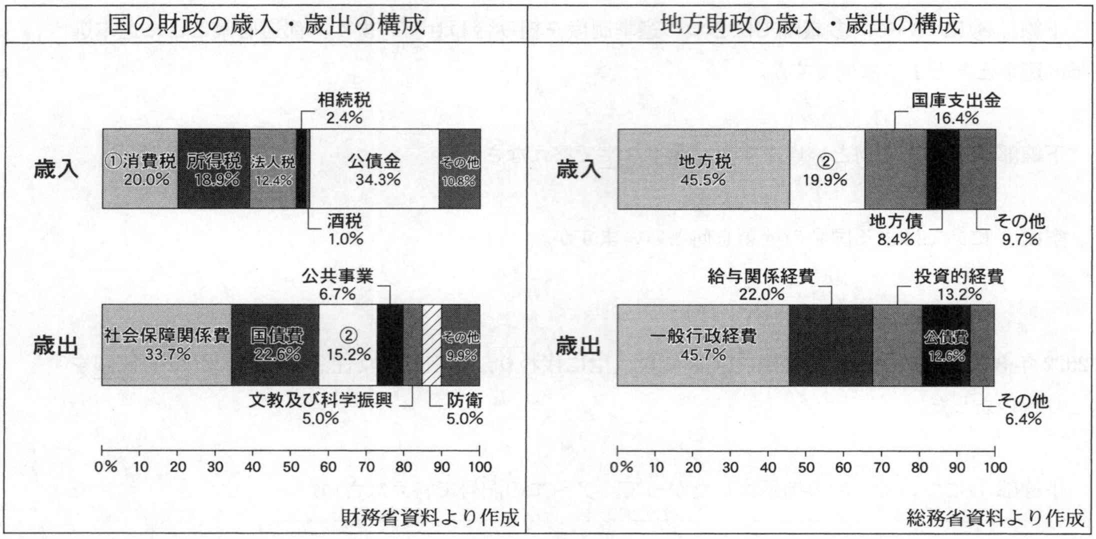

問１　グラフ中の①を説明した文として正しいものを次のア～エから１つ選び，記号で答えなさい。

ア　消費者が商品を買うときに支払う。

イ　消費者が税務署に直接納めに行く。

ウ　会社の利益に応じて支払う。

エ　所得に応じて税率が異なる。

問２　グラフ中の②に共通してあてはまる語句を答えなさい。

問３　上のグラフから読み取ることができる内容として最も適切なものを次のア～エから１つ選び，記号で答えなさい。

ア　国の歳出項目をみると合計特殊出生率が1.30であり，社会保障関係費の割合が最も低い。

イ　国の歳入の公債金と歳出の国債費は，同じ割合となっている。

ウ　地方公共団体が自由に使うことのできる地方税は，歳入全体の５割に満たない。

エ　地方財政の歳出項目では，給与関係経費の割合が最も高い。

7　すみれさんはロシアのウクライナ侵攻やその影響について考えました。次のカードは「国際社会の中の日本」についてまとめたものの一部です。あとの各問いに答えなさい。

> 核軍縮と日本について
> 世界各地でおきている紛争を解決し，また，その発生を防ぐために，軍縮は重要である。
> 中でも，核兵器については，冷戦期から今日まで，①制限，削減する試みが続けられてきた。
> 日本は唯一の被爆国として（　A　）をかかげ，核兵器の廃絶をうったえている。

> 国際社会と日本について
> （　B　）が進む中，日本は世界各国と貿易を行っているが，②為替相場は，日本の貿易に大きな影響をあたえている。また，日本は自国のみではなく，世界平和のためにも積極的な国際貢献が望まれる。

問１　上のカードの空欄Ａ・Ｂに入る語句の組合せとして正しいものを次のア～エから１つ選び，記号で答えなさい。

ア　A PKO ― B グローバル化　　イ　A PKO ― B モノカルチャー

ウ　A 非核三原則 ― B グローバル化　　エ　A 非核三原則 ― B モノカルチャー

問２　下線部①について，2022年に核拡散防止条約（NPT）の再検討会議が開かれました。この条約の内容として正しいものを次のア～エのうちから１つ選び，記号で答えなさい。

ア　地下以外での核実験を禁止した条約

イ　中距離核戦力を全面的に廃棄する条約

ウ　核爆発をともなう実験を禁止した条約

エ　核保有国以外の国が核兵器を保有することを禁止した条約

問３　下線部②について，次の文章中の空欄にあてはまる語句を漢字２字で答えなさい。

> 1ドルが100円のとき，アメリカで110ドルの靴は，日本円で11,000円となる。1ドルが140円になった場合には，同じ靴は15,400円となる。このような（　　　）は日本の消費者にとって不利となる。

【理　科】〈第３回試験〉（２教科合わせて90分）〈満点：100点〉

1　ばねとおもりを用いていくつかの実験をしました。以下の問いに答えなさい。ただし，ばねの重さは考えないものとし，おもりを取り去った後ばねは必ずもとの長さにもどるものとします。

（1） ばねＡにおもりをつるし，おもりの重さを変えながらばねの長さを測ったら，【図１】のグラフＡ（実線）のような結果になりました。

【図１】

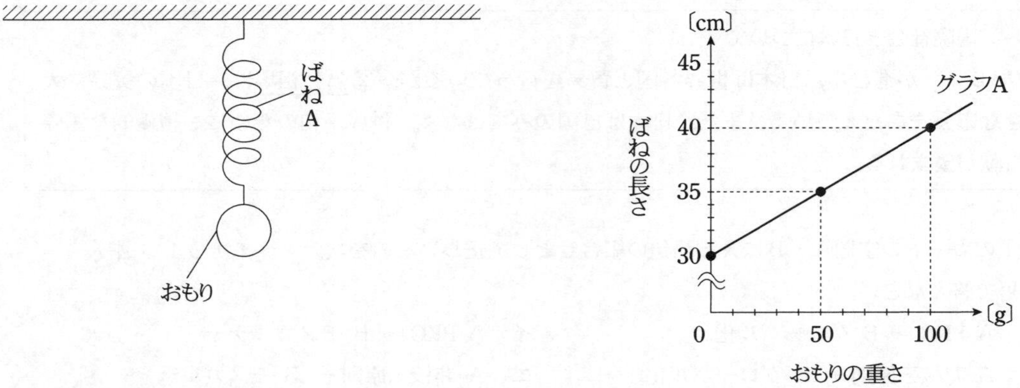

① おもりをつるしていないとき，ばねＡの長さは何cmですか。

② 50gのおもりをつるしたとき，ばねＡののびは何cmですか。

③ 75gのおもりをつるしたとき，ばねＡののびは何cmになりますか。

④ ばねＡに重さのわからないおもりをつるしたところ，ばねＡの長さが42.5cmになりました。おもりの重さは何gですか。

（2） 別のばねＢを用意して，（1）のように実験をして，その結果を【図１】に書き込んだところ，【図２】のグラフＢ（破《は》線《せん》）のような結果になりました。50gのおもりをばねＢにつるしたとき，ばねＢののびは何cmになりますか。

【図２】

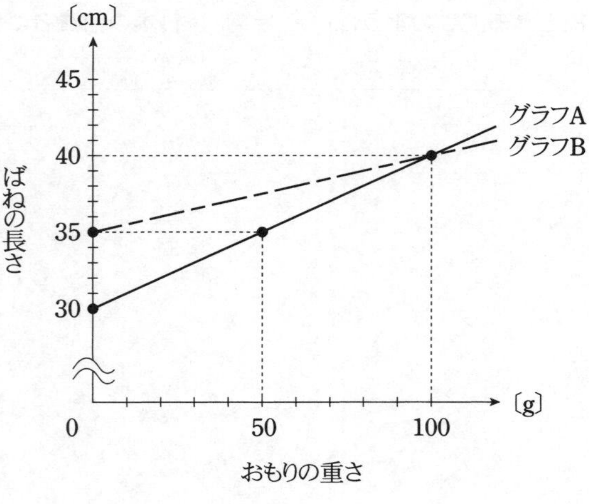

（３）【図３】のようにばねＡとばねＢを軽くて重さの無視できる棒の両端に結びつけ，棒の真ん中におもりを重さの無視できる糸でつるしたところ，棒が水平になってつりあいました。【図２】のグラフを利用して，以下の問いに答えなさい。

【図３】

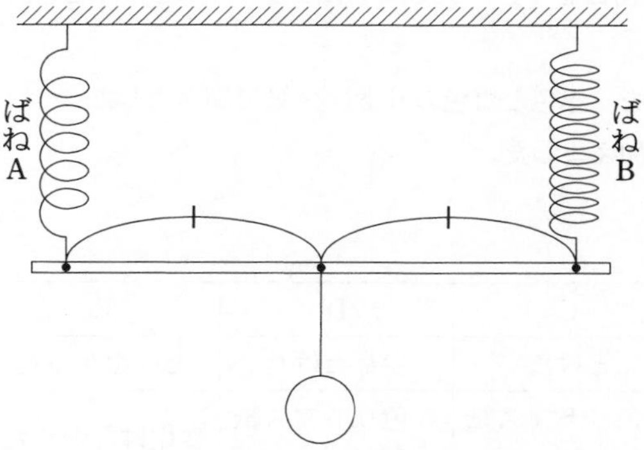

①　このとき，ばねＡ，ばねＢは同じ長さになっています。何cmですか。

②　棒につるしたおもりの重さは何ｇですか。

（４）　水を入れたビーカーを用意し，（３）のおもり全体が水中に入るように沈《しず》めました。おもりはビーカーの壁《かべ》にも底にも触《ふ》れていないものとすると，棒のかたむきはどのようになりますか。

①　あてはまるものを【図４】のア～ウから１つ選び，記号で答えなさい。

②　なぜ①のようになるのか理由を述べなさい。

【図４】

ア．水平のまま　　イ．ばねＡの方が高くなる　　ウ．ばねＢの方が高くなる

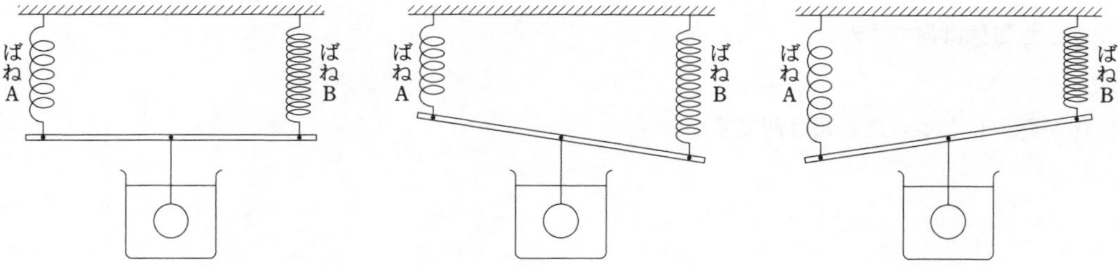

2 次の各問いに答えなさい。

（１） ５種類の白い物質がＡ～Ｅの容器に入っています。白い物質は，でんぷん，水酸化カルシウム，さとう，ホウ酸，食塩のいずれかです。白い物質の性質を調べるために次のような実験を行いました。

【実験１】 100ｇの水を５つ用意して，Ａ～Ｅの白い物質を１ｇずつ入れ，水にとけるかどうかを調べました。

【実験２】 Ａ～Ｅの水よう液または上ずみ液の性質を，赤色と青色のリトマス紙で調べました。

【実験３】 ＡとＢの白い物質を蒸発皿にとり，熱を加えました。

結果は下の表のようになりました。

	Ａ	Ｂ	Ｃ	Ｄ	Ｅ
実験１	とけた	とけた	とけた	少しとけた	とけなかった
実験２	変化はなかった	変化はなかった	青色リトマス紙が赤くなった	赤色リトマス紙が青くなった	変化はなかった
実験３	黒くこげた	変化はなかった			

① 【実験２】の結果から，ＣとＤが水にとけたときの性質はどれですか。次のア～ウから１つずつ選び，記号で答えなさい。

ア．酸性　　　イ．中性　　　ウ．アルカリ性

② Ａ，Ｂ，Ｃ，Ｄ，Ｅの白い物質はそれぞれ何ですか。でんぷん，水酸化カルシウム，さとう，ホウ酸，食塩から１つずつ選んで答えなさい。

（２） 同じこさのうすい塩酸が入った４つのビーカーに，鉄，アルミニウム，銅，亜鉛《あえん》の金属をそれぞれ入れ，気体が発生するか観察しました。４つのビーカーのうち，１つだけ気体は発生しませんでした。

① 発生した気体は何ですか。

② 気体が発生しなかった金属は何ですか。

（３）　酸素と二酸化炭素のつくり方と性質について，表の①～⑧に適するものを，下の〈語群〉から１つずつ選び，記号で答えなさい。ただし，同じ記号は１回しか使えません。

	酸素	二酸化炭素
気体のつくり方	①	②
気体の集め方	③	④
火のついたマッチをいれる	⑤	⑥
水へのとけやすさ	⑦	⑧

〈語群〉
ア．石灰石にうすい塩酸を加える　　イ．二酸化マンガンに過酸化水素水を加える
ウ．上方置換《ちかん》　　エ．下方置換
オ．水上置換　　カ．よく燃える
キ．ポンという音がして燃える　　ク．すぐ消える
ケ．少しとける　　コ．とけにくい

3　ゆり子さんは【図1】のような水そうを用意して，メダカを飼育することにしました。【図2】はメダカの子どもをスケッチしたものです。メダカの飼育方法やメダカの持つ特徴《とくちょう》について以下の問いに答えなさい。

【図1】

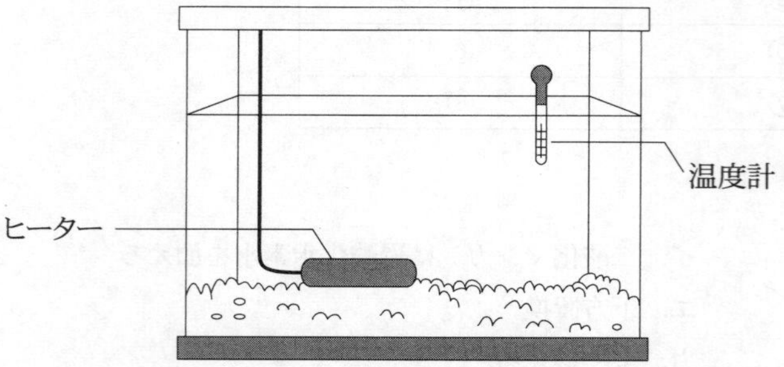

【図2】

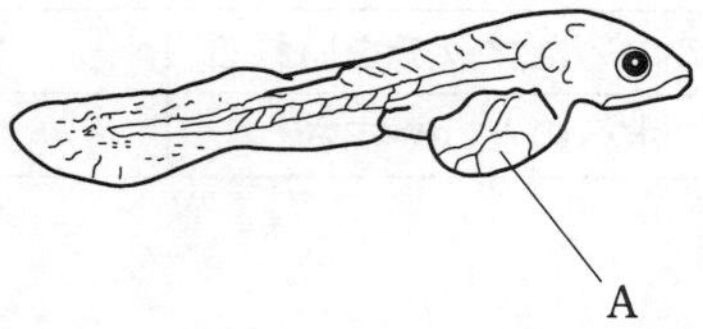

（1）　メダカの飼育方法について次の文中の①～④について，それぞれ適切なものを選び，記号で答えなさい。

> メダカを入れる水そうは，日光が直接①（㋐当たる ／ ㋑当たらない）明るい場所に置く。水そうの水がにごってきたら，水道水を②（㋐そのままの ／ ㋑くみ置いた）ものを，③（㋐少しずつ ／ ㋑一度にすべて）取りかえるとよい。
>
> また，水そうにはオスとメスを数匹ずつ入れ，水温はおよそ④（㋐ 5 ℃ ／ ㋑ 25℃）に保つようにする。

（2）　メダカを飼育するために，【図1】の水そうにオオカナダモなどの水草を入れる必要があります。メダカを飼育するために水草を入れる理由を，2つ答えなさい。

（3）　野生のメダカは3～8月，産卵の時期がくると，オスがメスに近づいてならんで泳ぐようになります。メスの腹がふくらみ，少し卵が見え始めると，オスが卵に精子をかけます。このとき，卵と精子が結びつくことを（　ア　）といい，それによってできた卵を（　ア　）卵といいます。文中の（　ア　）にあてはまる語句を答えなさい。

（4）（3）の（　ア　）卵は3日経つと，卵の中に目のようなものができてきます。9日後には赤い液体が動いて見えるようになります。この赤い液体が何か答えなさい。また，この赤い液体はある臓器から全身におくり出されます。このポンプのはたらきをする臓器は何か答えなさい。

（5）　卵を産みつけてから，およそ12日後には，ふ化して水中を泳ぎ始めます。【図2】のAは，メダカの子どもの腹についているふくろを指しています。このふくろは成長するにつれて小さくなり，やがて無くなります。このふくろの中には何が入っているか答えなさい。

(6)　メダカの子どもは，成長して約5カ月を過ぎると産卵するようになります。メダカのオスとメスを見分ける方法の1つに，背びれの形のちがいがあります。どのようなちがいがあるか簡単に説明しなさい。

(7)　メダカは，小川などの流れのある場所でも生育しています。下流に流されないために，流れに逆らって泳ぎ，生育する場所を保とうとする性質を持っています。そこで，次のような実験を行いました。

まず，500 mL のビーカーにメダカを4匹入れます。【図3】のように，黒いサインペンで等間隔《かんかく》にしま模様を描いた画用紙で，ビーカーの外側をおおい，テープでとめます。画用紙の外側にストローをはりつけます。ストローの部分を持ち，ビーカーの外側の画用紙だけを右回りに回します。

【図3】

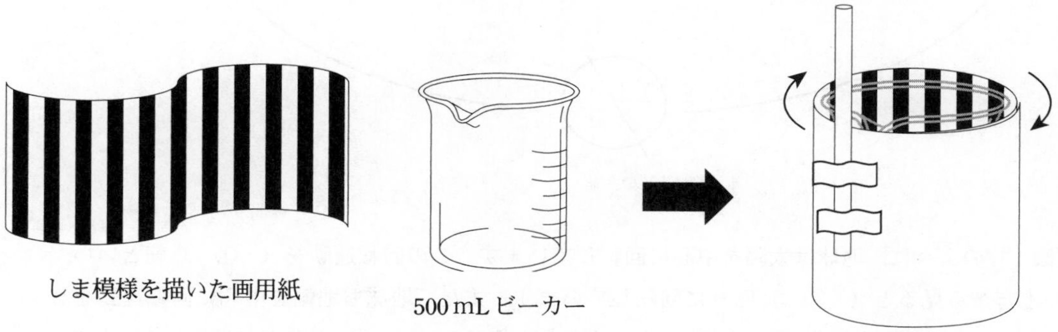

①　このとき，ビーカーの中のメダカはどのように泳ぎますか，簡単に答えなさい。

②　ゆり子さんは①の結果から考えられることを次のようにまとめました。
下の（　i　）・（　ii　）にあてはまる語句をそれぞれ答えなさい。

「　メダカは，（　i　）で縦しま模様を見ていて，まわりの（　ii　）が動くと自分が流されていると感じている。」

4 次の各問いに答えなさい。

（1） 文章中の（ ① ）～（ ⑨ ）に適する語句または数値を答えなさい。

【図1】

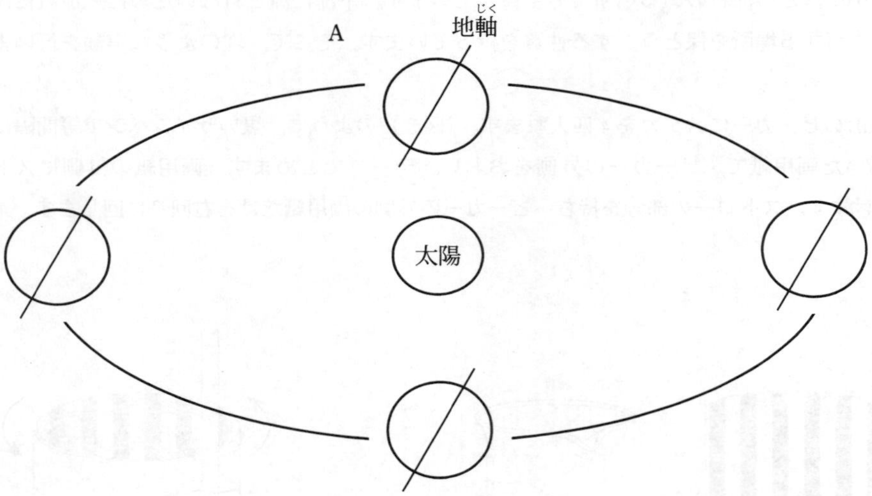

【図1】のように，地球は太陽を中心に回転しています。この回転運動を（ ① ）転といい，図の上方から見ると（ ② ）回りに回転しています。また，地球も地軸を中心に回転運動をしており，この回転運動を（ ③ ）転といい，北極側から見ると（ ② ）回りに回転しています。（ ① ）転の回転周期（1回転するのに要する時間）は約（ ④ ）日で，（ ③ ）転の回転周期は約（ ⑤ ）時間です。

【図1】で示したように，（ ① ）転の回転面に対して地軸は垂直ではなく，少しかたむいています。このかたむきがあるために，日本では4つの季節が現れます。【図1】のAの位置に地球があるときの日本の季節は（ ⑥ ）になります。

台風ができる仕組みに，この地球の（ ③ ）転が大きくかかわってきます。台風は熱帯の太平洋上で低気圧の場所から発生します。海面が（ ⑦ ）であたためられ，海水が蒸発し，水蒸気が発生します。あたたかく水蒸気をふくんだ空気は軽く，また上空の風（貿易風）の影響《えいきょう》を受けて（ ⑧ ）気流となり，雲（積雲や積乱雲）を形成します。この過程を経て発達すると熱帯低気圧となり，さらに発達する（中心付近の風速が17.2 m/s を超える）と台風となります。

北半球の台風は，地球の（ ③ ）転の回転方向の影響を受けながら激しい（ ⑧ ）気流によって雲を発生し，地表付近では中心に向かって（ ② ）回りに強風が吹き込んでいます。

台風による雨や風の強さは，台風の進行方向に対して（ ⑨ ）側が強いです。

また，台風は南半球でも発生します。

（2）（1）の下線部の理由を答えなさい。

（３） 南半球の台風の風向きを表している図を（ア）～（エ）から選び記号で答えなさい。

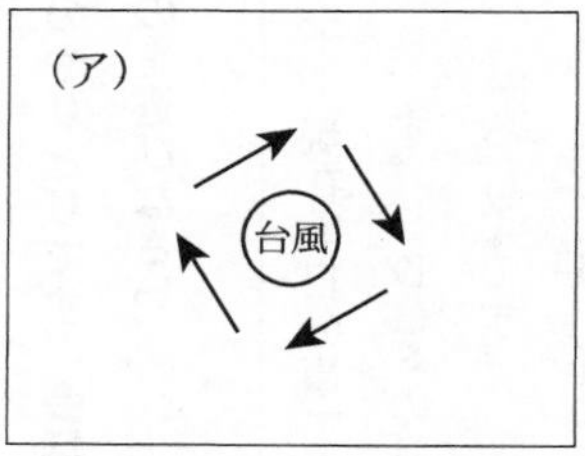

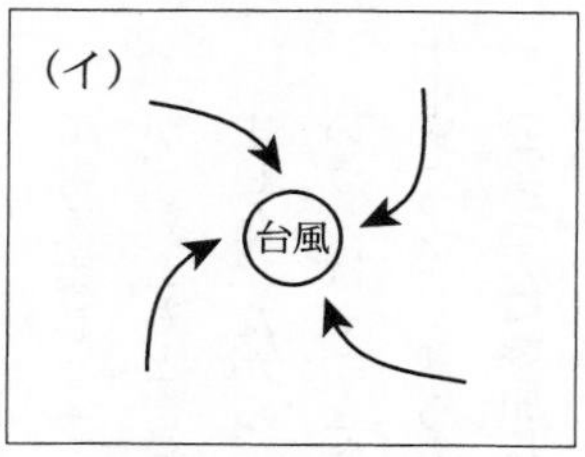

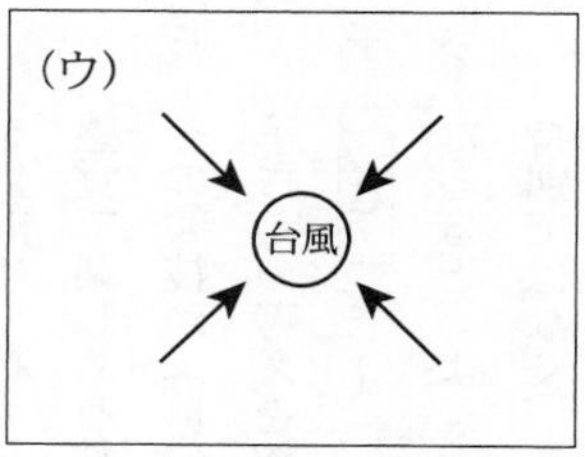

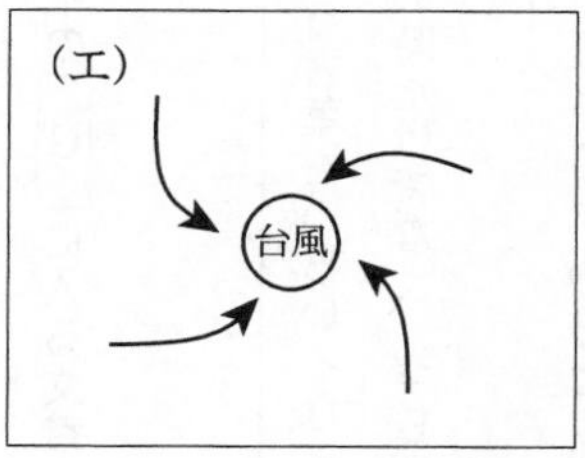

問十六　次に示すのは、工藤さんの文章を読んだ後の、花子さんとある友だちのやりとりです。会話文中の［G］に入る文章として最も適切なものを選びなさい。

花　子―現在「自分事」という言葉をいろいろなところで聞きます。ＳＤＧｓの話題の時だけでなく、学校でもよく耳にする言葉です。

友だち―最近では担任の先生が私たちに「『私には関係ありません』ということではなく、「自分事」、つまり、自分の問題として考えましょう」と注意しました。頭ではわかるのですが、もともと自分と他人は違うので、理解しにくいと感じました。だから、ＳＤＧｓでの「自分事として行動を」というのはもっと難しく感じます。

花　子―そうでしょうか。私はその言葉を目にした時「スポGOMI」に参加したことを思い出しました。これは海洋汚《お》染《せん》につながる海辺のゴミ問題を自分事としてとらえることを目的に、拾ったゴミでポイントを争うという、スポーツ感覚で楽しめる競技です。

友だち―その競技が「自分事」とどう関係があるのでしょうか。花子さんの考えを教えてください。

花　子―［G］

友だち―なるほど、よくわかりました。この競技の時だけが決して特別ではなく、普段から身近な「こと」や「もの」に「自分事」を重ねて向き合っていきたいですね。

ア、はじめはゴミ拾いが楽しくて何も考えず手を動かしました。けれども、環境に有害なゴミはポイントが高いと気づき、ゴミでも地球に優しいかそうでないかを意識できるようになりました。このように、私たちの捨てるゴミが環境に有害かどうかの確認を人任せにしないで「自分事」として意識を持つのが大事だと思います。

イ、はじめは参加に意味があると、参加者と交流しながら勝ち負けも気にせずに時間を過ごしました。けれども、集まったゴミの量を見て、私たちの身勝手な行動を変えなければならないと決心しました。このことから、目の前の「自分事」からできる範囲で行動することが、地球に暮らす全ての生き物の使命だと思います。

ウ、はじめは勝ちたい気持ちだけでゴミ拾いをしていました。けれども、競技を経験し、一度の参加で変化がなくても、続けた結果、海からゴミを無くすことができたら、私たちの未来も変わるのかもしれないと考えるようになりました。このように、考えたり想像したりすることが「自分事」なのではないかと思います。

エ、はじめは外国から流れつくゴミが多いことに驚《おどろ》くばかりでした。けれども、海には潮《しお》の流れがあり、日本で出したゴミもどこかの外国の海辺に流れ着いているのだと危機感を持つようになりました。このことから、海の潮の流れにゴミが乗る前に防ぐ政策を、全ての国が「自分事」として考えるべきだと思います。

問十二　――線⑯「気候変動やSDGsに代表されるような全地球的なアジェンダについて考えるときには『地球』や『グローバル』というような、スケールがとても大きい主語が必要になります。」の理由として最も適切なものを選びなさい。

ア、全ての人に関係があるのだという意識が必要であるから。
イ、大きな主語を使えば全人類において不平等感がなくなるから。
ウ、立派な主語を定めて全ての人の行動に責任を持たせたいから。
エ、全地球的な問題に取り組み始める時期を全員同じにしたいから。

問十三　――線⑰「こうした特徴を持った『私たち』」の説明として最も適切なものを選びなさい。

ア、考え方のくせが似ているために自然と集まってきた人々が、「私たち」と言っても、不自然ではない主語。
イ、顔も合わせたこともないが、似た考えを持った人々が無意識に「私たち」と表現しても、仲間と承認される主語。
ウ、世界をさまざまな角度から見直そうとする人々が、「私たち」と表現しても、少しも否定されない主語。
エ、いろいろな物の見方や考え方を持つ人々の集団が、それぞれの場面で「私たち」と言っても、問題ない主語。

問十四　――線⑱「全人類が共通して合意できそうな範囲まで、議論する時の単位をズームアウトして大きくしていくことで、個々の国や地域の文脈のことは基本的に誤差として扱われます。」の説明として最も適切なものを選びなさい。

ア、「グローバル」のような大きな主語を使うと、個々の地域の課題となっていたことも、自然と解決するということ。
イ、「グローバル」のような大きな主語にすり替《か》えると、個人の希望が世界の希望となり、誰かが全力で叶《かな》えてくれるということ。
ウ、「グローバル」のような大きな主語で議論をすると、個別の話題は小さなものとして、取り上げられなくなるということ。
エ、「グローバル」のような大きな主語を採用すると、個々の問題が気にならなくなり、どんな難題も必ず合意に至るということ。

問十五　――線⑲「全地球をひとつの単位として『私たち』という感覚を持つことができる」の理由として最も適切なものを選びなさい。

ア、「私たち」は小さな主語にも使うため、自分を優先に語れるから。
イ、「私たち」は自分を含むため、自分のことと受け止められるから。
ウ、「私たち」は使う範囲がせまいため、自分の役割が存在するから。
エ、「私たち」は親しい人を内包するため、自分の関心が高まるから。

問六　A ・ B に入る言葉の組み合わせとして最も適切なものを選びなさい。

ア、A「専有」　B「共有」　　イ、A「有形」　B「無形」

ウ、A「天然」　B「人工」　　エ、A「外側」　B「内側」

問七　C ・ D に入る言葉を選びなさい。

ア、たとえば　　イ、しかし　　ウ、そして　　エ、だから

オ、さて

問八　——線⑫「サステイナビリティについて、ひとつの統一された主語で語るということには、実は大きな難しさがあります。」の理由として最も適切なものを選びなさい。

ア、サステイナビリティの目的を定めず各自で考えると、将来世代のことより、今の利益を優先してしまうから。

イ、サステイナビリティについて相談すると、「まもる・つくる・つなげる」の互いの尺度が一致しないのは、当然だから。

ウ、お互いのサステイナビリティを語り始めると、課題の大きさに気づかされ、責任の押しつけ合いが始まるから。

エ、複数の人が個々の考えるサステイナビリティを主張し合うと、互いの考えが合わず、争いを起こしてしまうから。

問九　——線⑬「必ずしも全ての国のリーダーたちがそうした先進国の若者を中心とした気候変動に対する社会運動に対して好意的な受け取り方をしたわけではありませんでした。」の理由について、次の E ・ F に入る二十字以内の言葉を、それぞれ文中から抜き出しなさい。

先進国が E に対して、 F ように要求したと受け止めたリーダーもいたから。

問十　——線⑭「それぞれの立場からの異なる正義の押し付け合い」について、反対の意味内容の言葉をこの前の段落から五字で抜き出しなさい。

問十一　——線⑮「こうした側面」の説明として最も適切なものを選びなさい。

ア、「自分事」という言葉に、行動を起こさなかったことを非難されるように感じてしまうこと。

イ、「自分事」という言葉によって、無理やり関わりを持たされたように感じてしまうこと。

ウ、「自分事」という言葉を使うことで、課題を与えられたような使命感を感じてしまうこと。

エ、「自分事」という言葉で、これからの行動に制限をかけられたように感じてしまうこと。

「私たち」は、ここで紹介してきた家族や友人、職場や学校の知人、同じ地域に暮らす人々というような、そこに含まれる人々を個人単位で認識できたり、そうしたいと思えば直接にコミュニケーションが取れる範囲とは本質的に異なる性質のものでしょう。

（工藤《くどう》 尚悟《しょうご》『私たちのサステイナビリティ―まもり、つくり、次世代につなげる』）

*和訳…外国語を日本語に訳すこと
*潜在的…見えないが中にかくれている様子
*普遍的…すべてに共通している様子
*概念…おおまかな内容
*深慮する…深く考える
*喚起する…指摘して気づかせる
*アジェンダ…課題
*内包…中に含み持っていること

問一 ――線①「テイショウ」・②「イト」・⑤「ザイゲン」・⑨「ハカル」を漢字に直しなさい。送り仮名が必要な場合はそれも書きなさい。

問二 ――線③「サステイナビリティの意味」を三十字で、④『持続可能性』の言葉としての意味」の説明を三十四字で文中から抜き出し、最初と最後の五字を答えなさい。

問三 ――線⑥「ニュアンス」・⑩「ネック」・⑪「嚙み砕いて」のここでの意味として最も適切なものを選びなさい。

⑥ニュアンス
ア、ふくみ　イ、ふかみ　ウ、なかみ　エ、おもみ

⑩ネック
ア、盲《もう》点　イ、難点　ウ、汚《お》点　エ、利点

⑪嚙み砕いて
ア、うやむやにして　イ、ばらばらにわけて
ウ、じっくりと考えて　エ、わかりやすくして

問四 ――線⑦「こうした状況」の説明として最も適切なものを選びなさい。

ア、和訳が「持続可能性」では、本来のサステイナビリティを使いたい対象が異なってくるということ。
イ、和訳が「持続可能性」では、地球規模の問題を解決するための言葉として力不足だということ。
ウ、和訳が「持続可能性」では、サステイナビリティの大切な意味が表現しきれていないということ。
エ、和訳が「持続可能性」では、若者には好んで使ってもらえない言い方になっているということ。

問五 ――線⑧「その新しい和訳を考えてみると、それは『まもる・つくる・つなげる』がよいのではないかと考えています。」の理由を「から。」が続くよう文中から十五字で抜き出し、最初と最後の三字を答えなさい。

暮らしている時間や空間とはスケールがかけ離《はな》れたものでもあり、なかなか手触《てざわ》り感のない話です。

それでは、サステイナビリティについて考えるときの主語を「私」から「私たち」にすると何が起こるのでしょうか。まず、「私たち」が示す範囲について考えてみたいと思います。

読者の皆さんは「私たち」という表現を使うとき、どのくらいの範囲の人々が含まれている感覚があるでしょうか。あなたの両親や兄弟くらいの範囲の人たち、職場や学校で親しくしている人たち、住んでいる場所のご近所さんや町の人たちなど、複数あることと思います。もちろん、物理的な空間に囚《とら》われる必要はなく、SNSなどを通じたオンライン上の知り合いやグループという範囲もありえます。こうしたそれぞれの範囲において個別に形成される「私たち」において、大事にされている物事は、共通するものと異なるものがあると思います。例えば家族の範囲の「私たち」と、職場や学校の人たちの範囲の「私たち」では、大事にしている価値観が違《ちが》っているでしょう。しかし、私たちはそうした複数の「私たち」の間を行き来し、異なる意見や価値観を上手く受け入れながら、日々を暮らしています。

このことが何を意味するのかというと、まず「私たち」という主語は最初から複数の境界を含んでいるということです。「私たち」と発するときに、それはそのときそのときの文脈によって異なる範囲の人々を示しており、その範囲の人たちが共有している価値観を参照しています。例えば、家族のことを指して「私たちは（私たち家族は）」と言うこともあれば、住んでいる町のことを指して「私たちは（私たちこの町の人間は）」と言っていることもあるでしょう。つまり、「私たち」は多元的に世界をとらえるために私たちがほぼ無意識のうちに日々使っている共同的な主語なのです。別の言い方をすれば、「私たち」という主語は、複数の異なる価値観を持った集団を併存《へいぞん》させています。

⑰こうした特徴《とくちょう》を持った「私たち」という主語でサステイナビリティを考えるということは、その時点で複数のサステイナビリティがあることを受け入れ、それらのあり方を考えるということになり、「何をまもり、つくり、つなげていくのか」というサステイナビリティの中心的な問いに対して、無理なく、複数の異なる回答を持つことにつながっていきます。

SDGsのような地球規模の共通目標は長年にわたる交渉を経て設定されています。この過程で起きていることは、地球全体を意味する「グローバル」という単位を当てはめることによって、国際的な合意に至ることができる「大きな主語」を採用することです。こうした大きな主語は、国や地域によって異なる意見を、全て内包*しているという空気感をつくり出すことができます。⑱全人類が共通して合意できそうな範囲まで、議論する時の単位をズームアウトして大きくしていくことで、個々の国や地域の文脈のことは基本的に誤差として扱《あつか》われます。しかし、そうした思い切り引きの視点に立ったときに起こることは、個別の文脈における「小さな主語」の喪失《そうしつ》ではないでしょうか。少なくとも、こうした大きな主語で語られるものは、私たちが日々往来している複数の「私たち」のような、日々の暮らしのなかで使われる小さな主語が語りやすい部類の話題ではありません。

或いは地球市民（グローバルシティズンシップ）のように、この世界に住む一人ひとりが地球という惑星《わくせい》の住民であり、そのことによって果たすべき義務や責任があるのだ、という考え方もあります。これは言い換えれば、⑲全地球をひとつの単位として「私たち」という感覚を持つことができるという主張です。しかし、こうした非常に大きなスケールで語られる

続く大人世代に適切な行動を要求するデモが大変話題になりました。彼女の行動に賛同し実際に自分たちでもデモを組織したり参加したりした若者が世界中にいた一方で、⑬必ずしも全ての国のリーダーたちがそうした先進国の若者を中心とした気候変動に対する社会運動に対して好意的な受け取り方をしたわけではありませんでした。既《すで》に産業化を果たし、経済面でも教育や医療福祉《いりょうふくし》の面でも豊かになった国々の若者が発したメッセージには、イトせずに、今まさに彼らの国のように豊かになることを目指している開発途上国に対して、これまでに様々な環境負荷《ふか》を生じさせた上で豊かになった国々が、これ以上の資源利用や炭素排出《はいしゅつ》をしないように要求するような側面があり、そのことが強い反発を生みました。このように、気候変動という全人類に共通の課題についてさえ、私たちはその対策に求められる国際的な合意にたどり着くために、長い年月にわたるタフな交渉《こうしょう》を繰《く》り返してきているのです。

気候変動のように世界的に重要とされる課題についても、⑭それぞれの立場からの異なる正義の押《お》し付け合いが生じるのであれば、やはりそうした対話のなかでどのような表現を用いるかについて*深慮する必要があります。

例えば、ＳＤＧｓがメディアで取り上げられる際に「自分事」という表現が頻出します。ＳＤＧｓはどこか遠くの国の知らない誰かの話なのではなく、自分たちの国や地域で今まさに起きている諸課題を解決していくために必要なものであり、個々人がＳＤＧｓを自分事として行動していく必要がある、そうした責任が私たち一人ひとりにはあるのだ、と語りかけてきます。読者の皆《みな》さんはこうした個人の行動を*喚起《かんき》するメッセージに対してどのような印象を持たれているでしょうか。

私は「自分事」のように個人の行動と責任を強調する表現は、効果的な場面とそうでない場面があると思います。ＳＤＧｓや社会課題などについて「自分事として行動を」と言われると、自分がどう関われるのかを考えるきっかけになる反面、今までそのことについて特に詳しく知ろうとも何か行動しようともしていなかったことについて少し責められたような気がして、多少の居心地の悪さを感じてしまったりもするものです。

⑮こうした側面がありつつも、個人の行動や責任を強調するメッセージは今後もさらに加速していくような予兆があります。例えば、気候変動に対してグローバルな倫理《りんり》観を示す「地球規模の正義（Planetary Justice）」や、環境を全人類で共有している資源であるとする「グローバルな公共財（Global Commons）」というような考え方が国際学会などで頻繁に登場するようになってきています。こうした「地球」や「グローバル」という全ての人々を含んだ主語を用いて一人ひとりの行動を促《うなが》そうとする語りは、あるひとつの考え方を示すことで、それとは異なる意見を説得するようなコミュニケーションになっています。私はこうした論調が出てくる要因は「個人」を主たる単位として議論が組み立てられているからだと見ています。こうした語りが必ずしも全ての社会に馴染《なじ》むわけではないでしょうから、より集団的な意識の強い社会に向けては、異なる主語を用意する必要があるでしょう。私は、その主語こそが本書のタイトルにもある「私たち」だと考えています。

⑯気候変動やＳＤＧｓに代表されるような全地球的な*アジェンダについて考えるときには「地球」や「グローバル」というような、スケールがとても大きい主語が必要になります。これらの主語を用いて語られるのは、地球的課題に全人類が協力して取り組む必要があり、そのことについて「私」という個人が適切に行動しているかどうか、責任を果たしているかどうか、という世界観です。ですが、こうした話は私という一個人が日々

という意味合いを含んだ表現を考えてみました。色々な表現を検討しながらも、本章を書いている今日のところまでいちばん納得《なっとく》感があるのが、次の表現です。

サステイナビリティとは、今日まで私たちの社会のなかで大事にされてきたことをまもりながら、これから新しく私たちの社会のなかで大切にされてほしいことをきちんと大切にできるような仕組みをつくり、さらにそのような考え方を次世代につなげる、という考え方のこと。

サステイナビリティをこのようにとらえ直し、再定義した上で、では⑧その新しい和訳を考えてみると、それは「まもる・つくる・つなげる」がよいのではないかと考えています。

ここでの「まもる」は、「守る」であり「護《まも》る」です。これまで私たちの社会のなかで大切にされてきた物事や価値観を守り保全しながら、外から害を受けないようにかばい保護することです。これには自然環境や遺産《いさん》など**A**のものも、それぞれの地域の風土に根ざした民俗《みんぞく》芸能や信仰《しんこう》、伝統知のような**B**のものも含まれます。

「つくる」は、「作る」であり「創る」です。物理的なものや仕組みを作ることであり、アイデアや価値を創ることです。これには、低炭素社会への転換《てんかん》を⑨ハカルために必要な環境技術の開発や、我々の社会に生まれる全ての子どもたちが毎日栄養のある食事を取ることができ、質の高い教育を受けることができるようにするための仕組みというようなものも含まれます。

そして「つなげる」は、「繋《つな》げる」であり「継承《けいしょう》（継《つ》いで承《うけたまわ》る）」です。人々がつながって「私たち」という共同的な主語を持つことであり、世代を超《こ》えたつながりを意味します。ここでのつなげるは、これまで私たちが社会としてまもってきたこと、これからの世の中をより良くするために新しくつくったことを、将来世代へと手渡していくことです。

こうしてサステイナビリティを「まもる・つくる・つなげる」こととらえると、いずれもが日常会話のなかでも頻繁《ひんぱん》に使う動詞ですから、より社会に広く浸透《しんとう》しやすくなるでしょう。また、これまで「持続可能な開発」と言われてきたものについても「まもり、つくり、次世代につなげる開発」と表現してみてもよさそうです。表現としてやや長いのが⑩ネックかもしれませんが、その場合には、「持続可能性とは、まもり、つくり、つなげることだよ」というように、難しい言葉をその意味を⑪噛《か》み砕《くだ》いて子どもに教えるときのように、持続可能性の副題として使ってみるとよいと思います。

C、サステイナビリティの定義を「将来世代にまもり、つくり、つなげていきたいことを考え行動していくこと」とすると、次に考える必要があるのは、どのような主語でこれを語っていくのかということになります。⑫サステイナビリティについて、ひとつの統一された主語で語るということには、実は大きな難しさがあります。それは「何をサステイナブルにするのか（何をまもり、つくり、つなげていくのか）」ということについて答えるときの主語を、一個人の「私」にしてしまうと、私が考えるサステイナビリティと他人（他の「私」）が考えるサステイナビリティが、頻繁に衝突《しょうとつ》を起こしてしまうからです。将来世代にわたってまもり、つくり、つなげていきたいと考える事柄について、私たちが全会一致《いっち》で合意できたならば、その実現のために必要な行動もきっとスムースに進めていけるのでしょう。**D**、実社会においてはそのような合意が取れるということは非常に稀《まれ》なことです。

二〇一八年八月、スウェーデンの一〇代の環境活動家であるグレタ・トゥーンベリさんがはじめた気候変動のための学校ストライキと、それに

第1章でもご紹介《しょうかい》しましたが、③サステイナビリティの意味は、その語源にさかのぼるとイメージがつかみやすいです。「サステイナビリティ(Sustainability)」の動詞である「sustain（持続する）」の語源はラテン語の「sustinere」であり、「下から支える・支え続ける」という意味でした。「Sustainability」という語の後半には「-ability（～することができる能力）」がついていますから、サステイナビリティは、ある対象について「下から支えて（ある物や事を）維持《いじ》する能力」という意味になります。広げた両手のなかであるものを下から支えて持ち、将来世代に手渡《てわた》すというイメージが浮《う》かびます。

では、④「持続可能性」の言葉としての意味を見ていきましょう。「持続」は「ある状態がそのまま続くこと・ある状態を保ち続けること」、そして「可能性」は「物事が実現できる見込《みこ》み・物事の持つ*潜在《せんざい》的な発展性」です。持続可能性はこれらが合わさった言葉ですから、つまり「物事がある状態でそのまま続いていくこと、または続いていける見込み」ということになります。これですとサステイナビリティが持つ意味合いが、特に後半の「-ability（～することができる能力）」の部分を中心に抜《ぬ》け落ちてしまっています。

さらに、行動の主体となる者について意味するところも異なります。サステイナビリティは、持続したいと考える対象を下から支え続けることですから、そこにはその行為《こうい》をする者が常にいることになります。それは個人や集団、或《ある》いは社会全体かもしれませんが、いずれにせよそうした行為ができる能力のある者（sustainするabilityがある者）の存在が不可欠です。

対照的に「持続可能性」は、ある状態について続いていく見込みですから、将来的にも続いていきそうな可能性（abilityではなくpossibility, probability, potentialやchanceの意味）の有無に関する言葉に聞こえます。言い換《か》えると、サステイナビリティの「下から支える」の場合には支える主体となる「私」や「あなた」がいなければなりませんが、持続可能性の場合には、持続可能であるかどうかはあくまで結果として語られ、そこに主体が不在であっても構わないことになります。こうして、「サステイナビリティ」が「持続可能性」と訳される時には、その行動の主体がぼやけてしまいます。

実際にこのくらい簡略化されてしまうと、「続けていける」という表現と置き換え可能になってしまいます。例えば高齢《こうれい》社会が進む日本では「持続可能な社会保障制度」というような表現が使われているとご紹介しましたが、これは⑤ザイゲン的に「続けていける社会保障制度」のことであり、言ってみれば「毎月の収入で支払いが続けられる奨学《しょうがく》金の返済《へんさい》額」のような意味合いしかありません。これでは、サステイナビリティが含《ふく》んでいる人間社会にとって*普遍《ふへん》的に大事にされる価値観や、それを実現していくための世代間のつながりという⑥ニュアンスがまったく失われてしまっており、ロスト・イン・トランスレーション（翻訳《ほんやく》の過程で大事な意味が失われること）状態です。⑦こうした状況を乗り越《こ》えていくために、持続可能性に代わるサステイナビリティの日本語表現を考えていきたいと思います。

和訳を考える際には、まずは訳そうとしている*概念《がいねん》の意味するところや細かなニュアンスを、誰《だれ》にとってもわかりやすい言葉で説明できる必要があります。サステイナビリティがもともと含んでいる意味合いを取りこぼさないようにしながら日本語で説明するとしたら、どのような表現があるでしょうか。私なりに、サステイナビリティと持続可能な開発の概念が含んでいる「ある物や事を下から支え続けながら、次世代に手渡していく」

問九　次の――線で用法が同じものを一つ選びなさい。

> 後ろめたい気持ちを持つことなく前に進もうと決めた。

ア、先生が重たい荷物を軽々と運んでいった。

イ、兄は猛《もう》勉強の末、医師になりたいという夢をかなえた。

ウ、飼育員のように多くの動物になつかれたい。

エ、達成が難しい課題があると挑戦《ちょうせん》したい気持ちになる。

問十　次の文を解答欄《らん》に合うような形にし、指定字数で意味が変わらない一文を作りなさい。

> 私は今年の目標を「全国大会に出場する」にします。

私の今年の目標は全国大会に（　六字　）です。

問十一　次の夏の句について□に入る適切な言葉を一つ選びなさい。

貰《もら》ひ来る茶碗《ちゃわん》の中の□かな（内藤《ないとう》　鳴雪《めいせつ》）

ア、小豆《あずき》　　イ、金魚　　ウ、りんご　　エ、あさり

二　次の文章を読んで、後の問いに答えなさい。（問題作成上、本文の一部を変えているところがあります。）

サステイナビリティに対する問い直しを、まずは「持続可能性」という*和訳について考えることからはじめていきたいと思います。今日《こんにち》では、サステイナビリティは当たり前のように「持続可能性」と訳されていますが、そもそもこの訳はいつ頃《ごろ》から用いられているのでしょう。

国立国会図書館のデータベースで調べてみると、一九八七年に国連が①テイショウした「持続可能な開発」の意味合いで「持続可能性」という表現が使われ始めたのは、一九九〇年前後からのようです。例えば環境《かんきょう》庁が一九八九年に出した『公害の状況《じょうきょう》に関する年次報告（平成元年度）』の第四章第五節は「持続可能な開発のための開発途上国援助《かいはつとじょうこくえんじょ》」と題され、途上国に対する政府開発援助（ＯＤＡ）を実施《じっし》する際に、現地側の環境に配慮《はいりょ》した形の開発協力を目指していく、という内容が記載《きさい》されています。その直後では、一九九三年版の同報告書にて、人間と環境のバランスに関する部分で「持続可能な開発」という表現が用いられており、主に環境課題に関する場面で使われはじめました。

私が公文書や学術論文のデータベースで調べた範囲《はんい》に限りますが、一九九〇年代以前にも以後にも、サステイナビリティを「持続可能性」以外の言葉で表現しているものは見られませんでした。こうして今日までサステイナビリティの和訳には「持続可能性」が当てられてきているわけですが、この表現が本当に世界で「サステイナビリティ」や「サステイナブル・ディベロプメント（持続可能な開発）」という表現が用いられているときの語感や本来の定義が②イトするところを反映しているのかというと、必ずしもそうではないように思います。

2023年度

日本大学豊山女子中学校

【国語】〈第三回試験〉（二教科合わせて九〇分）〈満点：一〇〇点〉

一 次の各問いに答えなさい。

問一 ――線のカタカナを漢字に直しなさい。ただし、送りがなはひらがなで書きなさい。

荷物が届いたら、タダチニ開けて中身を確認してください。

問二 次の熟語の二通りの読み方をひらがなで書きなさい。

水面

問三 次の漢字で部首の異なるものを一つ選びなさい。

和　秋　秒　科

問四 次の□に入る漢字を答えなさい。

進↓

異→□→件

↓音

問五 次の三字熟語で□に入らない漢字を一つ選びなさい。

大□星　常□樹　大□柱　□少年

語群【　赤　青　緑　黒　金　】

問六 次の四字熟語で□に入る漢字をそれぞれ選びなさい。

永久[1]変　完全[2]欠　前代[3]聞

語群【　否　非　未　不　無　】

問七 次の――線の慣用句の使い方がまちがっているものを一つ選びなさい。

ア、たとえ虫が好かない人であっても、長所は認めようと思う。

イ、親友との仲がこじれた妹のため、ひとはだ脱《ぬ》ぐことを決めた。

ウ、友人はマラソンを走り終えた後、肩《かた》で風を切っていた。

エ、お年玉を湯水のように使ったので、すぐに金欠になった。

問八 次の――線の言葉の使い方がまちがっているものを一つ選びなさい。

ア、このままむざむざと負けを認めるわけにはいかない。

イ、登校時間が近づき、小学生たちがぼちぼち集まってきた。

ウ、母は私に新作のスイーツの魅力《みりょく》をこんこんと語っていた。

エ、姉は私の練習に励《はげ》む姿を見てねちねちとほめてくれた。

2023年度

日本大学豊山女子中学校　▶解　答

※　編集上の都合により，第３回試験の解説は省略させていただきました。

算　数　＜第３回試験＞（２教科合わせて90分）＜満点：100点＞

解　答

[1] (1)　11　　(2)　$\frac{1}{20}$　　(3)　10　　(4)　$\frac{199}{200}$　　(5)　3250　　(6)　27232　　(7)　21　　[2] (1)　157cm^3　　(2)　12cm　　[3] (1)　75％　　(2)　２km　　[4] (1)　6.28cm　　(2)　３cm　　(3)　27.84cm^2

社　会　＜第３回試験＞（２教科合わせて90分）＜満点：100点＞

解　答

[1] 問１　ア　　問２　ウ　　問３　ナフサ　　問４　(例)　降水量が少ないので，農業用水に使われる。　　問５　ウ　　問６　ア　　問７　ア　　問８　シラス台地　　[2] 問１　ア　　問２　エ　　問３　イ　　問４　最上川　　問５　青函　　問６　木曽ヒノキ　　[3] 問１　封建制度　　問２　ウ　　問３　管領　　問４　ウ　　問５　若年寄　　問６　ア　　問７　イ　　問８　骨角器　　問９　ア　　問10　イ　　問11　土佐日記　　問12　ヤマト政権　　問13　ウ　　問14　イ　　[4] 問１　ウ　　問２　イ　　問３　エ　　問４　徴兵令　　問５　(例)　産業を盛んにする。　　問６　エ　　問７　ア　　問８　イ　　問９　清(中国)　　問10　日露戦争　　問11　エ　　問12　オリンピック(オリンピック・パラリンピック)　　[5] 問１　クーリング・オフ　　問２　(例)　年々，平均審理予定日数が増加しており，裁判員の負担が重くなっていると考えられるから。　　問３　違憲審査権　　問４　比例代表選挙　　問５　与党　　問６　臨時　　問７　ア　　問８　エ　　[6] 問１　ア　　問２　地方交付税　　問３　ウ　　[7] 問１　ウ　　問２　エ　　問３　円安

理　科　＜第３回試験＞（２教科合わせて90分）＜満点：100点＞

解　答

[1] (1)　①　30cm　　②　５cm　　③　7.5cm　　④　125ｇ　　(2)　2.5cm　　(3)　①　40cm　　②　200ｇ　　(4)　①　イ　　②　(例)　浮力の分だけばねＡ，ばねＢを引く力が弱くなるので，ばねＢの方がばねＡより長くなり，ばねＡの方が高くなる。　　[2] (1)　①　Ｃ　ア　　Ｄ　ウ　　②　Ａ　さとう　　Ｂ　食塩　　Ｃ　ホウ酸　　Ｄ　水酸化カルシウム　　Ｅ　でんぷん

(2) ① 水素　② 銅　(3) ① イ　② ア　③ オ　④ エ　⑤ カ　⑥ ク　⑦ コ　⑧ ケ　3 (1) ① ㋑　② ㋑　③ ㋐　④ ㋑　(2) (例) 卵を産みつけるため。／光合成によって酸素を発生させるため。　(3) 受精　(4) **液体**…血液　**臓器**…心臓　(5) 栄養分　(6) (例) 背びれに切れこみがあるのがオスで，ないのがメス。　(7) ① (例) 右回りに泳ぐ。　② i 目　ii 景色　4 (1) ① 公　② 反時計(左)　③ 自　④ 365　⑤ 24　⑥ 春　⑦ 太陽(光)　⑧ 上しょう　⑨ 右　(2) (例) 台風の進行方向と風の吹き込む方向が同じになるから。　(3) ㋑

国語 ＜第３回試験＞（２教科合わせて90分）＜満点：100点＞

解答

一 **問１** 下記を参照のこと。　**問２** すいめん／みなも　**問３** 和　**問４** 物　**問５** 赤　**問６** **1** 不　**2** 無　**3** 未　**問７** ウ　**問８** エ　**問９** ア　**問10** 出場すること　**問11** イ　二 **問１** 下記を参照のこと。　**問２** ③ ある対象に～する能力」　④「物事があ～る見込み」　**問３** ⑥ ア　⑩ イ　⑪ エ　**問４** ウ　**問５** より社～くなる(から。)　**問６** イ　**問７** **C** オ　**D** イ　**問８** エ　**問９** **E** 豊かになることを目指している開発途上国　**F** これ以上の資源利用や炭素排出をしない　**問10** タフな交渉　**問11** ア　**問12** ア　**問13** エ　**問14** ウ　**問15** イ　**問16** ウ

●漢字の書き取り

一 **問１** 直ちに　二 **問１** ① 提唱　② 意図　⑤ 財源　⑨ 図る

Memo

2022年度　日本大学豊山女子中学校

〔電　話〕　(03)3934－２３４１
〔所在地〕　〒174－0064　東京都板橋区中台３－15－１
〔交　通〕　東武東上線━上板橋駅より徒歩15分
都営三田線━志村三丁目駅より徒歩15分

【算　数】〈第１回試験〉（50分）〈満点：100点〉

（注意）定規，三角定規，コンパスは使用できます。分度器，計算機を使用することはできません。

1 次の □ にあてはまる数を求めなさい。

(1)　$3+4\times(18-12\div3)=$ □

(2)　$2+\left(1.8-1\dfrac{1}{8}\right)\div0.9=$ □

(3)　$\dfrac{14}{3}-\left(\dfrac{10}{3}+\dfrac{3}{4}\right)\div\left(\dfrac{17}{6}-\dfrac{11}{8}\right)=$ □

(4)　10 % の食塩水 130 g と □ % の食塩水 120 g を混ぜると 12.4 % の食塩水になります。

(5)　$\dfrac{26}{37}$ を小数で表すと，小数第 35 位の数字は □ です。

(6)　図のように商品 A，B，C が並んでいます。C の値段が 100 円で，横一列の値段の合計がすべて等しいとき，A の値段は □ 円です。

2 次の □ にあてはまる数を求めなさい。

(1) 図の四角形 ABCD は平行四辺形です。㋐ の角の大きさは □ 度です。
ただし，同じ印の角は同じ角度を表すものとします。

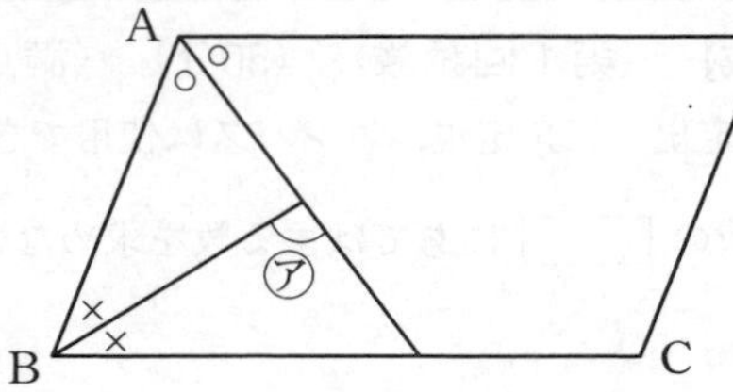

(2) 図は１辺の長さが６cm の正方形と半円を組み合わせたものです。
弧《こ》AB，BC，CD，DEの長さが等しいとき，影の部分の面積は □ cm^2 です。
ただし，円周率は3.14 とします。

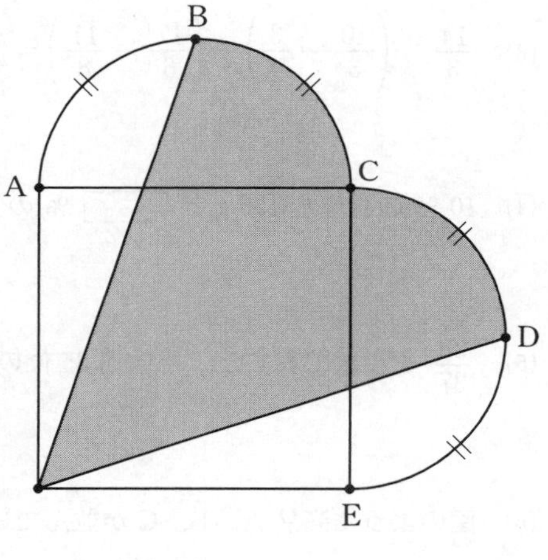

(3) 円柱の容器に，高さの３分の２の位置まで水が入っています。この水を図のような三角柱の容器に移したところ，水は９cm^3 あふれました。円柱の容器の容積は □ cm^3 です。

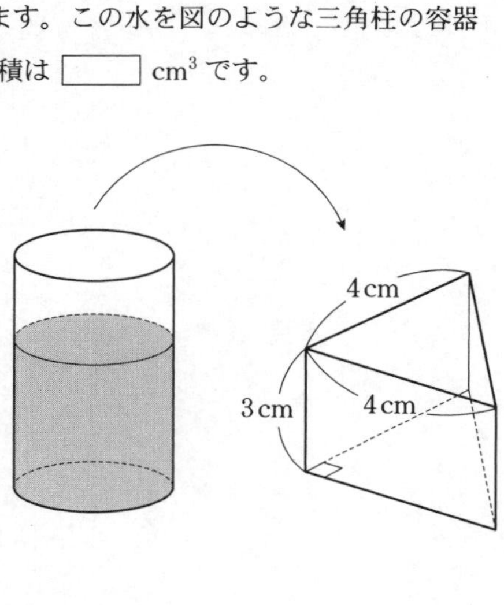

3 図のような底面からの高さが 6 cm の位置に排水口がついた直方体の空の容器に水を入れます。毎分 16 cm^3 で水を入れ，排水口からは毎分 6 cm^3 で水が出ます。次の問に答えなさい。

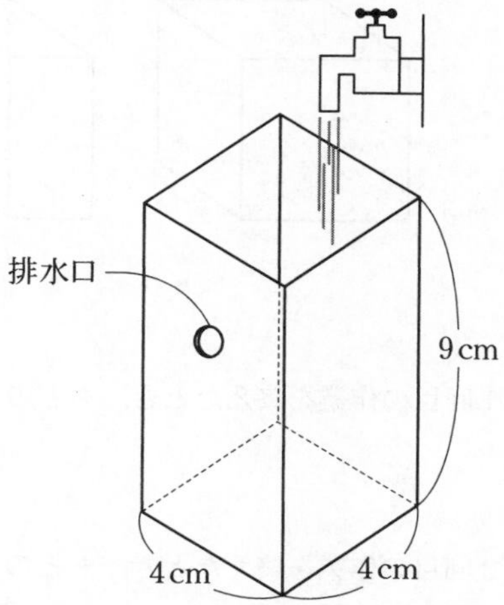

(1) この容器が満水となるのは，水を入れ始めてから何分何秒後ですか。

(2) 満水になったときに，水を止めます。水位と時間との関係を表すグラフとして最も適切なものを，ア ～ カ から１つ選び記号で答えなさい。

ア

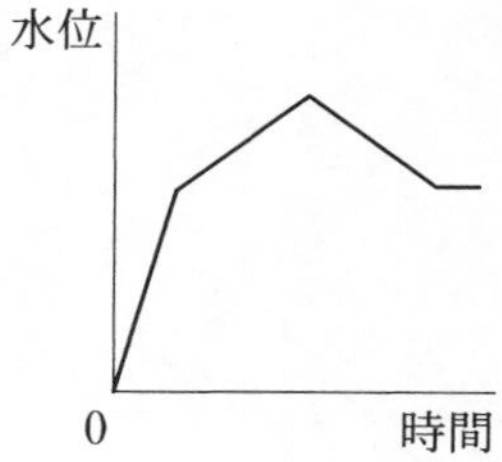

イ

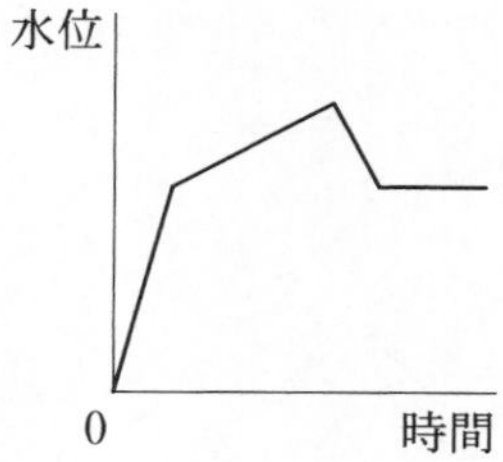

ウ

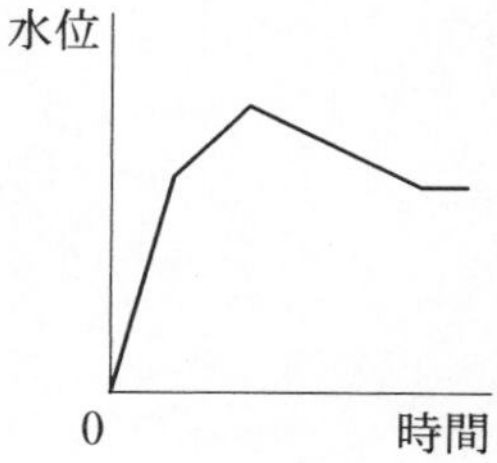

エ

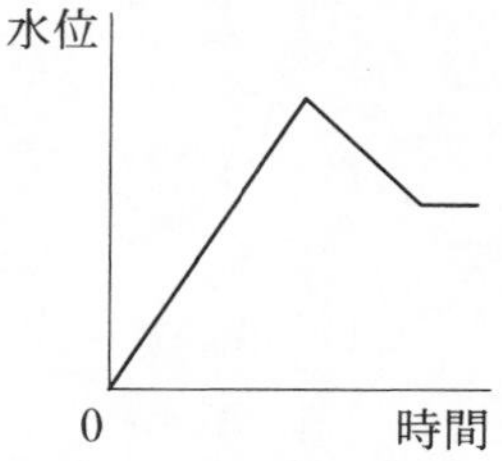

オ

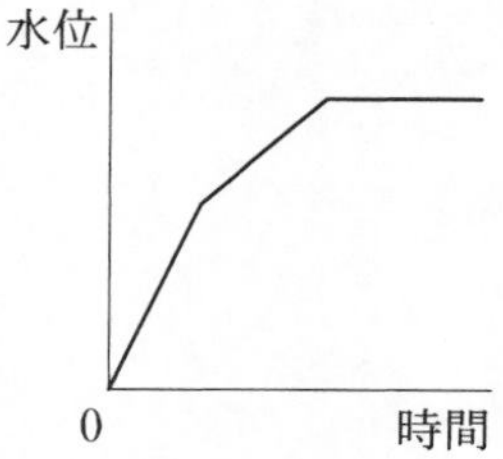

カ

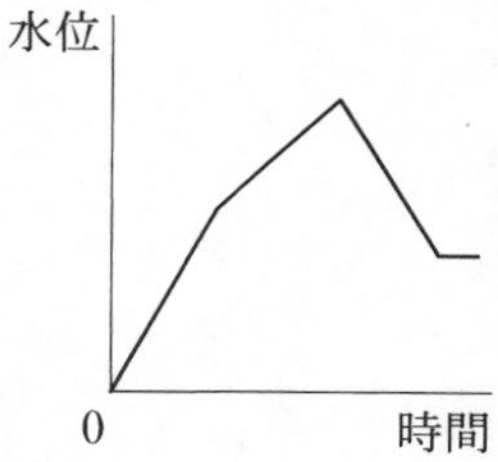

4　１辺の長さが３mの立方体があります。この立方体を図のように，縦に半分に切る作業を行っていきます。次の問に答えなさい。

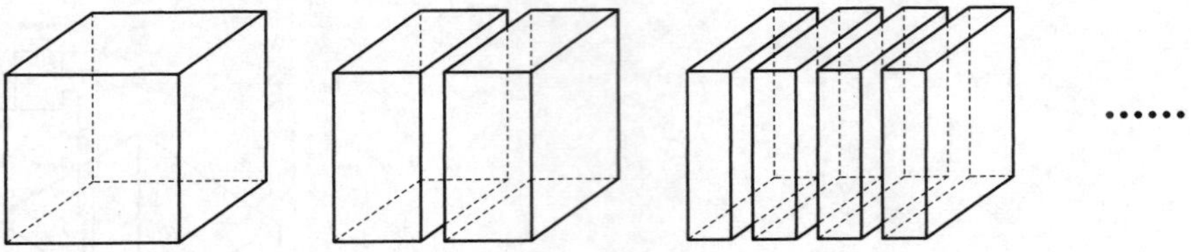

（１回目）　（２回目）

(1)　１回目の作業を終えたとき，もとの立方体と比べて表面積の合計は何m^2増えますか。

(2)　２回目の作業を終えたとき，もとの立方体と比べて表面積の合計は何m^2増えますか。

(3)　表面積の合計がもとの立方体より2286m^2増えるのは，何回目の作業を終えたときですか。

5 かずえさんは8時からスマートフォンを使い，アプリＡを使って授業の予習を行いました。また，同じスマートフォンを使って9時から50分間オンライン授業を受け，その後，再びアプリＡを使って11時まで授業の復習を行いました。アプリＡを使っている間は毎分0.4％ずつバッテリーを消費します。また，オンライン授業を受けている間のバッテリーの消費量は，アプリＡを使っている間の消費量の2倍です。グラフは時刻とバッテリー残量の関係を表したものです。次の問に答えなさい。

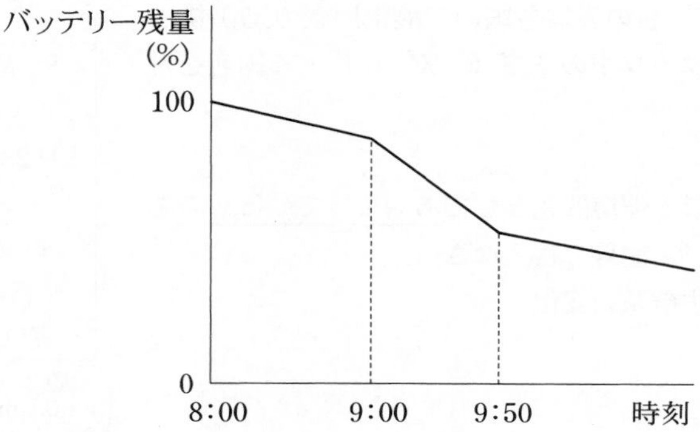

(1) 9時50分の時点でのバッテリー残量は何％ですか。

(2) 9時から毎分1.2％ずつ充電しながらオンライン授業を受けたとき，9時50分の時点でのバッテリー残量は何％ですか。

(3) ちょうど11時にバッテリー残量を100％に戻《もど》すためには，何時何分何秒に充電を開始すればよいですか。ただし，充電は毎分1.2％ずつされるものとします。

【社　会】〈第１回試験〉（30分）〈満点：60点〉

1　次の文章を読み，あとの問いに答えなさい。

2020年７月，政府は，①二酸化炭素（CO_2）を多く排出し，②地球温暖化の原因となっている非効率な石炭火力発電所を段階的に減らすことを明らかにしました。今後は，③再生可能エネルギーによる発電を増やすほか，発電時の二酸化炭素（CO_2）排出量が少ない④原子力発電所の再稼働《かどう》を進めるなどして，⑤脱炭素社会を実現する方針です。

問１　下線部①に関連して，右の表は各国の二酸化炭素（CO_2）排出量を示したものです。グラフ中の空欄（　X　）に入る国名を答えなさい。

国名	二酸化炭素（CO_2）排出量
（　X　）	28.4％
アメリカ	14.7％
EU 28か国	9.4％
インド	6.9％
ロシア	4.7％
日本	3.2％
その他	32.7％

（国際エネルギー機関（IEA）「CO_2 emissions from fuel combustion 2020」などから作成）

問２　下線部②によって生じる環境問題としてあやまっているものを次のア～エから１つ選び，記号で答えなさい。

ア　野生生物の減少や生態系の変化

イ　酸性雨

ウ　海面温度の上昇

エ　砂漠化

問３　下線部③について述べた文としてあやまっているものを次のア～エから１つ選び，記号で答えなさい。

ア　自然状況に左右されることなく，安定した電力供給を得ることができる。

イ　太陽光や風力，地熱など，尽きることがなく環境にやさしいエネルギーのことである。

ウ　発電費用が高く，発電設備を設置できる場所が限られるなどの課題がある。

エ　日本はエネルギー資源の自給率が低いので，再生可能エネルギーでの発電拡大に期待が高まっている。

問４　下線部④に関連して，下のグラフは国内の総発電量に占める発電の種類別の割合とその移り変わりを示したものです。近年，原子力発電の割合が急減した理由を簡潔に説明しなさい。

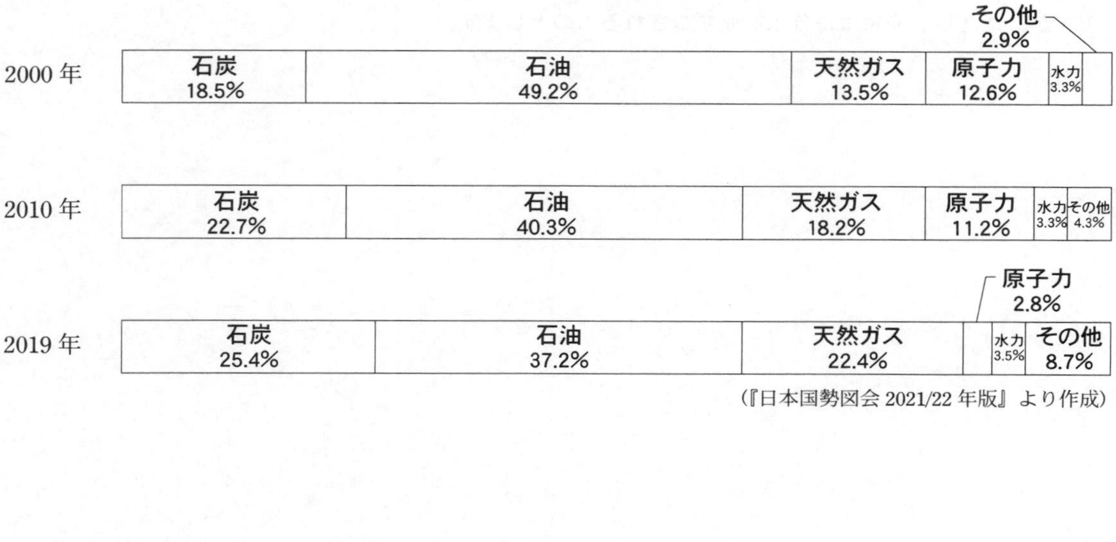

（『日本国勢図会 2021/22年版』より作成）

問５　下線部⑤の取り組みについて述べた次の文Ｘ・Ｙの正誤の組合せとして正しいものを，下のア～エから１つ選び，記号で答えなさい。

Ｘ　石油以外の化石燃料の利用を増やすことで，安定的なエネルギー資源の確保を目指す。

Ｙ　先進国のみならず，発展途上国も含めたすべての国が協力し合う。

ア　Ｘ－正　Ｙ－正　　イ　Ｘ－正　Ｙ－誤　　ウ　Ｘ－誤　Ｙ－正　　エ　Ｘ－誤　Ｙ－誤

２　次の会話文を読み，あとの問いに答えなさい。

ゆり子　：　昨年，東京オリンピック・パラリンピックが開催されたね。８月のニュースで「初めてメダルを獲得した史上最も小さい国」としてサンマリノが紹介されていたのを見たよ。

あやめ　：　サンマリノってどんな国なの？

ゆり子　：　サンマリノは周りをイタリアに囲まれていて，国土は十和田湖と同じくらい，人口はおよそ３万 4000 人の国だよ。

あやめ　：　十和田湖って①青森県と②秋田県にまたがっている湖だよね。人口はどれくらいなんだろう。比較しやすいように，日本の都道府県のうち人口が少ない県を５つ並べて，表を作ってみたよ。

ゆり子　：　表や地図と比べるとサンマリノがどれほど小さい国かよくわかるね。

あやめ　：　サンマリノではマスカットから作られる白ワインが特産品なんだって。あと，サンマリノは観光業が盛んな国で，17 世紀から残る街並みが人気を集めているみたいだよ。

ゆり子　：　日本にも③ぶどうを使った赤ワインの生産が有名な県があるし，④観光業が盛んなことも日本と似ているね。

表１

	都道府県名	人口
1	（　Ｘ　）	573,000 人
2	島根県	694,000 人
3	高知県	728,000 人
4	徳島県	756,000 人
5	Ｙ福井県	787,000 人

（総務省統計局ウェブサイトより作成）

地図

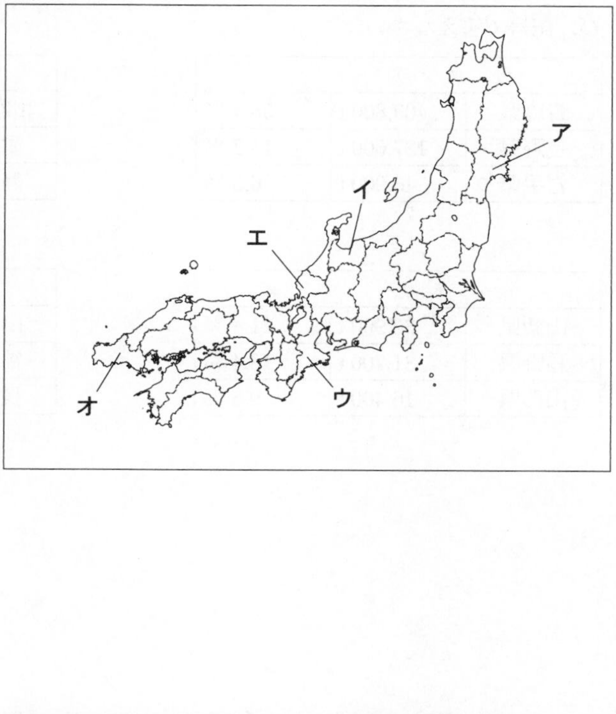

問１　下線部①の県庁所在地の雨温図として正しいものを次のア～エから１つ選び，記号で答えなさい。

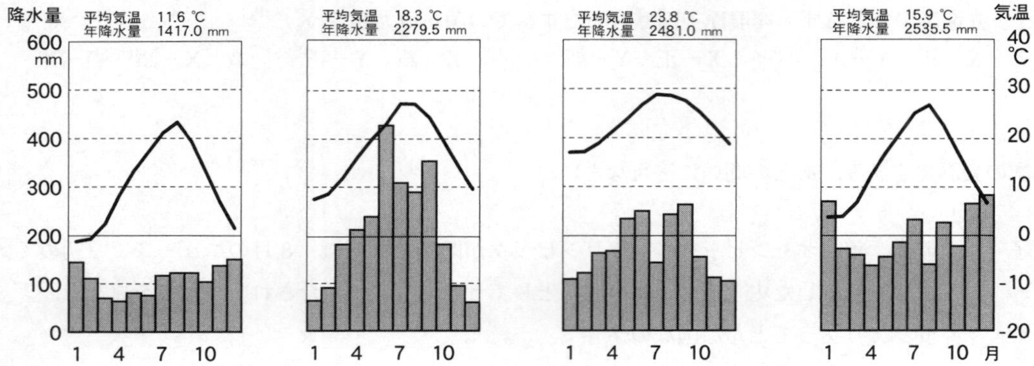

ア　　イ　　ウ　　エ

（気象庁ウェブサイトより作成）

問２　下線部②について述べた文としてあやまっているものを次のア～エから１つ選び，記号で答えなさい。

ア　東京から秋田県まで秋田新幹線が通っており，盛岡までは東北新幹線と同じ線路を走る。

イ　秋田県で夏に行われる竿燈《かんとう》まつりは，東北三大祭りの１つとして有名である。

ウ　世界自然遺産の白神山地は，秋田県と青森県の境に位置し，ぶなの原生林で知られる。

エ　秋田県沖には日本海流と千島海流が出合う潮目があり，水産業が盛んである。

問３　下線部③の主な生産地をあらわした表（2019年産）として正しいものを次のア～エから１つ選び，記号で答えなさい。

ア		
青森県	409,800 t	58.4 %
長野県	127,600 t	18.2 %
岩手県	45,900 t	6.5 %

イ		
和歌山県	156,600 t	21.0 %
愛媛県	125,400 t	16.8 %
静岡県	85,900 t	11.5 %

ウ		
山梨県	36,900 t	21.4 %
長野県	31,700 t	18.4 %
山形県	16,400 t	9.5 %

エ		
山梨県	30,700 t	28.5 %
福島県	27,000 t	25.0 %
長野県	12,000 t	11.1 %

（『日本国勢図会 2021/22 年版』より作成）

問４　下線部④について，日本の主な観光地について述べた文としてあやまっているものを次のア～エから１つ選び，記号で答えなさい。

ア　東京は日本の首都として政治・経済・交通の中心的役割を担っており，国内外の主な都市と新幹線や航空路で結ばれているため多くの観光客が集まる。

イ　沖縄県では琉球王国の遺産群や美しい自然があることから多くの観光客が訪れ，県内の第三次産業人口の割合が 75 ％を超える。

ウ　奈良県や京都府は古くから日本の中心地であったため世界文化遺産が多くみられ，その街並みが保存されていることが多い。

エ　北海道は美しい自然に恵まれており，特にラムサール条約の登録地である知床半島はタンチョウの生息地として有名である。

問５　表１について，次の問いに答えなさい。

（１）空欄Ｘにあてはまる都道府県名を答えなさい。

（２）下線部Ｙの位置として適切なものを地図中のア～オから１つ選び，記号で答えなさい。

3　次の各問いに答えなさい。

問１　４世紀の終わりころ，ヤマト政権は朝鮮半島に進出し高句麗や新羅と戦いました。そのことを記している史料を次のア～エから１つ選び，記号で答えなさい。

ア　『漢書』地理志　　イ　『後漢書』東夷伝　　ウ『魏志』倭人伝　　エ　好太王碑文

問２　古墳時代，渡来人がいろいろな技術を日本にもたらしました。土器についても，丘の斜面を利用したのぼりがまを使って作る土器は固く壊れにくいものでした。この土器を何といいますか。

問３　唐の進んだ制度や文化を取り入れるために遣唐使が派遣されました。630 年の第一回遣唐使として派遣された人物と，のちに日本からの招きに応じて来日し，唐招提寺を建てた僧の組合せとして正しいものを次のア～エから１つ選び，記号で答えなさい。

ア　犬上御田鍬　－　鑑真　　イ　犬上御田鍬　－　行基

ウ　阿倍仲麻呂　－　鑑真　　エ　阿倍仲麻呂　－　行基

問４　平安時代，土地を開墾した有力者は，その土地（荘園）を国司などから守るために貴族や寺社に寄進（寄付）をしました。そして自らは荘園の管理者として支配を続けました。さらに貴族などから税を納めなくてもよい権利や，国司の役人の立ち入りを断る権利を得て，荘園はしだいに独立していきました。この権利のうち，税を納めなくてもよい権利を何といいますか。

問５　10世紀の半ば，空也が浄土教を説き，人々の間に広がっていきました。また，その後に書かれた『往生要集』によって，貴族や地方豪族などさまざまな階層の人々が浄土教の影響を受けました。その『往生要集』を著したのは誰ですか。

ア　最　澄　　　イ　空　海　　　ウ　源　信　　　エ　道　鏡

問６　1185年，源頼朝は対立する弟の源義経を討つという理由で全国に守護と（　　）をおくことを朝廷に認めさせました。これは荘園などにおかれ，土地の管理や年貢の徴収などを行いました。このことによって鎌倉幕府は全国支配権を得たことになります。（　　）に入る正しい語句は何ですか。

問７　15世紀前半，沖縄では北山・中山・南山という３つの小国が統一され，琉球王国が成立しました。琉球王国は中継貿易で栄えましたが，王国の都はどこですか。

問８　江戸幕府はキリスト教が支配のさまたげになると考え，キリスト教を禁止し貿易を制限していきました。この鎖国とよばれる外国との交渉制限がある中で，キリスト教の布教に関係ない国とは長崎で貿易を行いました。それはどことどこの国ですか。その組合せとして正しいものを次のア～エから１つ選び，記号で答えなさい。

ア　オランダ・スペイン　　　イ　ポルトガル・スペイン
ウ　オランダ・中国　　　エ　ポルトガル・中国

4　次の先生と生徒たちの会話文を読み，あとの問いに答えなさい。

先生　：2020年と2021年は，全世界に新型コロナウイルス感染症が広まり，日本も大きな影響を受けましたね。そこで日本の感染症との関わりについて考えてみましょう。

生徒A：先生，疫病《えきびょう》というのは感染症ですか？

先生　：そうですね。日本では昔，原因のよくわからない感染症をそう呼んでいました。

生徒B：平安時代を描いた（　①　）の小説『羅生門』には，地震や火災，飢饉《ききん》によって多くの人が亡くなったという話が出てきますが，感染症も発生したのでしょうか。

先生　：ウイルスはネズミなどが媒介《ばいかい》するからそれもあったかもしれません。江戸時代には疱瘡《ほうそう》（天然痘《てんねんとう》）で多くの子供が亡くなり，平均寿命が短くなったと言われています。またたびたび発生したインフルエンザや幕末に大流行したコレラにより多くの死者が出ました。コレラの流行した1858年は②日米修好通商条約が結ばれた年で，この後外国人の来航も活発になります。

生徒C：明治以降は日本でも西洋医学が発展し③日本の医学者が細菌の研究に貢献しました。

生徒D：④第一次世界大戦の時にはスペイン風邪が大流行し，世界全体に大きな被害をもたらしたそうですね。

先生　：戦争中ということもあり，各国が被害状況を隠したことも感染が広がる原因となりました。現代は正しい情報もあやまった情報もすぐに世界中に広まる時代です。政府による情報の公開と共有は大切ですね。冬は特に感染症が流行しやすい季節です。皆さん，これからも気をつけて生活しましょう。

問１　空欄①に入る人物は誰ですか。次のア～エから１人選び，記号で答えなさい。

ア　夏目漱石　　イ　平塚らいてう　　ウ　芥川龍之介　　エ　樋口一葉

問２　下線部②について述べた文として正しいものを次のア～エから１つ選び，記号で答えなさい。

ア　この10年前に日本はイギリスと和親条約を結び，開国した。

イ　江戸幕府は，この条約を伊豆の下田でアメリカ代表のハリスと結んだ。

ウ　薩摩と長州は最初から開国を主張し，一致協力して開国を後押しした。

エ　この条約の20年後に明治維新がおこり，幕府が倒れた。

問３　下線部③について，次の組合せのうち正しいものをア～エから１つ選び，記号で答えなさい。

ア　北里柴三郎　―　結核菌，コレラ菌の発見

イ　志賀　潔　　―　ドイツに留学して赤痢菌を発見

ウ　野口英世　　―　破傷風菌の血清療法を発見

エ　湯川秀樹　　―　アフリカにて黄熱病の研究

問４　下線部④に関連する次のア～ウの文を，年代の古い順に記号を並べかえなさい。

ア　イギリス，フランス，ロシアが三国協商を結んだ。

イ　新しい同盟が結ばれたため，日英同盟が解消された。

ウ　ドイツが同盟国オーストリアを支援し，宣戦布告を行った。

問５　第一次世界大戦後の世界について述べた，次の文章の空欄①～③に適する語句を答えなさい。

戦後，平和な世界を目指して国際機関＝「　①　」が設立されました。これは第一次世界大戦中にアメリカ大統領（　②　）により発表された「十四カ条」による提案です。しかしアメリカは議会の反対で参加せず，ソ連，（　③　）は参加を認められず，不十分な状態でのスタートとなりました。

5　2022 年は日本国憲法が施行されてから 75 周年となります。社会科の授業で花子さんが作成したカードを見て，あとの問いに答えなさい。

自由権	社会権	参政権
A信教，B集会，結社，C学問，D職業選択などの自由	教育を受ける権利 働く人が団結する権利	政治に参加する権利

問１　日本国憲法の三大基本原理のうちで，これら３つのカードが最も関係が深いものを８文字で答えなさい。

問２　自由権のカードについて，下線部Ａ～Ｄの具体例としてあやまっているものを次のア～エから１つ選び，記号で答えなさい。

ア　Ａ：父親と同様にキリスト教を信仰している。
イ　Ｂ：新聞記者としてデモ行進を取材した。
ウ　Ｃ：研究者として政治学を専攻している。
エ　Ｄ：家業とは異なる IT 企業に就職した。

問３　社会権のカードの中には書かれていない権利があります。このことについて，次の条文の空欄にあてはまる語句を，漢字４文字で答えなさい。

> すべて国民は，健康で文化的な（　　　　）の生活を営む権利を有する。
> （日本国憲法第 25 条第１項）

問４　参政権のカードの内容として，正しい組合せはどれですか。次のア～エから１つ選び，記号で答えなさい。

ア　選挙権 18 歳　－　衆議院議員被選挙権 30 歳
イ　選挙権 18 歳　－　参議院議員被選挙権 30 歳
ウ　選挙権 20 歳　－　衆議院議員被選挙権 25 歳
エ　選挙権 20 歳　―　参議院議員被選挙権 25 歳

問５　新しい権利として主張されている内容としてあやまっているものを次のア～エから１つ選び，記号で答えなさい。

ア　プライバシーの権利　　イ　知る権利　　ウ　環境権　　エ　請願権

6 2021年の出来事についてのA～Eの文章を読み，あとの問いに答えなさい。

A　2021年1月，(　①　)禁止条約が発効されました。この条約は，(　①　)の使用，保有，開発，実験などを一切禁じる内容で，2017年の国連総会で122か国によって承認されたものです。また，この条約成立に貢献したICANは，2017年にノーベル平和賞を受賞しています。なお，アメリカ，イギリス，フランス，中国，ロシアのほか，日本や韓国はこの条約に参加していません。

B　2021年2月，(　②　)で国軍がクーデタを起こし，政権を奪いました。そして，それまで政権を担当していた国民民主連盟(NLD)のアウンサンスーチー国家顧問や幹部らが拘束されました。クーデタ後は，大規模な反クーデタデモが発生するなど，国内は混乱状態に陥りました。

C　2021年6月，イギリスのコーンウォールで③先進7か国首脳会議(G7サミット)が，開かれました。各国首脳は，コロナ禍の現状から，より良い回復を成し遂げ，国際協調や多国間主義に基づいて民主的で開かれた社会を推進することに同意しました。

D　2021年7・8月，第32回オリンピック競技大会および東京2020パラリンピック競技大会がおこなわれました。④オリンピックでは205の国と地域および難民選手団，パラリンピックでは，161の国と地域および難民選手団が参加しました。

E　2021年8月，(　⑤　)のイスラム主義勢力タリバンが，首都カブールを制圧し，全土掌握を宣言しました。2001年のアメリカ同時多発テロ後に(　⑤　)にアメリカ軍が侵攻しタリバン政権が崩壊してから20年を経て，(　⑤　)の情勢が大きく変わろうとしています。

問1　空欄①にあてはまる語句を答えなさい。

問2　空欄②にあてはまる国名を次のア～エから1つ選び，記号で答えなさい。
ア　タイ　　イ　ミャンマー　　ウ　インドネシア　　エ　ベトナム

問3　下線部③に参加していない国を次のア～エから1つ選び，記号で答えなさい。
ア　日本　　イ　ドイツ　　ウ　イタリア　　エ　中国

問4　下線部④に関連して，国際連合の加盟国数(2021年現在)を次のア～エから1つ選び，記号で答えなさい。
ア　163　　イ　173　　ウ　183　　エ　193

問5　空欄⑤にあてはまる国名を次のア～エから1つ選び，記号で答えなさい。
ア　アフガニスタン　　イ　イラク　　ウ　ウクライナ　　エ　エジプト

【理　科】〈第１回試験〉（30分）〈満点：60点〉

1　音についていくつかの実験をしました。以下の各問いに答えなさい。

〔実験１〕

【図１】

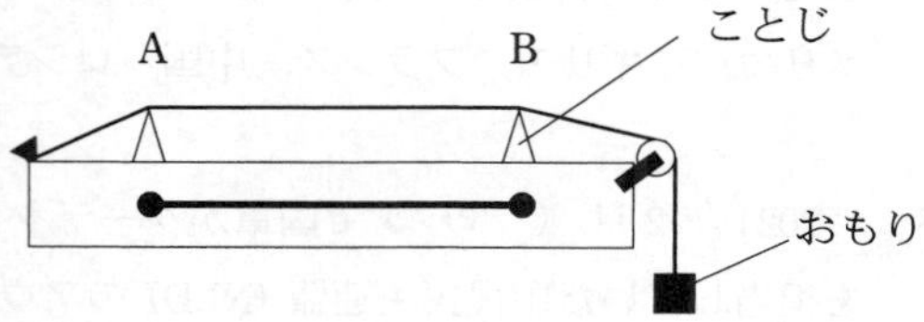

【図１】のようにモノコードにA，Bのことじを立て，AとBの真ん中をはじいたら，ピアノ線でできたげんが振動《しんどう》して音が出ました。

(1)　モノコードと同じように，げんをはじくことによって音を出しているものはどれですか。次のア～オからあてはまるものを１つ選び，記号で答えなさい。

ア．カスタネット　　イ．リコーダー　　ウ．けんばんハーモニカ
エ．ギター　　オ．タンバリン

(2)　モノコードの出す音の高さを高くするためにはどうしたらよいですか。次のア～カからあてはまるものをすべて選び，記号で答えなさい。

ア．げんとおもりは変えずに，AB間のきょりを長くする。
イ．げんとおもりは変えずに，AB間のきょりを短くする。
ウ．AB間のきょりとおもりは変えずに，げんを太くする。
エ．AB間のきょりとおもりは変えずに，げんを細くする。
オ．AB間のきょりとげんは変えずに，おもりを重くする。
カ．AB間のきょりとげんは変えずに，おもりを軽くする。

(3)　モノコードで大きな音を出すにはどのようにすればよいですか。

〔実験２〕

【図２】

【図２】のようにワイングラスに水を注《そそ》いで，ふちをわりばしでたたくと音が出ました。

(4)　水の量を増やすと音の高さはどうなりますか。次のア・イから選び，記号で答えなさい。

ア．高くなる　　イ．低くなる

(5) (4)のように音が変化する理由として最も適切なものを次のア～エから１つ選び，記号で答えなさい。

ア．水面から上の空気の量が少なくなり，空気が振動しやすくなるから。

イ．水面から上の空気の量が少なくなり，空気が振動しにくくなるから。

ウ．グラス全体が重くなり，ガラスが振動しやすくなるから。

エ．グラス全体が重くなり，ガラスが振動しにくくなるから。

〔実験３〕

フラスコの中に鈴《すず》と少量の水を入れ，ピンチコックを開いて，【図３】のように熱しました。湯気がしばらく出てから，ピンチコックを閉じ，よく冷ましてからフラスコの外側を冷水につけて冷やしました。そして，加熱前と加熱後ピンチコックを閉じてから冷やした後の鈴の音の聞こえ方を比べました。

【図３】

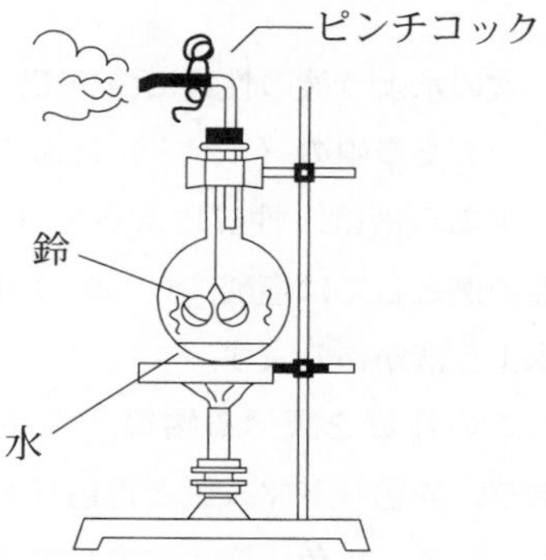

(6) 加熱前と加熱後ピンチコックを閉じてから冷やした後では，フラスコ内部の鈴の音の聞こえ方はどのように変化しましたか。次のア～オから最も適切なものを１つ選び，記号で答えなさい。

ア．音の高さが高く聞こえるようになった。　イ．音の高さが低く聞こえるようになった。

ウ．音の大きさが大きく聞こえるようになった。　エ．音の大きさが小さく聞こえるようになった。

オ．変化しなかった。

(7) 【図３】の実験の後，【図４】のようにゴム管の先が水中にある状態で，ピンチコックを開くとある現象がおこりました。

以下は，おきた現象とそれからわかる音に関する条件について説明した文章です。空らん（　i　）～（　iii　）にあてはまる語句の組み合わせとして最も適切なものを下の表ア～クから１つ選び，記号で答えなさい。

【図４】

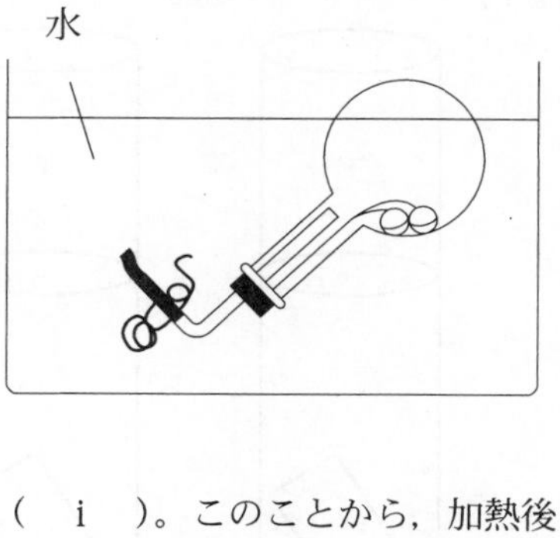

【図４】でゴム管の先が水中にある状態でピンチコックを開くと（　i　）。このことから，加熱後のフラスコ内の空気は，加熱前のフラスコ内の空気より（　ii　）ことがわかる。(6)と【図４】の結果から，音は（　iii　）がなければ伝わりにくいことがわかる。

	(i)	(ii)	(iii)
ア	水がフラスコへと入っていく	減っている	水
イ	水がフラスコへと入っていく	減っている	空気
ウ	水がフラスコへと入っていく	増えている	水
エ	水がフラスコへと入っていく	増えている	空気
オ	空気がフラスコから出ていく	減っている	水
カ	空気がフラスコから出ていく	減っている	空気
キ	空気がフラスコから出ていく	増えている	水
ク	空気がフラスコから出ていく	増えている	空気

2 次の水よう液の性質について，以下の各問いに答えなさい。

(1) 次の文章中の（　　）にあてはまる語句を答えなさい。

水よう液は，性質によって（ ① ）性，（ ② ）性，（ ③ ）性に分けられます。（ ① ）性の例としては塩酸，（ ② ）性の例としては食塩水，（ ③ ）性の例としては水酸化ナトリウム水よう液があります。

この性質を調べる物質，薬品としてリトマス紙やBTBよう液があります。リトマス紙は2種類あり，赤色リトマス紙と青色リトマス紙があります。（ ① ）性であれば，（ ④ ）色リトマス紙を（ ⑤ ）色に変えます。また，（ ③ ）性であれば，（ ⑤ ）色リトマス紙を（ ④ ）色に変えます。

BTBよう液は水よう液の性質で，（ ① ）性のときは（ ⑥ ）色，（ ② ）性のときは（ ⑦ ）色，（ ③ ）性のときは（ ⑧ ）色になります。

(2) 【図１】のように，塩酸と水酸化ナトリウム水よう液を，合計４本用意します。それらにア～エの記号を付けておきます。ア～エの試験管に鉄またはアルミニウムを入れて変化を観察しました。①，②の各問いに答えなさい。

【図１】

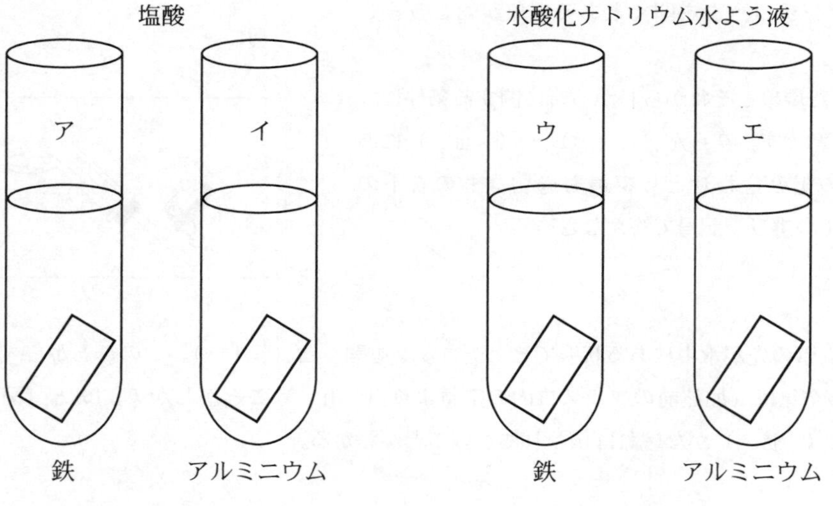

① ア～エの試験管のうち，鉄やアルミニウムがとけたのはどれですか。ア～エからすべて選び，記号で答えなさい。

② しばらくたってから，【図１】のイのよう液を蒸発皿にとり，水分を蒸発させました。この時の蒸発皿のようすを答えなさい。

(3) 【図２】のように，同じ濃度のうすい塩酸とうすい水酸化ナトリウム水よう液を用意し，ア～ウの試験管にはうすい塩酸を１mLずつ，エ～カの試験管にはうすい水酸化ナトリウム水よう液を１mLずつ入れました。次にア～カの試験管にBTBよう液を少量入れました。その後，それぞれの試験管にスポイトを使って，うすい塩酸，水，うすい水酸化ナトリウム水よう液を２mLずつゆっくり加え，よくまざるように試験管をふりました。水よう液の色が，液体を加えたことで変化した試験管の記号を，ア～カからすべて選び，記号で答えなさい。

【図２】

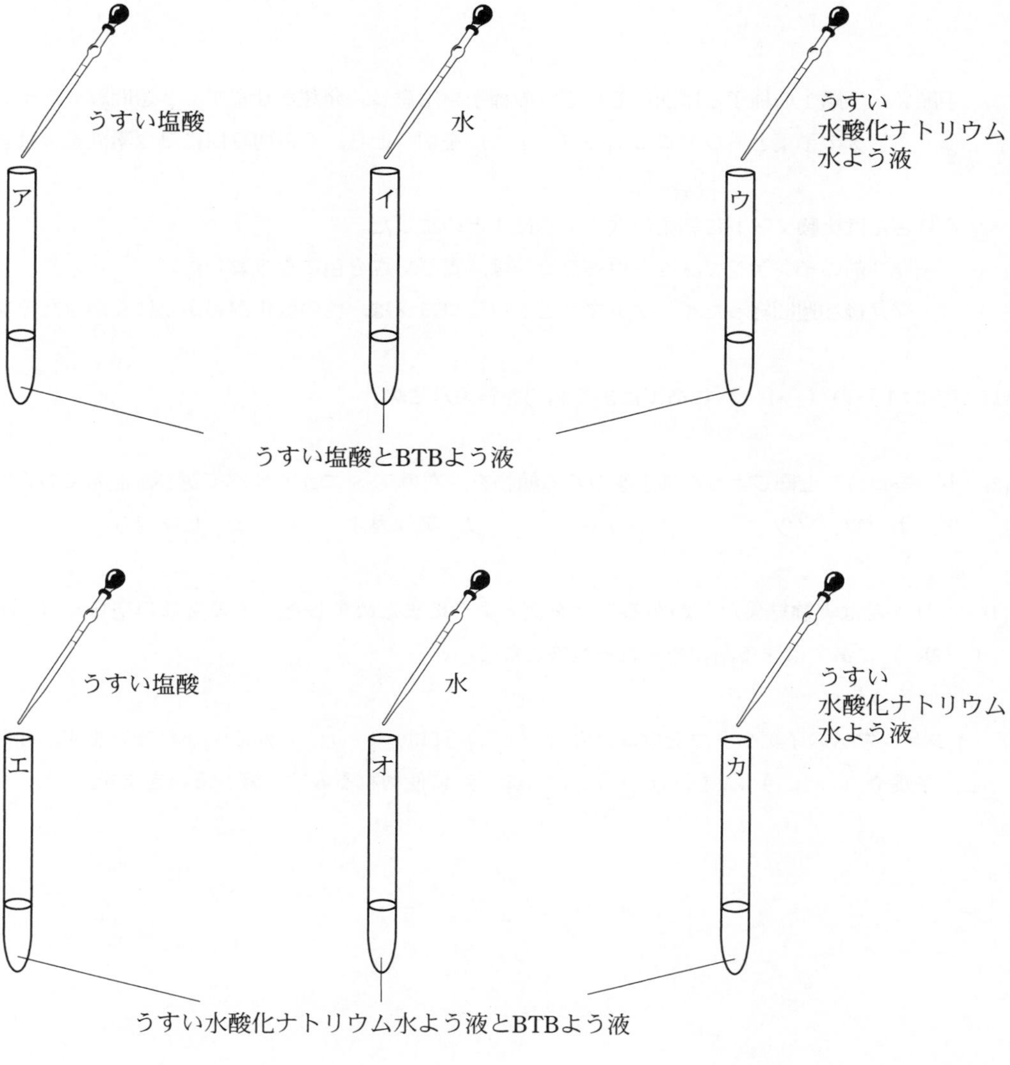

3 ゆりさんは学校のサイエンス部の活動でインゲンマメとトウモロコシの種子についていくつかの実験をしました。以下の各問いに答えなさい。

〔実験１〕

手順１　発芽前のインゲンマメとトウモロコシの種子を割ります。その切り口にヨウ素液をつけます。【図１】は種子を割ったあとの様子を表しています。

【図１】

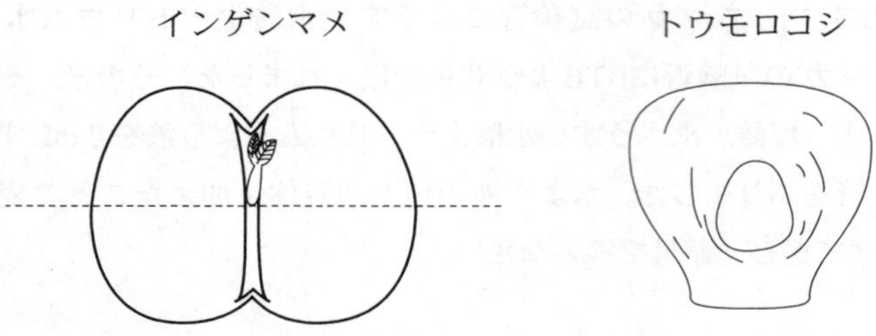

手順２　手順１の種子とは別にそれぞれの種子を用意し，発芽させます。２週間経ったインゲンマメの子葉とトウモロコシの（　ｉ　）を切りとり，その切り口にヨウ素液をつけます。

ゆりさんは実験ノートに結果を次のようにまとめました。

・発芽前のインゲンマメとトウモロコシは，青むらさき色になりました。

・発芽後２週間経ったインゲンマメとトウモロコシは，色の変化がわかりにくかったです。

(1)　〔実験１〕の（　ｉ　）にあてはまる語句を答えなさい。

(2)　トウモロコシと同じような種子をつくる植物を，次のア～エからすべて選び，記号で答えなさい。

ア．ホウレンソウ　　イ．カキ　　ウ．アサガオ　　エ．ヒマワリ

(3)　ゆりさんは実験結果からわかることを次のようにまとめました。下の文章の空らん（　①　）と（　②　）にあてはまる語句をそれぞれ答えなさい。

「インゲンマメの子葉やトウモロコシの（　ｉ　）には，（　①　）がふくまれています。発芽したあと，子葉や（　ｉ　）の（　①　）は，（　②　）に使われるので，減っていきます。」

〔実験２〕

インゲンマメの種子を20個用意し，次の㋐～㋓の条件で育てます。

㋐　日光のよくあたる場所にシャーレを置きます。シャーレの底に水を含ませただっし綿をしいて，その上にインゲンマメの種子を５個まきます。

㋑　日光があたらないようにシャーレをダンボールでおおいます。シャーレの底にかわいただっし綿をしいて，その上にインゲンマメの種子を５個まきます。

㋒　日光のよくあたる場所に100mLビーカーを置きます。ビーカーの中にインゲンマメの種子を５個まき，その中に種子全体が完全につかる程度の水を入れます。

㋓　日光があたらないように100mLビーカーをダンボールでおおいます。ビーカーの中にインゲンマメの種子を５個まき，種子の半分がつかる程度の水を入れます。

(4)〔実験２〕で発芽するものを，㋐～㋓からすべて選び，記号で答えなさい。

〔実験３〕

手順１　インゲンマメの種子を【図２】のように点線部分でAとBに切りわけます。
【図１】と【図２】の点線は同じところを表しています。

手順２　A，B，切り分けていない種子Cをそれぞれしめらせただっし綿の上に置き，観察します。
ただし，【図２】の種子の向きは【図１】と同じ向きとします。

【図２】

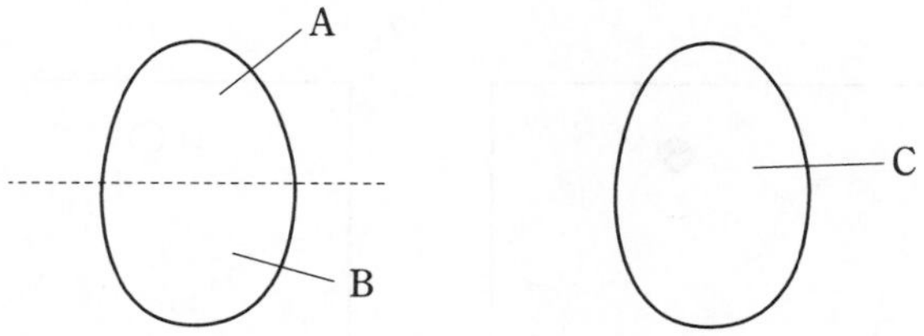

(5)〔実験３〕の切りわけたAとBの育ち方はCと比べてどのようになりますか。次のア～エからそれぞれ選び，記号で答えなさい。

ア．発芽して，Cと同じように成長する。

イ．発芽しない。

ウ．発芽して，Cよりも大きく成長する。

エ．発芽して，Cよりも小さく成長する。

4 次の図は，東京都板橋区の冬の南の夜空を午前０時に観察してスケッチしたものです。以下の各問いに答えなさい。

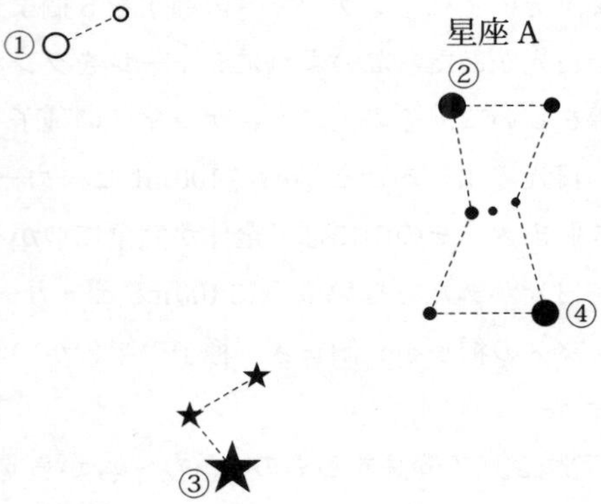

(1) 右の図の①・②・③の星を結んでできたものを何というか答えなさい。

(2) 図中の星座Aの名前を答えなさい。

(3) 図中の①～④の星の中で，赤く見える星はどれですか。

星の名前と記号の組み合わせとして正しいものを次のア～エから１つ選び，記号で答えなさい。

ア．ベテルギウス　・　①
イ．ベテルギウス　・　②
ウ．リゲル　　　　・　③
エ．リゲル　　　　・　④

(4) ３時間前の午後９時に同じ場所で観察すると，①・②・③の星を結んだ(1)はどのように見えますか。最も適切なものを，次のア～オから１つ選び，記号で答えなさい。

ア．

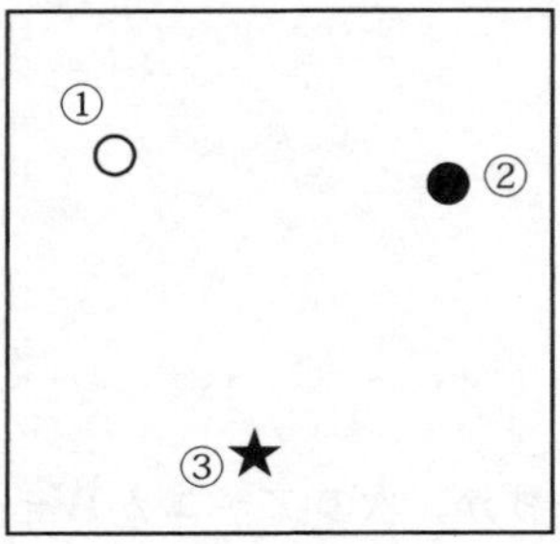

イ．

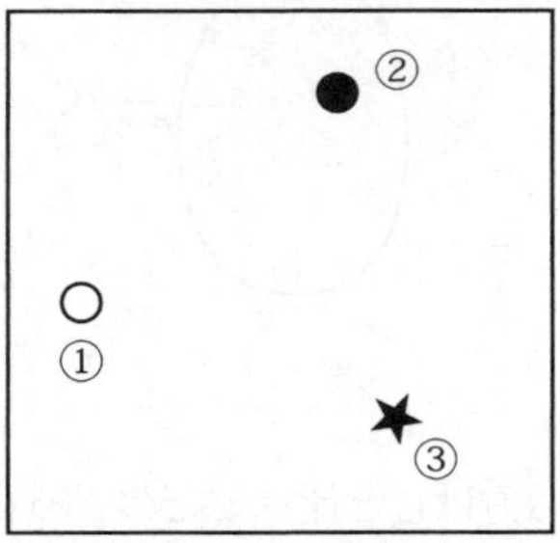

ウ．

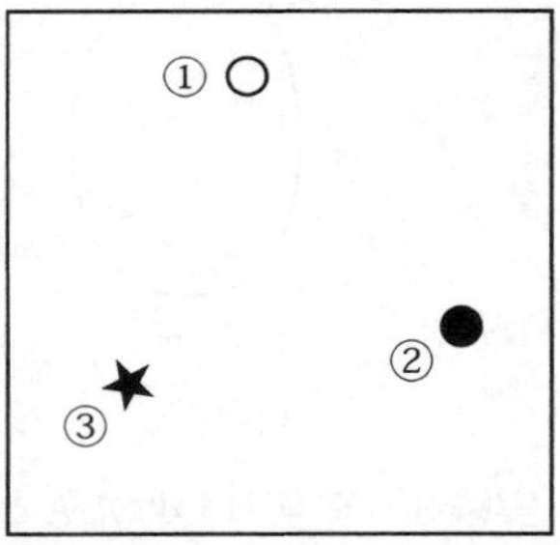

エ．

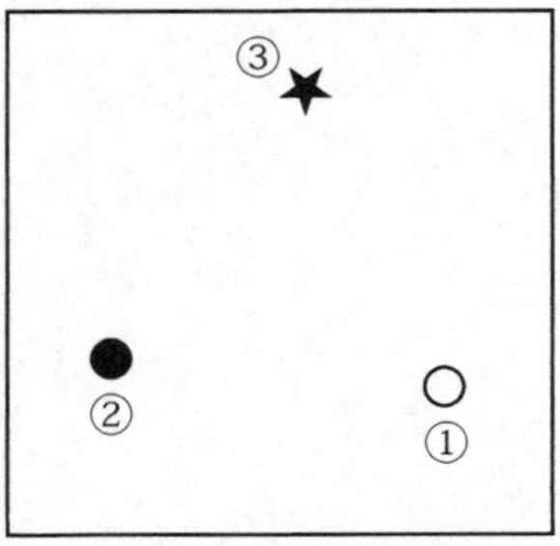

オ．

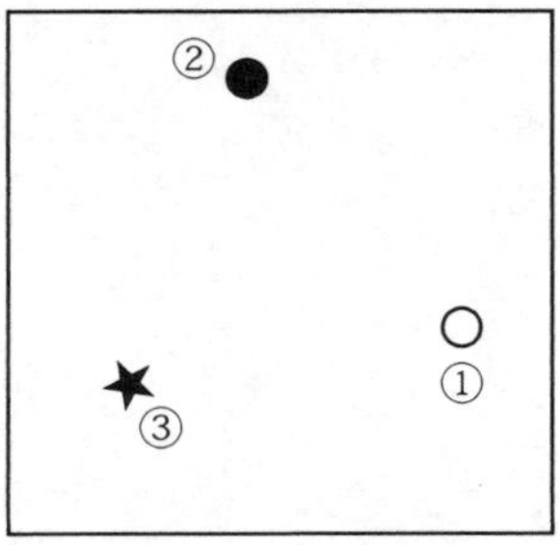

(5)　星にはそれぞれ明るさや星の色に違《ちが》いがあります。次の文の空らん（　ⅰ　）・（　ⅱ　）にあてはまる語句をそれぞれ答えなさい。また，（　ⅲ　）は適切なものを選び，番号で答えなさい。

地球から見える星の明るさは，星と地球との距離が（　ⅰ　）いほど暗く見える。地球から見える星の明るさを６段階に分類しており，最も明るく見える星を（　ⅱ　）という。 また，星の表面の温度によって色の違いがあり，温度が高いほど（ⅲ：①　赤い，②　青白い）。

(6)　星を観察する場所が，北緯《ほくい》30度と南緯《なんい》30度のとき，20ページの図の星座Aが最も高く上がったときを比べると，星座Aはどのように見えますか。最も適切なものを，次のア～エから１つ選び，記号で答えなさい。

ア．まったく同じように見える。

イ．上下が逆に見える。

ウ．上下左右逆に見える。

エ．左右が逆に見える。

問四　――線④「あ、ありがとう。おかげさまで。」から読み取れる「おじさん」の説明として最も適切なものを選びなさい。

ア、雅也が極端《きょくたん》な言葉選びをしたことに困惑《こんわく》している様子
イ、雅也がハチの脅威《きょうい》にも動じないので不安になっている様子
ウ、雅也がスズメバチに興味を示したので喜んでいる様子
エ、雅也が自分のことを心配してくれたことに感謝している様子

問五　――線⑥「ひとつひとつの箱が、生き物だ。」の表現の説明として最も適切なものを選びなさい。

ア、擬人《ぎじん》法を使って、巣箱やみつばちたちが人間と同じ自らの意志で生きていることを表そうとしている。
イ、直喩《ちょくゆ》法を使って、巣箱がみつばちの巣立ちを喜んでいる様子を読者に伝えようとしている。
ウ、隠喩《いんゆ》法を使って、みつばちの一生と生活がつまる巣箱をひとつの生命体として表そうとしている。
エ、省略を使って「巣」を書かないことで、読者が自由に箱の中の世界を想像できるようにしている。

問六　――線⑦「ぼくの気持ちもそのとおりだ。」と考える理由として最も適切なものを選びなさい。

ア、偶然《ぐうぜん》が重なることで、誰かと話したくなることもあるから。
イ、突然《とつぜん》あふれてきた気持ちは、「ぼく」にも止められないから。
ウ、良い天候に恵《めぐ》まれれば、外に出たくなるのは当然だから。
エ、時機や条件が整えば、心は自然と動き出すものだから。

問七　――線⑧「これから生きていくために、どうすればいいのか、自分でちゃんと考えたい。」の心情の説明として最も適切なものを選びなさい。

ア、「ぼく」の人生は自分の意志で決めたい
イ、言いたいことができたら迷わず伝えたい
ウ、両親のために「北の太陽」で暮らしたい
エ、治療《ちりょう》を受けて両親を心から安心させたい

問八　――線⑨「それでわかったんだ。」とあるが、「ぼく」は「どうすること」がわかったのか。四十五字以内の一文で説明しなさい。

問九　□に入る言葉として最も適切なものを選びなさい。

ア、顔　　イ、聞き耳　　ウ、波風　　エ、目くじら

問十　――線⑪「山は大きく、森は深く、日がのぼるにしたがって、空はさらに高くなった。」の説明として最も適切なものを選びなさい。

ア、雅也が人生の高い目標を立てたことによって、厳しい未来が待っていることを暗示している。
イ、雅也のすべての迷いがなくなり、どんな困難も楽しさに変える自信がついたことを暗示している。
ウ、雅也自身に人生を切り拓《ひら》く強さが手に入り、さらに検査の結果も良好であることを暗示している。
エ、雅也自身の人生の可能性が広がり、明るく希望にあふれた未来が待っていることを暗示している。

「北海道へ行くのを許してくれて」

「許すも許さないも、雅也の人生なんだから、いちばんいいと思う道を選べばいい」

「これからもそうする」

言葉がとぎれた。

もう話す言葉が思い浮《う》かばない。

電話を切ろうか迷《まよ》う。

「意外と近いんだな。北海道って」

父さんが言った。

「えっ？」

「声が。それに……気持ちも近くなった」

「ぼくも」

「じゃあ、楽しんでこいよ」

「ありがとう」

電話を切って顔を上げると、駒ヶ岳の⑩イタダキまではっきりと見えた。

⑪山は大きく、森は深く、日がのぼるにしたがって、空はさらに高くなった。

（村上しいこ『みつばちと少年』）

〔注〕

＊瑛介・海鳴…「北の太陽」で暮らす子ども。

＊志保子さん…「北の太陽」の運営責任者。

問一　――線①「センゲン」・⑤「トウロク」・⑩「イタダキ」を漢字に直しなさい。

問二　――線②「なるほど。聞いてホッとした。」の理由として最も適切なものを選びなさい。

ア、この車であればクマがぶつかって来てもクラクションを鳴らせるので、安心だとわかったから。

イ、大勢の人間がクラクションを鳴らせば、クマは怖《こわ》がって車に近寄って来ないとわかったから。

ウ、クラクションを鳴らしたのはおじさんの異常事態ではなく、クマよけだとわかったから。

エ、クマやぼくたちの眠けざましのために、クラクションを鳴らしていたということがわかったから。

問三　――線③「雅也と出会ったことも、宝物が増えたみたいって言ってた」の説明として最も適切なものを選びなさい。

ア、新しい子どもたちとの出会いを最も大切に考えているということ

イ、子どもたちに関わった経験は自らの財産と考えているということ

ウ、雅也も施設の子どもたちと同じで大事な収入源と考えていること

エ、施設の子どもたちとの思い出だけが心の支えだと考えていること

「どうしたの、こんなに朝早く。なにかあったの？」
　母さんの声があせっていた。
「なにもないよ。ただ、電話したくなったから。いま、おじさんたちと、森にいる。みつばちたちが、いっせいに飛び立ったんだ。すごいよ、すごすぎて、なぜだか電話したくなった」
「そう。よかったわね」
「それでね、母さん。ぼくはやっぱり、言わなきゃと思った。ちゃんと、検査を受けようと思う。⑧これから生きていくために、どうすればいいのか、自分でちゃんと考えたい。将来、あのとき母さんが、とか、あのとき父さんが、とか、言いたくない」
「そうなの……」
「それに、ぼくがはっきりしないせいで、父さんと母さんの仲が悪くなっていくのはいやだ」
「ああ、それはごめん」
「ここに来てさ、正直トラブルになりそうなことは、いくつもあった。でもみんないい人で、ぼくを思いやってくれて。おかげで学校にいたときみたいに、気持ち悪い感じは、まだ一度もない」
「そうなんだ。帰ってから、ゆっくり聞かせて」
「うん。あ、そうだ、お肉ありがとう。みんなよろこんでた」
「雅也も食べた？」
「食べたよ。そうだ、今度イカめしコンテストに出るんだよ。ぼくね、料理の素質があるみたい」
「え？　雅也が作るの？」
「そうだよ」
「へえ、おどろいた。雅也がそんなに、積極的だったとは」
「たぶんそれは、ここにいる友だちが、すてきだから」
「…………」
「本当にすてきなんだよ。五歳の子や、小学校一年生の子や、三年生や五年生の子。ここへ来た理由はちがっても、みんなおたがいを思いやりながら暮らしてるんだ。同い年の＊海鳴《かいなる》って子がいるんだけど、同学年で、生まれてはじめて気が合う友だちができた」
「やっといい出会いがあったんだね」
「うん、⑨それでわかったんだ。自分のつらさとか、生きづらさを認めて、そこから飛び立たなきゃいけないって。それができたら、ぼくにとっての普通も、見つかるって。ごめん。うまく話せなくて」
「北海道へ行って、よかったみたいね」
「うん。本物のヒグマにもあったし」
「動物園にも行ったの」
「えっ、まぁ……」
　まさか、森で出会って、走って逃《に》げたとは、言えなかった。
「そうだ、父さんは？」
「いるわよ。替《か》わるね」
　すぐそばで□を立てていたんだろう。
「雅也か」
　すぐに父さんの声がした。
「どうだ。困ってないか？」
「うまくいってる。教室みたいに、じっとしてなくていいし」
「ははっ、そうだな」
「父さん、ありがとう」
「なんだ」

「頭を……スズメバチに……。それって、だいじょうぶ……」
「……じゃない。頭をな、ハンマーで、ガンッてなぐられたみたいだった。顔はもちろん首まではれて、首を回すこともできない」
「へえ、死ななかったんだ」
「④あ、ありがとう。おかげさまで。そうじゃなくって、イカめしだ。がんばれよ」
「うん。優勝する」
「そう、その調子。そのためには、普通《ふつう》のイカめしプラスなにかが必要だと、おじさんは思うんだ」
「普通プラスなにか……。なにかってなに？」
「それは自分で考えろ。ところで、家に肉のお礼、言っといてくれたかな」
「ああ、まだ電話してない。スマホ持ってないし」
「電話なら北の太陽にあるだろ」
「ダイニングにあるから、みんなに聞こえちゃう」
「じゃあ、あとでおじさんのスマホを貸してあげる。雅也のお父さんやお母さんの番号も、電話に⑤トウロクしてあるから」
　一時間かけて、ぼくたちは最初の「現場」に着いた。ここが終われば、また次の現場へと移動する。
　あたりはもう明るみ始めていた。
　この前と同じような帽子《ぼうし》をかぶって、ぼくはおじさんのそばについた。
　おじさんは、さっきの話がじょうだんではない証拠《しょうこ》に、スマホをぼくにわたした。
「もうすぐ日がのぼって、みつばちがいっせいに飛び立つ。これはすごいから、よく見ておけよ」
　おじさんは言うと、十秒後には作業に取りかかっていた。
　巣箱をひとつひとつていねいにチェックしていく。ひとつの箱に九枚の巣枠《すわく》の板がセットしてある。
　どの板にも、びっしりとみつばちがいる。
　箱は三段重ねになって、五列にずらっと並ぶ。
　⑥ひとつひとつの箱が、生き物だ。
「なにを調べているの？」
「うん、これは内検といって、女王バチや働きバチに、異常がないか、病気のハチや死んだハチがいないか見ている。そういうのがくさると、巣をぜんぶだめにしてしまう」
　ぼくも板を持たせてもらった。
　けっこうずっしりとくる。
「雅也が帰るまでには、はちみつを採取できそうだ」
「やったあ！」
　ぼくがこぶしを突《つ》き上げたそのときだ。はるか上空に向かって、みつばちたちが花を求めて飛び始めた。太陽の光を味方につけ、ブンブンとうなり声をたて旋回《せんかい》する。
　向かう先はどこなのか、ぼくもいっしょについていきたい。
　ふと、みつばちマーヤの冒険《ぼうけん》の一節を思い出す。ちょうのフリッツのセリフで、
　——明るくあたたかくなると、花はおのずとひらく。そうなるほかはないんだ。そして花びらがほぐれる。ぼくの羽もそのとおりだった。太陽が照れば、だれだってさからうことはできないんだ。
　⑦ぼくの気持ちもそのとおりだ。この気持ちを、いま、だれかに伝えたい。
　そう思ったぼくは、おじさんから借りたスマホを取り出していた。

三　**次の文章を読んで、後の問いに答えなさい。**

中学一年生の雅也《まさや》は、言葉や行動をおさえられなくなることがあり、学校では理解が得られず悩《なや》んでいた。夏休み、養蜂《ようほう》家のおじが住む北海道へ一人で旅行するが、手違《てちが》いで泊《と》まる部屋が無く、近くにある「北の太陽（事情があって家族と離《はな》れて暮らす子どもたちの施設《しせつ》）」で過ごすことになった。次の文章は雅也がおじの仕事を見学に行く場面である。

夏といっても、午前三時はまだ暗く、空には星がまたたいている。

しかし明るくなってからではおそいのだ。

おじさんは、

「時間が時間だから、迎《むか》えに行って、玄関《げんかん》前にいなかったら、わざわざ起こさないから」と①センゲンしていた。

たぶんだけど、家の中にまで入って、*瑛介《えいすけ》を起こしてしまうと、連れていけとうるさくさわぐからだと思う。

立っていると少し身ぶるいした。最低気温は十八度。さすが北海道だ。松阪《まつさか》なんて、最低気温が二十五度を切らない夜が続いているというのに。

おじさんのワゴン車が、そうっと近づいてきた。

おはようのあいさつもひそひそ声だ。助手席に乗りこむのもそうっと。

大学生のお兄さんが、後ろの座席でうとうとしていた。

エンジンの音が昼間の何倍も大きくひびく。

ところがおどろいたことに、静かな町をぬけ、山に向かう道に入ると、おじさんは、けたたましくクラクションを鳴らした。どうかしてしまったのかと、恐怖《きょうふ》すら感じた。

「ど、どうしたの？　まさか、眠《ねむ》けざましとか」

「クマよけだ。クマとぶつかったら、この車でも勝ち目はないからな。クマも重傷だろ。まあ、おたがいの安全のためだ」

②なるほど。聞いてホッとした。

「夜は駒ヶ岳《こまがたけ》が見えなくて、さびしいな」

おじさんは、ほらと言って、ガムをくれた。

「そうだ。*志保子《しほこ》さんから聞いたぞ。イカめしコンテストに出るんだってな。子どもの部」

「ねえ、おじさんって、志保子さんと仲がいいの？」

「よかったら、まずいのか？」

「いや、べつに。ただ……」

「ただ、なんだ？」

「ぼくのこと、悪く言ってなかったかなと思って」

「ないない、そんなこと。あの人はもう二十年以上、いろんな境遇《きょうぐう》の子どもたちを見てきてるんだ。人との出会いを楽しめる人だ。③雅也と出会ったことも、宝物が増えたみたいって言ってた」

じゃあ、どうして、ぼくの意見をすんなりと受け入れてくれないのだろう。

影《かげ》のようなものが、道路沿いの草むらの中で動くたび、おじさんはクラクションをけたたましく鳴らした。

開けた窓からときおり、草や土のにおいに混ざって、動物園でかいだことがある獣《けもの》のにおいが流れこむ。

「おじさんと志保子さんは、いつ知りあったの？」

「十五年前かな。おじさんが、北の太陽の近くに巣箱を置いてて。ある日スズメバチに頭を刺《さ》されたことがあったんだよ。そして、あの家に運びこまれた」

問八　――線⑦「ただの悲観主義者（ここでは『真の悲観主義者』と呼ぶことにします）と防衛的悲観主義者の違い」の説明として適切なものを二つ選び、解答欄《らん》の記号を〇で囲みなさい。

ア、これから行うことに対して、真の悲観主義者は準備をすることはないが、防衛的悲観主義者は念入りに準備をする。

イ、これから起こることに対して、真の悲観主義者は漠然《ばくぜん》と不安を覚えるが、防衛的悲観主義者は具体的な状況を思い描く。

ウ、成功したときも失敗したときも真の悲観主義者は現実を受け入れないが、防衛的悲観主義者はその結果をしっかり受け止める。

エ、何かに対して失敗をしたときに、真の悲観主義者は落ち込んでしまうが、防衛的悲観主義者は落ち込むことがない。

オ、一度成功したことに対し、真の悲観主義者は今度もうまくいくとは考えないが、防衛的悲観主義者は自信をもって臨《のぞ》むことができる。

問九　次に示すのは、外山さんの文章を読んだ後の、花子さんとある友だちとのやりとりです。会話文中の［Ｃ］に入る文章として最も適切なものを選びなさい。

花　子―悲観主義者の中にも、楽観主義者とは違うやり方で成功を収めている防衛的悲観主義者と呼ばれる人たちがいることを知り驚《おどろ》きました。

友だち―そうですね、私も意外でした。悲観主義という言葉にマイナスイメージを持っていました。

花　子―防衛的悲観主義者の物事に対する姿勢には、学ぶところが多いように感じました。

友だち―花子さんは防衛的悲観主義者のどのようなところを具体的に参考にしたいですか。花子さんの考えを教えてください。

花　子―［Ｃ］

友だち―そのように考えることができればこれからの中学校生活で新しいことに積極的にチャレンジしていけますね。

ア、何かことにあたるときに、あらかじめ失敗を想定しておくことで不安を和らげるところを参考にしたいです。失敗は誰にでもあるので、過ぎたことに捉われず前向きに進むところを見習いたいと思います。

イ、何かことにあたるときに、徹底的に想定と対策をするところを参考にしたいです。そして仮に失敗したとしても、現実を受け止めて次の目標に向かって万全の準備をしていくところを見習いたいと思います。

ウ、何かことにあたるときに、仮に成功したとしても自分の実力とは考えないところを参考にしたいです。自分の力を過信しすぎることなく、コツコツと努力を積み重ねていくところを見習いたいと思います。

エ、何かことにあたるときに、結果についてあえて考えないところを参考にしたいです。イメージ・トレーニングなどを効果的に取りいれながら、ただやるべきことに集中していくところを見習いたいと思います。

けとめ、同じ失敗を二度とくり返さないように、将来の目標に向けて万全の準備をします。

防衛的悲観主義は、いわゆる悲観主義者のように、過ぎ去ってしまったことを決してクヨクヨ考えるのではなく、常に未来（目標）のことを考えているのです。

〔外山　美樹『勉強する気はなぜ起こらないのか』〕

〔注〕

＊A子さん…不安傾向が強い人物の例として本文に登場した。来週の授業で発表があるという設定になっている。

問一　――線①「防衛的悲観主義」を筆者はどのように説明していますか。「こと」が続くよう文中から三十字程度で探し、最初と最後の三字を抜《ぬ》き出しなさい。

問二　――線②「悲観的に考えることで、不安をコントロールできる」の理由として最も適切なものを選びなさい。

ア、失敗を予想しておくことで、実際に失敗したときにショックを受けないですむから。

イ、成功しなければいけないというプレッシャーから解放されて、実力が発揮できるから。

ウ、成功するか失敗するかを考えないことで、自分がやるべきことに集中できるから。

エ、最悪な事態を予想することで、何が起こるのかわからない不安から逃れられるから。

問三　――線③「ヨウイン」・⑤「シツギ」を漢字に直しなさい。

問四　[A] に入る言葉として最も適切なものを選びなさい。

ア、メリット　　　イ、バロメーター

ウ、ポテンシャル　　　エ、プレゼンテーション

問五　――線④『物事を悪いほうに考える』ことで成功する二つ目のポイント」の説明として最も適切なものを選びなさい。

ア、自分が傷つくことをあらかじめ防衛することで、現実を受け止めて次に頑張ろうとするやる気を奪われないようにできる。

イ、最悪の事態をうんざりするほど考え抜くことによって、どのような結果でも自分にとっては成功として受け止めることができる。

ウ、ありとあらゆる失敗の状況を具体的にイメージすることによって、対策が定まりやるべきことに集中することができる。

エ、これから起こる出来事を考えられる限り悪いほうに想像しておくことで、本番でなにが起こっても冷静に対処することができる。

問六　――線⑥「青写真」の意味として最も適切なものを選びなさい。

ア、注意点　　　イ、優先順位

ウ、最善の方法　　　エ、おおよその計画

問七　[B] に入る語として最も適切なものを選びなさい。

ア、また　　　イ、ただし　　　ウ、だから　　　エ、つまり

るからです。考えられる限りのネガティブな結果を具体的に想像することによって、おのずとやるべきことは見えてきます。

　そして、具体的な対策が定まると、防衛的悲観主義者といえども、もう迷いはありません。あとはただやるべきことに集中するだけです。たとえば、A子さんは失敗を想定した後、自宅で何度も何度も発表の練習をくり返し、来るべき質問を想定した回答例を作り、家族をクラスのみんなに見立てて、⑤シツギ応答の練習をするでしょう。

　その時には、不安もすっかり忘れているにちがいありません。

　こうして、用意《ようい》周到《しゅうとう》に準備ができた防衛的悲観主義の人は文字通り、「何が起きても大丈夫」という自信のもとで、積極的な態度で本番を迎えることができます。

　どんな事態が起きても、それに対処すべき⑥青写真が頭の中にクリアに入っているので、何も恐《おそ》れることはありません。まさに不安に打ち勝った状態です。

　ここでA子さんの発表の結果をお伝えしましょう。悪いほう、悪いほうに想像し、徹底《てってい》的にその対策を練り上げたA子さんは、本番を迎える頃にはその心配事に対する不安をコントロールし、そして本番では立派な成果を収めたのです。

　そんなA子さんですが、次にまたみんなの前で発表を行う時には、同じ不安におそわれてしまいます。「前にもうまくいったし、今度もうまくいく」とは安易に考えない防衛的悲観主義者は、悪い事態を予想することで不安になってはしまいますが、その不安を否定するのではなく逆に利用してやる気を高め、悪い事態を避ける最大限の努力をすることで目標達成につなげるのです。

　B、悲観主義者がみんな、防衛的悲観主義者というわけではありません。防衛的な働きをしない、ただの悲観主義者もいます。

　では、⑦ただの悲観主義者（ここでは「真の悲観主義者」と呼ぶことにします）と防衛的悲観主義者の違《ちが》いは何でしょうか？

　違いを考えるためには、まず、両者で同じところを見つけておく必要があります。両者ともに悲観主義には違いありませんので、試験で悪い点数をとるだろうとか、試合で失敗するだろうとか、友人関係はうまくいかないだろうとか、自分のこれからの行動の結果について、悲観的に予想します。あらかじめ失敗を予想することで、不安を和らげるというプロセスは真の悲観主義者も防衛的悲観主義者も変わりはありません。

　両者の決定的な違いは、先に説明した、予想できる最悪の事態を見越《みこ》して、それを避ける最大の努力を行うというプロセスにあります。つまり、これから行うことに対して、防衛的悲観主義者は入念に準備をしますが、真の悲観主義者は準備することはありません。

　そのため、防衛的悲観主義者は成功しやすいですが、真の悲観主義者は成功しにくいのです。

　また、行動の結果、成功したときのとらえ方も両者では異なります。

　何かがうまくいった（たとえば、努力して試験の成績が良かった）とき、防衛的悲観主義者はその結果をきちんと受け止めますが、真の悲観主義者は受け止めません。具体的には「その結果はたまたまだよ」とか「何かの間違いに違いない」と考え、現実を正しく受け入れないのです。

　何かがうまくいかず、失敗したときも、両者の捉《とら》え方は異なります。真の悲観主義者は、自分が失敗したときには「自分の能力が足りないからだ」とか「どうせ努力なんかしたって、何も変わらない」と考えます。クヨクヨ考えるだけで、次（未来）に向かって動き出そうとはしません。

　一方で、防衛的悲観主義者は、失敗したときにはその現実をきちんと受

です。失敗するのか、それとも成功するのか、自分が赤《あか》っ恥《ぱじ》をかくのか、はたまた脚光《きゃっこう》を浴びるのかがわからないから不安になるのです。

もし、これから起こることに多少なりとも確信を持つことができれば、その不安はずいぶんと和《やわ》らぐでしょう。もちろん、それですべての不安がなくなるわけではありませんが、結果があらかじめイメージできていれば、ある程度、落ち着いて取り組むことができるはずです。

楽観主義の人は「自分は成功するにちがいない」という確信をもち、自分が成功するのか、それとも失敗するのかについては考えないのです。考えると不安がおそってくるからです。

極力結果について考えることを避《さ》け、ただやるべきことをやるだけ。これが楽観主義者が使う心理的作戦になります。さらには、彼らは本番前には、音楽を聴《き》いてリラックスしたり、読書をして気晴らしをしたりすることが多いです。本番前には、不安に対処するのではなく、不安が生じることを避けようとするのです。

これに対して、防衛的悲観主義の人は、これから遭遇する状況において「悪い結果が出るにちがいない」と確信します。そう考えることで、何が起こるのかわからない不安から逃《のが》れることができるからです。

「良い結果が出る」ではなく「悪い結果が出る」と予想することで、成功しなくてはいけないというプレッシャーからも解放されることになります。くり返しいいますが、防衛的悲観主義の人は、ことさら不安傾向が強いから、このように考えるのです。

つまり、防衛的悲観主義者が最悪な事態を予想するのは、自分の目標の障害になる不安をコントロールするためと言えます。

さらには、こういった心理的作戦には、とても魅力《みりょく》的な［A］があります。「自分は失敗するにちがいない」とあらかじめ予想しておくことによって、実際に失敗した時のショックを和らげることができるのです。

読者のみなさんにも経験があるのではないでしょうか。成功を期待していて失敗するよりも、あらかじめ失敗を予想しておいてその通りになるほうが、ショックが少なかったという経験を。

防衛的悲観主義の人が用いる悲観的思考は、実際に失敗したときに落ち込《こ》まずにすむ緩衝材《かんしょうざい》（クッション）となっているのです。

自分が傷つくことをあらかじめ防衛しておくことが、「防衛的悲観主義」とよばれる理由でもあります。もちろん、そうした考えでも、実際に失敗すると、がっかりすることもありますが、現実を受け止め、次に頑張《がんば》ろうとするやる気までは奪《うば》われないですむのです。

④「物事を悪いほうに考える」ことで成功する二つ目のポイントは、予想できる最悪の事態を見越《みこ》して、それを避ける最大の努力を行うというプロセスにあります。悪いほう、悪いほうへと予想し、考えられる結果を鮮明《せんめい》に思い浮《う》かべることによって、その対策を練りあげ、実行に移すことができるのです。

防衛的悲観主義は、これから起こる出来事を、うんざりするほど悪いほう悪いほうに想像してしまいます。それはもう名人かと思うほど、ありとあらゆる失敗の可能性を考えることができるのです。

冒頭にあげたA子さんは、「話す内容を忘れて、頭の中が真っ白になるのではないか」、「自分の声が小さくて、友だちが聞き取れないのではないか」、「準備が十分ではないと、先生に怒《おこ》られるのではないか」、「質問に答えられないのではないか」といったように、来る日も来る日も悲観的に失敗の可能性を考え続けていました。

しかし、このネガティブ思考は、ただのネガティブ思考ではありません。彼らは、ありとあらゆる失敗の状況をイメージ・トレーニングしてい

問八　次の中から表現が適切な文を一つ選びなさい。

ア、あの製薬会社で、新薬が開発した。
イ、ぼくは、カレーライスが大好きです。
ウ、わたしが伝えたいのは、絶対にあきらめない。
エ、まさか急に予定が変わったのか、わからない。

問九　次の――線の語句の意味に最も近いものを選びなさい。

彼は、竹を割ったような性格だ。

ア、さっぱりしていて気持ちがよい
イ、きっちりとしていてすきのない
ウ、しっかりしていて物おじしない
エ、きっぱりと自分の意見を言える

問十　次の句で季節が異なるものを一つ選びなさい。

ア、桐一葉《きりひとは》日当りながら落ちにけり　(高浜虚子《きょし》)
イ、とどまればあたりにふゆる蜻蛉《とんぼ》かな　(中村汀女《ていじょ》)
ウ、海に出て木枯《こが》らし帰るところなし　(山口誓子《せいし》)
エ、をりとりてはらりとおもきすすきかな　(飯田蛇笏《だこつ》)

二　次の文章を読んで、後の問いに答えなさい。

心理学の世界では長年、楽観主義者が成功しやすく、悲観主義者が失敗しやすいと考えられてきました。それは、「ポジティブ思考が善で、ネガティブ思考が悪」という一般《いっぱん》的な考え方と同じです。

ところが、近年、悲観主義者のなかにも、「物事を悪いほうに考える」ことで成功している人がある程度いることがわかってきました。そういった傾向《けいこう》にある人は、前にある行動でうまくいったとしても、「前にうまくいったから、今度もうまくいく」とは考えないで、これから迎《むか》える状況《じょうきょう》に対して、最悪の事態を想定します。冒頭《ぼうとう》でとりあげた*A子さんのように最悪の事態をあらゆる角度から悲観的に想像しては、失敗を想定するのです。また、こうした考え方をする人を心理学では、防衛的悲観主義者といいます。そういった考え方をする人を心理学では、①防衛的悲観主義と呼びます。

このような防衛的悲観主義は、とりわけ、不安傾向が強い人に有効な心理作戦となりうるのです。

防衛的悲観主義が「物事を悪いほうに考える」ことで成功する理由には、二つのポイントがあります。

まず一つ目は、②悲観的に考えることで、不安をコントロールできる点です。

不安はパフォーマンスを阻害《そがい》する大きな③ヨウインの一つです。不安が生じると、向かうべき課題に集中できなくなります。不安に押《お》しつぶされてしまって、本来の実力が発揮できなかったという経験は、誰《だれ》にもあるでしょう。防衛的悲観主義者は、とりわけ不安が強い傾向にあるのです。

このパフォーマンスの障害となる「不安」という感情は、これから遭遇《そうぐう》する状況では何が起こるのかわからないといった思いから、生まれるもの

二〇二二年度
日本大学豊山女子中学校

【国　語】〈第一回試験〉（五〇分）〈満点：一〇〇点〉

（注意）㈠　選択《せんたく》問題は記号で答えなさい。
㈡　字数が指定されている場合、句読点や符号《ふごう》も一字と数えなさい。

一　次の各問いに答えなさい。

問一　次の――線のカタカナを漢字に直しなさい。ただし、送りがなはひらがなで書きなさい。

努力で欠点をオギナウ

問二　次の熟語の読みの組み合わせとして最も適切なものを選びなさい。

「荷物」

ア、音読み＋音読み　イ、音読み＋訓読み
ウ、訓読み＋訓読み　エ、訓読み＋音読み

問三　次の意味を持つ四字熟語を一つ選びなさい。

大げさに言うこと

ア、針小棒大　イ、大同小異
ウ、大胆《だいたん》不敵　エ、広大無辺

問四　次の熟語で、他と構成が異なるものを一つ選びなさい。

ア、親友　イ、最高　ウ、帰郷　エ、笑顔

問五　次のことわざの意味として最も適切なものを選びなさい。

待てば海路の日和あり

ア、耐《た》えて待てば、よい天気に恵《めぐ》まれること。
イ、耐えて待てば、悪いうわさも消えること。
ウ、耐えて待てば、自分の名誉《めいよ》が高まること。
エ、耐えて待てば、よい時節が到来《とうらい》すること。

問六　次の意味に合うカタカナ語として、適切なものを一つ選びなさい。

正しく読んだり書いたりできる能力

ア、リテラシー　イ、ノスタルジー
ウ、プライバシー　エ、アイロニー

問七　次の――線の用法がほかと異なるものを一つ選びなさい。

ア、掃除《そうじ》の手伝いをして褒《ほ》められた。
イ、彼の表情からは気合が感じられる。
ウ、困っているところを彼に助けられた。
エ、サッカーの試合で声援《せいえん》をかけられる。

2022年度

日本大学豊山女子中学校 ▶解説と解答

算 数 ＜第１回試験＞（50分）＜満点：100点＞

解 答

1 (1) 59 (2) $2\frac{3}{4}$ (3) $1\frac{13}{15}$ (4) 15 (5) 0 (6) 200 2 (1) 90 (2) 41.13 (3) 49.5 3 (1) 10分48秒後 (2) ウ 4 (1) 18m² (2) 54m² (3) 7回目 5 (1) 36% (2) 96% (3) 9時43分20秒

解 説

1 四則計算，濃度《のうど》，周期算，消去算

(1) $3+4\times(18-12\div3)=3+4\times(18-4)=3+4\times14=3+56=59$

(2) $2+\left(1.8-1\frac{1}{8}\right)\div0.9=2+\left(1\frac{4}{5}-1\frac{1}{8}\right)\div\frac{9}{10}=2+\left(1\frac{32}{40}-1\frac{5}{40}\right)\div\frac{9}{10}=2+\frac{27}{40}\times\frac{10}{9}=2+\frac{3}{4}=2\frac{3}{4}$

(3) $\frac{14}{3}-\left(\frac{10}{3}+\frac{3}{4}\right)\div\left(\frac{17}{6}-\frac{11}{8}\right)=\frac{14}{3}-\left(\frac{40}{12}+\frac{9}{12}\right)\div\left(\frac{68}{24}-\frac{33}{24}\right)=\frac{14}{3}-\frac{49}{12}\div\frac{35}{24}=\frac{14}{3}-\frac{49}{12}\times\frac{24}{35}=\frac{14}{3}-\frac{14}{5}=\frac{70}{15}-\frac{42}{15}=\frac{28}{15}=1\frac{13}{15}$

(4) （食塩の重さ）＝（食塩水の重さ）×（濃度）より，10％の食塩水130ｇに含《ふく》まれている食塩の重さは，130×0.1＝13（ｇ）とわかる。また，できる食塩水の重さは，130＋120＝250（ｇ）であり，この食塩水の濃度は12.4％だから，できる食塩水に含まれている食塩の重さは，250×0.124＝31（ｇ）と求められる。よって，□％の食塩水120ｇに含まれている食塩の重さは，31－13＝18（ｇ）なので，この食塩水の濃度は，18÷120＝0.15，0.15×100＝15（％）となる。

(5) $\frac{26}{37}$＝26÷37＝0.702702…だから，小数点以下には｛7，0，2｝の３個の数字がくり返される。よって，35÷３＝11余り２より，小数第35位の数字は小数第２位の数字と同じであり，０とわかる。

(6) 上段と下段からＡを２個とＣを２個ずつ取り除《のぞ》くと，上段にはＣが１個残り，下段にはＢが１個残る。これが等しく，Ｃ１個の値段は100円なので，Ｂ１個の値段も100円とわかる。また，上段と中段からＡを１個とＣを３個ずつ取り除くと，上段にはＡが１個，中段にはＢが２個残る。これが等しいから，Ａ１個の値段は，100×２＝200（円）と求められる。

2 角度，面積，水の深さと体積

(1) 右の図１で，ADとBCは平行だから，○印２個分と×印２個分の大きさの和は180度である。よって，○印１個分と×印１個分の大きさの和は，180÷２＝90（度）なので，角AEBの大きさは，180－90＝90（度）とわかる。したがって，㋐の角の大きさは，180－90＝90（度）と求められる。

図１

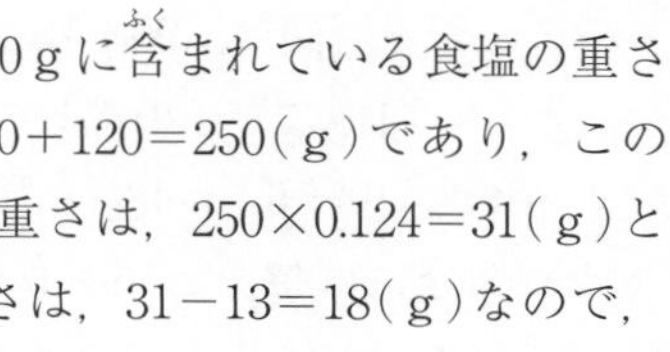

(2) 下の図２のようにＢとＥを結ぶと，斜線《しゃせん》部分と太線で囲んだ部分は合同になる。よって，図２と下の図３の影《かげ》の部分の面積は同じになるから，影の部分の面積は，半円１個の面積と三角形

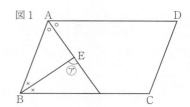

BFEの面積の合計と等しくなることがわかる。また，半円の半径は，６÷２＝３(cm)なので，半円の面積は，３×３×3.14÷２＝4.5×3.14＝14.13(cm^2)，三角形BFEの面積は，６×(３＋６)÷２＝27(cm^2)となり，影の部分の面積は，14.13＋27＝41.13(cm^2)と求められる。

図２

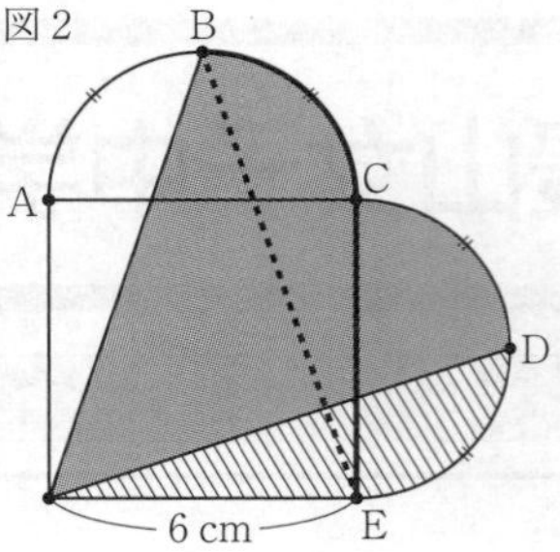

図３

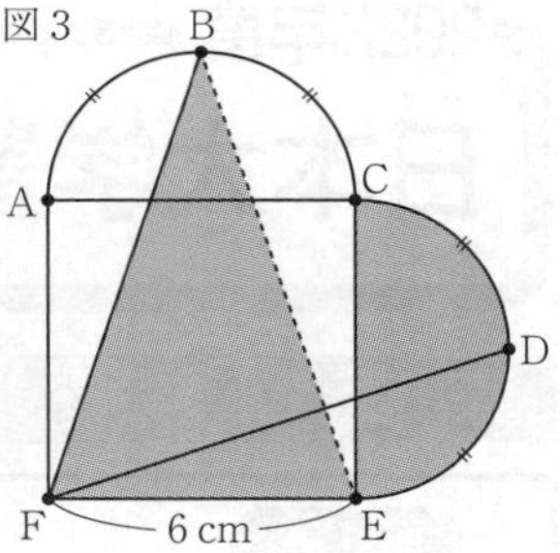

⑶　三角柱の容積は，４×４÷２×３＝24(cm^3)だから，はじめに円柱に入っていた水の体積は，24＋９＝33(cm^3)とわかる。また，このときの水面の高さは円柱の高さの$\frac{2}{3}$にあたるので，はじめに円柱に入っていた水の体積は，円柱の容積の$\frac{2}{3}$にあたることになる。よって，(円柱の容積)×$\frac{2}{3}$＝33(cm^3)より，円柱の容積は，33÷$\frac{2}{3}$＝49.5(cm^3)と求められる。

３　グラフ―水の深さと体積

⑴　右の図１で，アの部分の容積は，４×４×６＝96(cm^3)である。また，アの部分には毎分16cm^{3}の割合で水が入るから，アの部分がいっぱいになるのにかかる時間は，96÷16＝６(分)とわかる。同様に，イの部分の容積は，４×４×(９－６)＝48(cm^3)であり，イの部分には毎分，16－６＝10(cm^3)の割合で水が入るので，イの部分がいっぱいになるのにかかる時間は，48÷10＝4.8(分)となる。よって，容器が満水になるのは水を入れ始めてから，６＋4.8＝10.8(分後)と求められる。60×0.8＝48(秒)より，これは10分48秒後となる。

図１

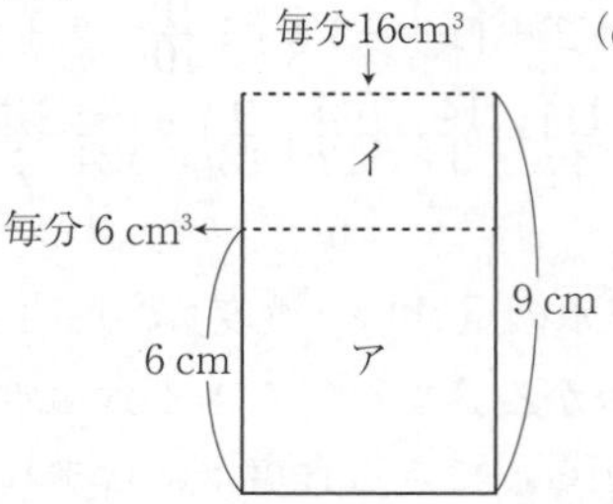

図２

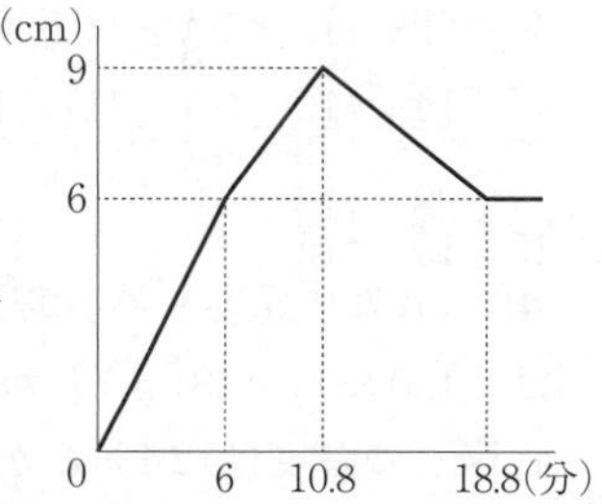

⑵　満水になったときに水を止めると，イの部分の水が毎分６cm^{3}の割合で減るから，イの部分の水がなくなるのに，48÷６＝８(分)かかる。よって，グラフは右上の図２のようになるので，最も適切なものはウである。

４　図形と規則，植木算

⑴　１回目の作業を終えると，１辺の長さが３mの正方形の面積２個分だけ表面積が増える。また，１辺の長さが３mの正方形の面積は，３×３＝９(m^2)だから，増える表面積は，９×２＝18(m^2)である。

⑵　２回目の作業を終えたときの直方体の数は４個なので，切り口の数は，４－１＝３(か所)とわかる。また，⑴より，切り口１か所あたり18m^{2}ずつ表面積が増えるから，全部で，18×３＝54(m^2)増える。

⑶　この作業を１回行うごとに，直方体の数は次々と２倍になる。また，直方体と直方体の間に１か所ずつ切り口ができるので，切り口の数は直方体の数よりも１少なくなる。さらに，切り口１か所あたり18m^{2}ずつ表面積が増えることになる。よって，表面積が2286m^{2}増えるのは切り口の数

が，2286÷18＝127(か所)のときであり，このときの直方体の数は，127＋１＝128(個)とわかる。したがって，１×２×２×２×２×２×２×２＝128より，直方体の数が128個になるのは７回目の作業を終えたときとわかる。

5 割合と比

⑴　８時から９時までの１時間(＝60分間)は毎分0.4％ずつバッテリーを消費するから，60分間では，0.4×60＝24(％)消費する。また，９時から９時50分までの50分間は毎分，0.4×２＝0.8(％)ずつ消費するので，50分間では，0.8×50＝40(％)消費する。よって，９時50分の残量は，100－24－40＝36(％)となる。

⑵　９時から９時50分までの50分間で充電《じゅうでん》する量は，1.2×50＝60(％)だから，この場合の９時50分の残量は，36＋60＝96(％)とわかる。

⑶　はじめに，充電をしなかった場合の11時の残量を求める。９時50分から11時までの，11時－９時50分＝１時間10分＝70分間は毎分0.4％ずつ消費するので，70分間では，0.4×70＝28(％)消費することになる。また，９時50分の残量は36％だから，充電をしなかった場合の11時の残量は，36－28＝８(％)と求められる。よって，11時に残量を100％にするには，100－８＝92(％)分の充電をする必要があるので，充電にかかる時間は，92÷1.2＝$76\frac{2}{3}$(分)と求められる。60×$\frac{2}{3}$＝40(秒)より，これは76分40秒となるから，11時－76分40秒＝10時59分60秒－１時間16分40秒＝９時43分20秒に充電を開始すればよい。

社　会　＜第１回試験＞（30分）＜満点：60点＞

解　答

1 **問１**　中国　**問２**　イ　**問３**　ア　**問４**　(例)　東日本大震災による原発事故の影響で，各地の原発が操業を停止したから。　**問５**　ウ　**2** **問１**　ア　**問２**　エ　**問３**　ウ　**問４**　エ　**問５**　⑴　鳥取県　⑵　エ　**3** **問１**　エ　**問２**　須恵器　**問３**　ア　**問４**　不輸の権　**問５**　ウ　**問６**　地頭　**問７**　首里　**問８**　ウ　**4** **問１**　ウ　**問２**　イ　**問３**　イ　**問４**　ア→ウ→イ　**問５**　①　国際連盟　②　ウィルソン　③　ドイツ　**5** **問１**　基本的人権の尊重　**問２**　イ　**問３**　最低限度　**問４**　イ　**問５**　エ　**6** **問１**　核兵器　**問２**　イ　**問３**　エ　**問４**　エ　**問５**　ア

解　説

1 地球環境とエネルギーについての問題

問１　中国は急速な工業化によって二酸化炭素(CO_2)排出《はいしゅつ》量が大きく増加し，排出量が世界一となっている。統計資料は『日本国勢図会』2021／22年版による(以下同じ)。

問２　酸性雨は，自動車の排気ガスや，工場のけむりにふくまれる硫黄《いおう》酸化物・窒素《ちっそ》酸化物が原因で発生するもので，地球温暖化と直接の関係はない。

問３　太陽光・風力などの再生可能エネルギーは，発電時に温室効果ガスを排出せず，国内で生産できるという利点を持つ。一方で，現状では発電費用が高く，発電量が日照時間や風の強弱などの自然状況《じょうきょう》に左右されるため安定しないという欠点もある。

問４　2011年３月11日の東日本大震災《しんさい》による福島第一原子力発電所の事故の影響《えいきょう》で，日本全国のすべての原子力発電所(原発)が運転を停止し，点検に入った。その後，安全性が確認された原発は再稼働《かどう》することが認められたが，現在も，運転を再開した原発は少ない。

問５　温室効果ガスの増加を実質的にゼロにする脱《だつ》炭素社会を実現し，地球温暖化を防ぐため，先進国・発展途上国を問わず世界中の国が協力して，二酸化炭素を排出する石油や石炭など，化石燃料の使用を減らすことが目指されている。したがって，Ｘは誤りでＹは正しい。

2　日本の都道府県についての問題

問１　青森県の県庁所在地は青森市で，本州の北端に位置するので冬の寒さが厳しい。よって，アが選べる。

問２　秋田県は，日本海に面している。暖流の日本海流(黒潮)と，寒流の千島海流(親潮)が出合って潮目ができるのは，太平洋側である。

問３　ぶどうは，水はけのよい扇状地《せんじょうち》が広がり，昼と夜の温度差が大きい盆地でさかんに生産されており，生産量全国第１位の山梨県，第２位の長野県，第３位の山形県で全国生産量の約半分を占《し》めている。なお，アはりんご，イはみかん，エはももの生産地をあらわした表。

問４　ラムサール条約は，水鳥の生息地として重要な湿地《しつち》を保護するための条約で，北海道では霧《きり》多布《たっぷ》湿原や，タンチョウの生息地として有名な釧路《くしろ》湿原などが登録されているが，知床《しれとこ》半島には大きな湿地はなく，登録地ではない。

問５　(1)　表１は，人口が少ない都道府県の順位をあらわしている。日本で人口が最も少ない都道府県は鳥取県で，ついで島根県，高知県となっている。　(2)　福井県は日本海に面し，県の西側には，リアス海岸が広がる若狭《わかさ》湾がある。北陸地方に属し，石川県・岐阜県・滋賀県・京都府に接している。

3　各時代の歴史的なことがらについての問題

問１　「好太王碑文《こうたいおうひぶん》」とは，朝鮮半島北部にあった高句麗《こうくり》の好太王の功績を記録した石碑(石に文をきざんだもの)で，４世紀末に日本が高句麗と戦い，好太王が日本の軍を破ったと記されている。なお，ア～ウは３世紀以前の日本のことを記した史料。

問２　古墳時代に大陸からやってきた渡来人によって，新しい技術や文化が伝えられた。須恵器《すえき》もその１つで，のぼりがまを使って高い温度で焼かれた，固い土器である。

問３　630年に第一回遣唐使として唐(中国)に派遣された人物は犬上御田鍬《いぬがみのみたすき》で，阿倍仲麻呂《あべのなかまろ》は奈良時代の717年に遣唐使として唐にわたった。唐招提寺《とうしょうだいじ》は唐から来日し，正式な戒律《かいりつ》(僧が守るべきいましめ)を伝えた鑑真《がんじん》が建てた。行基は，大仏造立《ぞうりゅう》に協力したことで知られる日本の僧《そう》である。

問４　平安時代になると，有力な貴族が持つ特権を利用するため，荘園《しょうえん》を有力な貴族に寄進する人が増えた。その特権には，税(租)を納めなくてもよいという不輸の権や，国司の立ち入りを断ることができるという不入の権などがあった。

問５　平安時代中期ごろから，阿弥陀仏《あみだぶつ》を信じ，死後に極楽浄土《ごくらくじょうど》へ往生《おうじょう》することを願う浄土教がさかんになり，源信という僧が『往生要集』を書いてその教えを説いた。なお，最澄《さいちょう》は天台宗を，空海は真言宗を開いた僧で，平安時代初めの９世紀に活躍《かつやく》した。道鏡は，奈良時代にあたる８世紀末の僧で，朝廷の政治に介入《かいにゅう》してこれを混乱させた。

問６　1185年，源頼朝は弟の源義経を討《う》つという名目で，国ごとに守護を，荘園・公領ごとに地頭をおくことを朝廷に認めさせた。荘園・公領ごとにおかれた地頭は，土地の管理や年貢の取り立てをおもな任務としていた。

問７　15世紀，現在の沖縄県に成立した琉球《りゅうきゅう》王国は，中国・朝鮮・日本・東南アジアと交易を行い，輸入した品物をほかの国へ輸出するという中継貿易で栄えた。琉球王国の都は首里(現在の那《な》覇《は》市)におかれ，王国の政治・外交・文化の中心地となった。

問８　江戸幕府は，キリスト教の禁止を徹底《てってい》するため，1639年にポルトガル船の来航を禁止して鎖国体制を確立した。しかし，キリスト教を布教しなかったオランダと清(中国)とは，長崎で貿易を続けた。

4　**感染症《しょう》に関する歴史についての問題**

問１　芥川龍之介《あくたがわりゅうのすけ》は大正時代に活躍した小説家で，『鼻』『羅生門《らしょうもん》』『杜子春《とししゅん》』など多くの作品を発表した。

問２　ハリスは，1854年に結ばれた日米和親条約にもとづいて，1856年にアメリカ総領事として伊豆(静岡県)の下田に着任し，1858年に日米修好通商条約を結んだ。なお，薩摩《さつま》藩(鹿児島県)や長州藩(山口県)は，攘夷《じょうい》思想のもとで，当初は開国に反対していた。また，幕府は大政奉還が行われた1867年に倒《たお》れた。

問３　破傷風菌《きん》の血清療法《りょうほう》を発見した北里柴三郎《しばさぶろう》は，伝染病研究所を開設した。その研究所に入所した志賀潔《しがきよし》は赤痢《せきり》菌を発見し，野口英世はアフリカで黄熱病の研究を行い活躍するなど，北里柴三郎は多くの医学者を育てた。湯川秀樹は，1949年に日本人で初めてノーベル賞を受賞した物理学者である。なお，結核菌やコレラ菌は，ドイツ人のコッホが発見した。

問４　アは1907年，イは1921年，ウは1914年のできごとである。

問５　①～③　第一次世界大戦中にアメリカ大統領ウィルソンが発表した「十四カ条の平和原則」の中で，平和を目指す国際的な機関の設立が提案され，1920年１月，スイスのジュネーブに本部をおく国際連盟が設立された。しかし，アメリカは議会が反対したため不参加で，また，社会主義国のソ連や，敗戦国のドイツの参加を認なかったため，有力国が不在という問題点をかかえていた。

5　**日本国憲法についての問題**

問１　日本国憲法では，自由権，社会権，参政権などの基本的人権が保障されている。基本的人権の尊重は，国民主権・平和主義とともに，日本国憲法の三大基本原理の１つに位置づけられている。

問２　新聞記者がデモ行進を取材することは，「報道」という表現を行うための活動なので，表現の自由にふくまれる。

問３　社会権には，教育を受ける権利・働く人が団結する権利をふくむ労働基本権とともに，生存権がふくまれる。生存権とは，健康で文化的な最低限度の生活を営む権利(日本国憲法第25条)で，これを保障するため，社会保険・社会福祉《ふくし》・公的扶助《ふじょ》などの社会保障制度が整備されている。

問４　選挙権は，満18歳以上の国民に与《あた》えられている。また，議員や首長の選挙に立候補できる被《ひ》選挙権は，参議院議員と都道府県知事の選挙では満30歳以上，それ以外の選挙では満25歳以上の人に与えられている。

問５　時代と社会の変化によって生じた新たな問題に対応し，人間としての生存を守るため，日本国憲法には明記されていない人権も，「新しい人権」として保障されるようになってきた。請願《せいがん》権は日本国憲法第16条で保障されているので，これにふくまれない。

6 2021年のできごとについての問題

問１　核兵器禁止条約は，核兵器の使用や保有を全面的に禁止することを定めたもので，122か国の賛成によって2017年７月に国際連合の総会で採択《さいたく》され，2021年１月に発効した。しかし，核保有国のアメリカ・ロシア・イギリス・フランス・中国や，核保有国と同盟関係にある日本・韓国などは，条約に参加していない。

問２　2021年２月，ミャンマーで国軍がクーデターを起こし，全土に非常事態を宣言した。アウンサンスーチー国家顧問《こもん》や幹部らを拘束《こうそく》して権力を握《にぎ》ったが，抵抗する国民も多く，混乱状態が続いている。

問３　先進７か国首脳会議（Ｇ７サミット，主要国首脳会議）は現在，フランス・アメリカ・イギリス・ドイツ・日本・イタリア・カナダの７か国で実施されている。

問４　国際連合は，1945年10月に原加盟国51か国で発足した国際的な平和組織で，2021年末現在，世界のほぼすべての国にあたる193か国が加盟している。

問５　アフガニスタンのイスラム主義勢力タリバンは，1996～2001年に政権を握った。しかし，2001年のアメリカ同時多発テロのあと，アメリカはテロの犯人たちをアフガニスタンのタリバン政権がかくまっているとして同国を攻撃《こうげき》し，タリバン政権を倒した。その後，2021年にアメリカ軍が撤退《てったい》すると，2021年８月，再びタリバンが政権をとりもどし，アフガニスタンの情勢が大きく変わった。

理　科　＜第１回試験＞（30分）＜満点：60点＞

解　答

1 (1)　エ　(2)　イ，エ，オ　(3)　（例）　げんを強くはじく。　(4)　イ　(5)　エ　(6)　エ　(7)　イ　**2** (1)　①　酸　②　中　③　アルカリ　④　青　⑤　赤　⑥　黄　⑦　緑　⑧　青　(2)　①　ア，イ，エ　②　（例）　白い粉が残った。　(3)　ウ，エ　**3** (1)　はい乳　(2)　ア，イ　(3)　①　でんぷん（養分）　②　成長　(4)　㋐，㋓　(5)　**Ａ**　エ　**Ｂ**　イ　**4** (1)　冬の大三角　(2)　オリオン座　(3)　イ　(4)　イ　(5)　**i**　遠　**ii**　１等星　**iii**　②　(6)　ウ

解　説

1 音についての問題

(1)　ギターは６本のげんをはじいて振動《しんどう》させると，その振動がギターの板や胴体《どうたい》の中の空気を振動させて音が出る。カスタネットは木を打ち合わせて，リコーダーは管内部の空気を振動させて，けんばんハーモニカはリードを振動させて，タンバリンは膜《まく》をたたいて，それぞれ音を出している。

(2)　モノコードの出す音の高さを高くするには，げんの振動する部分（AB間）の距離《きょり》を短くしたり，げんを細くしたり，げんの張りを強くするためにおもりを重くしたりして，げんが速く振動するようにすればよい。

(3)　大きな音を出すには，げんの振動を大きくするため，げんを強くはじくとよい。

(4)，(5)　図２のように水の入ったワイングラスのふちをわりばしでたたくと，ガラスが振動して音

が出る。水の量を増やすと，ガラスが振動しにくくなり，音の高さは低くなる。

⑹，⑺　実験３で，図３のようにフラスコを熱すると，水がふっとうして水蒸気が発生し，フラスコ内の空気が追い出される。そして，ピンチコックを閉じてから冷やすと，フラスコ内の水蒸気が冷えて水にもどるため，フラスコ内は真空に近い状態となる。ここでフラスコをゆらすと，フラスコ内の鈴《すず》の音は加熱前に比べて小さく聞こえる。よって，音は空気がなければ伝わりにくいと考えられる。なお，フラスコ内の空気が追い出され減っていることは，図４のようにゴム管の先が水中にある状態でピンチコックを開くと，水がフラスコへと入っていくことから確かめられる。

２　水よう液の性質についての問題

⑴　①～③　水よう液は性質によって酸性，中性，アルカリ性に分けられる。酸性の水よう液には塩酸や炭酸水，中性の水よう液には食塩水や砂糖水，アルカリ性の水よう液には水酸化ナトリウム水よう液やアンモニア水などがある。　④，⑤　赤色リトマス紙はアルカリ性の水よう液に反応して青色に変わり，青色リトマス紙は酸性の水よう液に反応して赤色に変わる。　⑥～⑧　BTBよう液は，酸性のときは黄色，中性のときは緑色，アルカリ性のときは青色になる。

⑵　①　鉄は，塩酸にはとけるが，水酸化ナトリウム水よう液にはとけない。アルミニウムは，塩酸にも水酸化ナトリウム水よう液にもとける。これらのように，鉄やアルミニウムがとける場合には，水素のあわがさかんに発生する。　②　塩酸に入れたアルミニウムが水素のあわを発生させながらすべてとけると，試験管の中はよう液だけになる(固体が見られない)。このとき，反応によってもとのアルミニウムとは別の物質(塩化アルミニウム)ができていて，この別の物質がよう液にとけこんでいる。そのため，よう液を蒸発皿にとって水分を蒸発させると，この別の物質の白い粉が残る。

⑶　アとカは，同じ水よう液を追加しているだけなので，性質は変わらない。イとオは，水を加えたことでうすまるが，性質は変わらない。よって，これらはBTBよう液の色に変化が見られない。ウは，うすい塩酸より多い量のうすい水酸化ナトリウム水よう液を加えたので，うすい塩酸はすべて中和され，うすい水酸化ナトリウム水よう液が余っていると考えられる。したがって，酸性からアルカリ性に変化し，BTBよう液の色は黄色から青色に変わる。同様に，エは，うすい水酸化ナトリウム水よう液がすべて中和され，うすい塩酸が余っていると考えられるので，アルカリ性から酸性に変化し，BTBよう液の色は青色から黄色に変わる。

３　種子のつくりと発芽についての問題

⑴　インゲンマメは無はい乳種子で，発芽に必要な養分を子葉にたくわえている。一方，トウモロコシは有はい乳種子で，発芽に必要な養分をはい乳にたくわえている。実験１では，発芽前と発芽後で，発芽に必要な養分としてたくわえられているでんぷんの量がどのように変化しているかを，でんぷんに反応するヨウ素液を使って確かめている。

⑵　有はい乳種子には，トウモロコシのほかイネ，コムギ，カキ，ホウレンソウ，オシロイバナ，トマトなどがある。

⑶　①　実験１の手順１で，インゲンマメの子葉やトウモロコシのはい乳にヨウ素液をつけると，ヨウ素液が青むらさき色に変化したことから，それらの部分にはでんぷんがふくまれていることがわかる。　②　手順２の結果より，発芽後２週間経ったインゲンマメの子葉やトウモロコシのはい乳には，でんぷんがあまり残っていないことがわかる。これは，でんぷんが発芽や，その後の成

長のために使われたからだと考えられる。

(4)　インゲンマメの種子が発芽するには，空気(酸素)，水，発芽に適切な温度がそろっている必要がある。実験２を適切な温度で行ったとすると，㋐と㋓は空気も水もそろっているので発芽する。しかし，㋑は水が不足しているため，㋒は空気が不足しているため，ともに発芽しない。なお，日光があたっているかどうかは発芽に関係しない。

(5)　図１のインゲンマメにおいて，真ん中に小さな葉のようなものがついている部分があるが，これは発芽して植物のからだとなる部分(幼芽・はいじく・幼根)である。よって，図２でこの部分をふくむ上半分のＡは発芽するが，下半分のＢは発芽しない。また，Ａは子葉を半分切り落とした状態で，発芽や成長に必要な養分が少ないため，切り分けていないＣに比べて成長が悪くなる。

4　星の動きと見え方についての問題

(1)　①はこいぬ座のプロキオン，②はオリオン座のベテルギウス，③はおおいぬ座のシリウスで，これらの星を結んでできる三角形を冬の大三角という。

(2)　オリオン座は冬の夜空を代表する星座の１つで，②のベテルギウス，④のリゲルの２つの１等星をもつ。

(3)　①のプロキオンはうすい黄色，②のベテルギウスは赤色，③のシリウスは白色，④のリゲルは青白色に見える。

(4)　南の夜空に見ることのできる星は，太陽や月と同様に，１時間あたり15度ずつ東から西へ動いて見える。よって，３時間前には，15×３＝45(度)東へずれた位置にあるので，冬の大三角やオリオン座は午前０時のスケッチを反時計まわりに45度かたむけた形となって見られる。

(5)　i　同じ自動車のライトでも，近くの自動車のライトはまぶしく見え，遠くの自動車のライトはそれほど明るく見えないのと同様に，同じ明るさで光っている星であっても，星と地球との距離が遠いほど暗く見える。　ii　肉眼で見ることができる夜空の星を明るさによって６段階に分類するさいには，最も明るく見える約20個の星を１等星，肉眼で何とか見られる程度の明るさの星を６等星としている。　iii　星の色は，星の表面の温度によって決まり，温度が高いものから順に青白色→白色→黄色→赤色となる。

(6)　星座Ａが最も高く上がったとき，北半球の北緯《い》30度では日本で見たのと同様に見える(図と同じ形に見える)が，南半球の南緯30度では上下左右が逆に見える。これは，北緯30度からは南の空にある星座Ａを北半球から見ているのに対し，南緯30度からは北の空にある星座Ａを南半球から見ているからである。

国　語　＜第１回試験＞（50分）＜満点：100点＞

解　答

一　問１　下記を参照のこと。　問２　エ　問３　ア　問４　ウ　問５　エ　問６　ア　問７　イ　問８　イ　問９　ア　問10　ウ　二　問１　最悪の～定する(こと)　問２　エ　問３　下記を参照のこと。　問４　ア　問５　ウ　問６　エ　問７　イ　問８　ア，ウ　問９　イ　三　問１　下記を参照のこと。　問２　ウ　問３　イ

問４　ア　**問５**　ウ　**問６**　エ　**問７**　ア　**問８**　（例）自分のつらさや生きづらさを認めて行動を起こせたら，自分にとっての普通も見つかるということ。　**問９**　イ　**問10**　エ

●漢字の書き取り

一　問１　補う　二　問３　③　要因　⑤　質疑　三　問１　①　宣言　⑤　登録　⑩　頂

解説

一　漢字の書き取り，漢字の音訓，四字熟語の知識，熟語の組み立て，慣用句・ことわざの知識，外来語の知識，助動詞の用法，文の組み立て，俳句の知識

問１　音読みは「ホ」で，「補正」などの熟語がある。

問２　「にもつ」と読む。「に」は訓読みで，「もつ」は音読み。

問３　「針小棒大」は，針ほどの小さいことを，棒ほどに大げさに言うこと。「大同小異」は，だいたい同じで，細かい点だけが異なること。「大胆《だいたん》不敵」は，度胸があり，思い切ったことをするようす。「広大無辺」は，果てしなく広いこと。

問４　「親友」「最高」「笑顔《えがお》」は，上の漢字が下の漢字を修飾《しゅうしょく》している熟語。「帰郷」は，下の漢字が上の漢字の目的語になっている熟語。

問５　「待てば海路の日和《ひより》あり」は，“がまん強く待っていれば，航海に都合のよい気候が必ず訪《おとず》れるように，人生にも必ずいい機会が訪れるものである”という意味。

問６　「リテラシー」は，読み書きの能力。「ノスタルジー」は，故郷から離《はな》れて，故郷を懐《なつ》かしく思う気持ち。「プライバシー」は，私生活，または私生活を他者に知られない権利。「アイロニー」は，皮肉，風刺《ふうし》。

問７　「褒《ほ》められた」「助けられた」「かけられる」の「られ」は，受け身を表している。「感じられる」の「られ」は，自発を表している。

問８　アは「あの製薬会社が，新薬を開発した」，または，「あの製薬会社で，新薬が開発された」とするのが正しい。ウは「わたしが伝えたいのは～ことだ」という形にするのが正しい。エの「まさか」は，起こりそうもないようすをいうことば。ここでは，「まさか～まい(ないだろう)」という形がよい。

問９　「竹を割ったよう」は，素直《すなお》・単純で，ねじ曲がったところがなく，さわやかな性格であるさま。

問10　アの「桐一葉《きりひとは》」，イ「蜻蛉《とんぼ》」，エの「すすき」はそれぞれ秋の季語。ウの季語は「木枯《こが》らし」で，季節は冬。

二　出典は外山美樹《とやまみき》の『勉強する気はなぜ起こらないのか』による。防衛的悲観主義とは何かを説明し，防衛的悲観主義者と真の悲観主義者の違《ちが》いについて考察している。

問１　ぼう線①と同じ段落で，筆者は「防衛的悲観主義」とは，「前にある行動でうまくいったとしても，『前にうまくいったから，今度もうまくいく』とは考えないで，これから迎《むか》える状況《じょうきょう》に対して，最悪の事態を想定」することと説明し，「最悪の事態をあらゆる角度から悲観的に想像しては，失敗を想定する」ことだと言いかえている。

問２　ぼう線②の六段落後で，防衛的悲観主義者は，「これから遭遇《そうぐう》する状況において『悪い結果が出るにちがいない』と確信」することで，「何が起こるのかわからない不安から逃《のが》れることができる」と説明されている。

問３　③　主な原因。　⑤「質疑」は，疑問をたずねること。「質疑応答」は，質問とそれに対する答え。

問４　防衛的悲観主義者は，常に「最悪な事態を予想する」が，「こういった心理的作戦」には，「実際に失敗した時のショックを和らげることができる」という，「とても魅力《みりょく》的」な利点がある，という文脈になる。「メリット」は，利点。「バロメーター」は，気圧計のこと。転じて，目安，指針という意味で用いられる。「ポテンシャル」は，潜在《せんざい》的な能力。「プレゼンテーション」は，説明，提示。

問５　「悪いほう，悪いほうへと予想し，考えられる結果を鮮明《せんめい》に思い浮《う》かべること」は，「ありとあらゆる失敗の状況をイメージ・トレーニング」することである。「考えられる限りのネガティブな結果を具体的に想像することによって，おのずとやるべきことは見えて」くるので，「具体的な対策」に取り組むことができる。これが，防衛的悲観主義者が成功する「二つ目のポイント」である。

問６　「青写真」は，設計図などのコピーに用いる写真の一種。転じて，完成の予想図，または，未来についての大まかな構想のこと。

問７　前では防衛的悲観主義者の特ちょうについて述べ，後では「悲観主義者がみんな，防衛的悲観主義者というわけでは」ないと述べているので，前のことがらに，ある条件や例外などをつけ加えなければならない場合に用いる「ただし」が合う。

問８　「これから行うことに対して，防衛的悲観主義者は入念に準備」をするが，「真の悲観主義者は準備すること」はないのでアは正しい。防衛的悲観主義者は，これから起こることについて，「考えられる限りのネガティブな結果を具体的に想像する」が，真の悲観主義者が，「漠然《ばくぜん》と不安を覚える」だけだ，とは限らないのでイは誤り。成功したときも，失敗したときも，防衛的悲観主義者は，「その結果をきちんと受けとめ」るが，真の悲観主義者は，「現実を正しく受け入れない」のでウは正しい。失敗したとき，防衛的悲観主義者は，「その現実をきちんと受けとめ，同じ失敗を二度とくり返さないように，将来の目標に向けて万全の準備」をするとあるが，落ち込《こ》まないという記述はないのでエは誤り。防衛的悲観主義者も，「前にある行動でうまくいったとしても，『前にうまくいったから，今度もうまくいく』とは考えない」のでオは誤り。

問９　防衛的悲観主義者は，何かを行うさいには，「考えられる限りのネガティブな結果を具体的に想像」して，それに対する対策を考える。そして，「失敗したときにはその現実をきちんと受けとめ，同じ失敗を二度とくり返さないように，将来の目標に向けて万全の準備」をする。防衛的悲観主義者のように，常に「物事を悪いほうに考える」必要はないが，彼らの「目標に向けて万全の準備」をする姿勢は，新しいことに積極的にチャレンジするうえで役立つと考えられる。

三　**出典は村上《むらかみ》しいこの『みつばちと少年』による。**北海道で養蜂《ようほう》を営むおじさんの仕事を見学した「ぼく」（雅也《まさや》）は，夜明けと同時にミツバチが飛び始めた光景に感動して，両親に電話をかけ，将来に対して前向きな気持ちを伝える。

問１　①　個人や団体が，意志や方針などを，外部に表明すること。その内容。　⑤　帳簿《ちょうぼ》などに記したり，届け出ること。　⑩　音読みは「チョウ」で，「山頂」などの熟語がある。

問２　瑛介《えいすけ》を起こさないように，「ぼく」は，わざわざ「北の太陽」の玄関《げんかん》前で待ち，あいさつもひそひそ声ですませた。それなのに「山に向かう道に入ると」，おじさんが「けたたましくクラクションを鳴らした」ので，「ぼく」はおじさんが「どうかしてしまったのかと，恐怖《きょうふ》すら感じた」。しかし，おじさんがクラクションを鳴らしたのは「クマよけ」のためだということがわかったので，「ぼく」は安心したのである。

問３　ぼう線③から，志保子《しほこ》さんが，それまでの子どもたちとの出会いや「ぼく」との出会いを「宝物」とたとえていることがわかる。おじさんが志保子さんを「人との出会いを楽しめる人」だと語っていることからも，子どもたちとの関わりを自分の人生にとって貴重な経験だと考えていることがわかる。

問４　おじさんが「スズメバチに頭を刺《さ》された」ときの話を聞いて，雅也は「へえ，死ななかったんだ」と言った。おじさんは現に生きているのだから，そのときに死ななかったのは明らかで，雅也はじょう談を言ったつもりだったのだが，「死ななかったんだ」とは，じょう談にならない重い言葉なので，おじさんはとまどったものと考えられる。

問５　大勢のミツバチが暮らし，一生を過ごす巣箱を，「生き物」にたとえた表現である。ここでは，「ように」「ような」などを使わずに比喩《ひゆ》が用いられている。このような表現技法を「隠喩《いんゆ》法」という。

問６　「ぼく」も，フリッツのセリフのように，「太陽が照れば，だれだってさからうことはできない」と感じていた。フリッツは，「明るくあたたかくなると，花はおのずとひらく。そうなるほかはない」と言っている。適切なタイミングで，十分な条件が整えば，花は自然に咲《さ》き，チョウの羽がほぐれるように，「ぼく」の心も動き出したのだと考えられる。

問７　「ぼく」は，これからの自分の人生は自分の責任で，自分で決めていきたいと考えていた。だからこそ，検査を受けて，「これから生きていくために，どうすればいいのか，自分でちゃんと考えたい」と言ったのである。

問８　「ぼく」は，「自分のつらさとか，生きづらさを認めて」，そこから新たなスタートを切ることができれば，自分にとっての「普通も，見つかる」だろうということが「わかった」のだと読み取れる。

問９　父さんは，母さんのそばで，電話の内容に耳をすましていたものと考えられる。「聞き耳を立てる」は，よく聞こうとして集中すること。「顔を立てる」は，面目《めんぼく》が保たれるようにすること。「波風を立てる」は，もめごとを起こすこと。「目くじらを立てる」は，ちょっとしたことを取り上げて，または，他人の欠点を探し出してとがめること。

問10　現場に着いたときには，「あたりはもう明るみ始めていた」が，両親との会話を終えて電話を切ると，夜はすっかり明けて「駒ヶ岳《こまがたけ》の頂まではっきりと見え」ている。日がのぼるにしたがって，周りがどんどん明るくなり，視界が開けていくようすは，「ぼく」の心から迷いがなくなり，これからの人生が可能性に満ちた，明るいものになることを暗示している。

Memo

2022年度　日本大学豊山女子中学校

〔電　話〕　(03)3934－２３４１
〔所在地〕　〒174－0064　東京都板橋区中台３－15－１
〔交　通〕　東武東上線―上板橋駅より徒歩15分
都営三田線―志村三丁目駅より徒歩15分

※　この試験は算数・社会・理科・国語から２教科を選択して受験します。実際の試験問題では，各教科が１つの冊子にまとまっています。

【算　数】〈第３回試験〉（２教科合わせて90分）〈満点：100点〉

（注意）定規，三角定規，コンパスは使用できます。分度器，計算機を使用することはできません。

1　次の□にあてはまる数を求めなさい。

(1)　$(9-5)\times7\div2-(9+3)\div4\times2=$ □

(2)　$\left(\dfrac{7}{8}-\dfrac{2}{3}\right)\div\dfrac{5}{3}\div\dfrac{3}{16}=$ □

(3)　$48+$ □ $\div3-12.4\times5=10$

(4)　$\dfrac{5}{18}$ と $\dfrac{7}{30}$ にそれぞれ１以上の同じ整数をかけたら，どちらも整数になりました。かけた整数で最も小さいものは□です。

(5)　５人で行うと８日で完成する仕事があります。はじめの７日間は４人で行い，８日目からは３人で行いました。この仕事を完成させるのに全部で□日かかりました。

(6)　国語，算数，社会，理科の４教科のテストを受けました。国語，算数，理科の合計点が208点，算数，社会，理科の合計点が205点，国語，社会の合計点が147点でした。４教科の平均点は□点です。

(7)　電車が時速60 kmの一定の速さで走っています。８時ちょうどに，この電車の先頭がトンネルに入り始めました。８時１分ちょうどに，この電車の先頭がトンネル全体の半分の地点を通過し，８時２分15秒に電車がトンネルを出終わりました。電車の長さは□mです。

2 次の □ にあてはまる数を求めなさい。

(1) 図の点Ｏは円の中心です。㋐ の角の大きさは □ 度，㋑ の角の大きさは □ 度です。

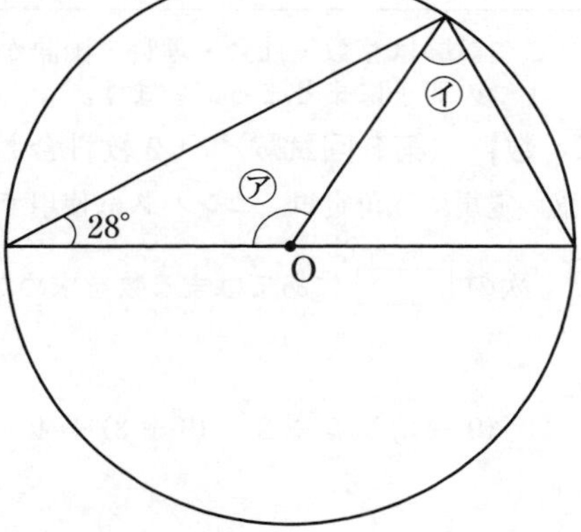

(2) 図は長方形におうぎ形を重ねたものです。影の部分の面積は □ cm^2 です。
ただし，円周率は 3.14 とします。

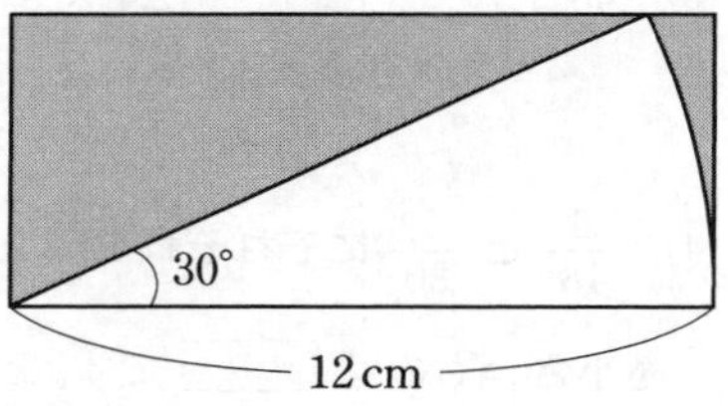

3 図のように，１辺の長さが 12 cm の正方形を１列に並べ，直線をひきます。次の問に答えなさい。

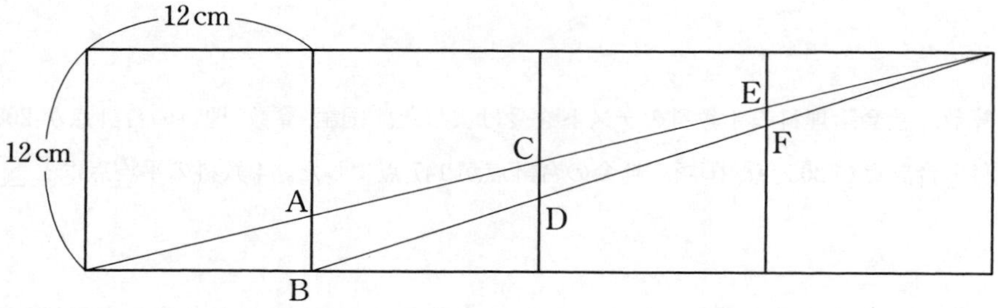

(1) AB の長さは何 cm ですか。

(2) 台形 CDFE の面積は何 cm^2 ですか。

4 図のように，１辺の長さが８cm の立方体に，底面の半径が２cm である円柱の穴をあけました。この立体の体積が449.2 cm^3 であるとき，次の問に答えなさい。

ただし，円周率は3.14とします。

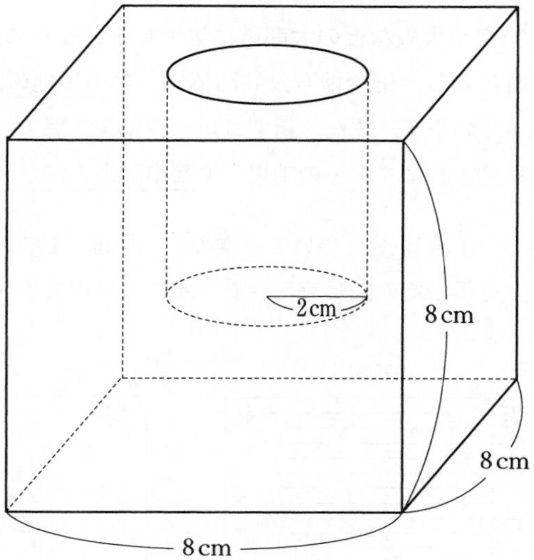

⑴　円柱の穴の深さは何cm ですか。

⑵　この立体の表面積は何 cm^2 ですか。

5 図のように，１辺の長さが10cm の立方体 ABCD－EFGH が机の上にあり，頂点 D の真上10cm のところにライト（光源）P があります。ライト P の大きさは考えないこととします。次の問に答えなさい。

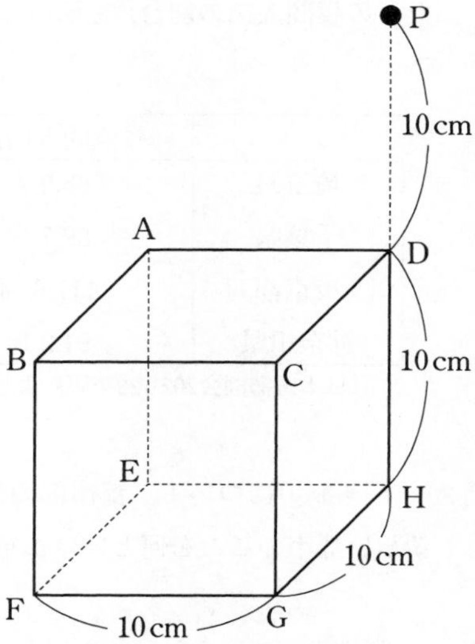

⑴　立方体 ABCD－EFGH にライト P から光をあてたとき，机の上にできる影の面積は何 cm^2 ですか。

⑵　立方体 ABCD－EFGH を３点 B，D，G を通る平面で切断し，頂点 C を含む立体を取りのぞきます。残った立体にライト P から光をあてたとき，机の上にできる影の面積は何 cm^2 ですか。

【社　会】〈第３回試験〉（２教科合わせて90分）〈満点：100点〉

1　次の文章を読み，あとの問いに答えなさい。

①日本の人口は，約１億2550万人（2021年１月）で，世界でも人口の多い国です。人口の大部分は②東京や大阪などの大都市に集中しているため，交通渋滞や住宅の不足などが問題となっています。これに対し，国や地方公共団体は，③市街地の開発や郊外の住宅地開発などによって過密の解消をはかっています。また，新型コロナウイルス感染症の流行を背景に，都市部から近隣県への住み替えの動きも見られます。その結果，④都市部の人口が減少する一方で郊外の人口が増加しています。

問１　下線部①について，次のア～ウは，1950年，1980年，2021年の男女における年齢別人口の割合を示した人口ピラミッドです。ア～ウを年代の古い順に並べかえなさい。

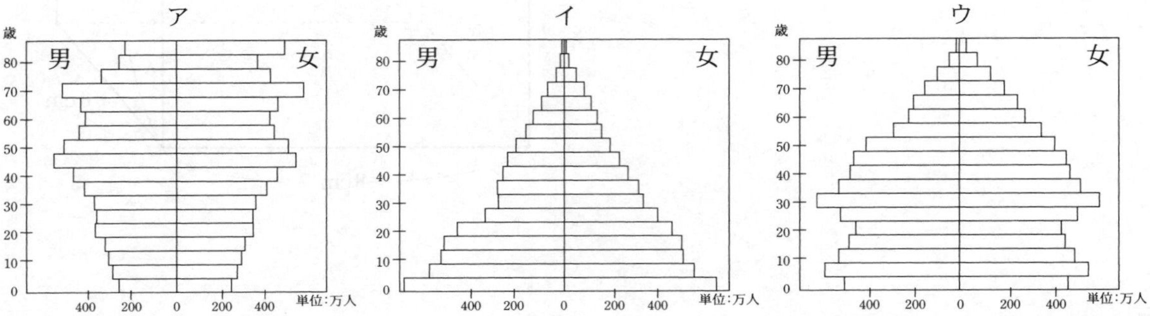

（総務省統計局「人口推計」より作成）

問２　下線部②について，下の表は，東京都および近隣県における昼夜間人口比率（夜間人口100人あたりの昼間人口の割合）を示したものです。東京都の昼夜間人口比率が高い理由を簡潔に説明しなさい。

	昼夜間人口比率
埼玉県	88.9％
千葉県	89.7％
東京都	117.8％
神奈川県	91.2％

（『日本国勢図会2021/22年版』より作成）

問３　下線部③について，都市部の住宅不足を解消するため，地価の安い郊外に計画的に建設された新しい都市のことを何といいますか。

問４　下線部④のような現象を何といいますか。次のア～エから１つ選び，記号で答えなさい。

ア　フェーン現象　　　　　イ　ドーナツ化現象

ウ　ストロー現象　　　　　エ　スプロール現象

2　次の地図を見て，あとの問いに答えなさい。

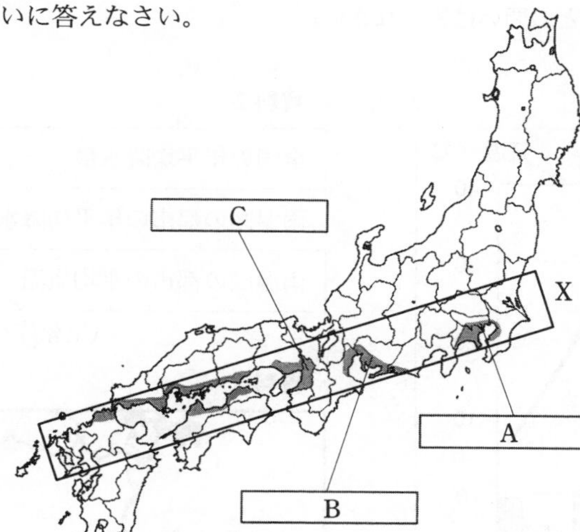

問１　地図中のXで囲まれた，工業と人口が集中した帯状の地域を何といいますか。

問２　地図中Aの工業地帯について述べた文として正しいものを次のア〜エから１つ選び，記号で答えなさい。

ア　第二次世界大戦前まで，日本最大の工業出荷額をほこっていた。

イ　工業用水が豊かで，紙やパルプなどの工業が盛んである。

ウ　明治時代に官営の製鉄所がつくられ，鉄鋼業が発達した。

エ　機械工業などの重化学工業が発達するとともに，出版社が多いことから印刷業の割合が高い。

問３　地図中Bの工業地帯における工業出荷額の内訳（2018年）を示したものとして正しいものを，下のグラフのア〜エから１つ選び，記号で答えなさい。

ア

金属	機械	化学	食料品	その他
8.9%	49.3%	18.0%	10.9%	12.9%

イ

金属	機械	化学	食料品	その他
9.6%	69.1%	6.4%	4.6%	10.3%

ウ

金属	機械	化学	食料品	その他
20.9%	37.7%	16.8%	10.9%	13.7%

エ

金属	機械	化学	食料品	その他
10.5%	46.3%	6.1%	10.9%	14.2%

（『日本国勢図会2021/22年版』より作成）

問４　地図中Cの工業地帯について説明した次の文章中の空欄（　１　）・（　２　）に入る語句の組合せとして正しいものを，下のア〜エから１つ選び，記号で答えなさい。

　戦前から（　１　）工業などの軽工業で発展し，戦後は鉄鋼業や石油化学工業などの重化学工業が生産の中心となりました。また，内陸部には，歯ブラシや自転車部品など生活に身近なものを作る（　２　）の工場が数多く集まっています。

ア　（１）－食料品　（２）－大企業

イ　（１）－機械　（２）－大企業

ウ　（１）－せんい　（２）－中小企業

エ　（１）－金属　（２）－中小企業

問５　工業が盛んな地域はいずれも海の近くに立地していますが，その理由はなぜですか。簡潔に説明しなさい。

3 次の資料を見て，あとの問いに答えなさい。

資料１

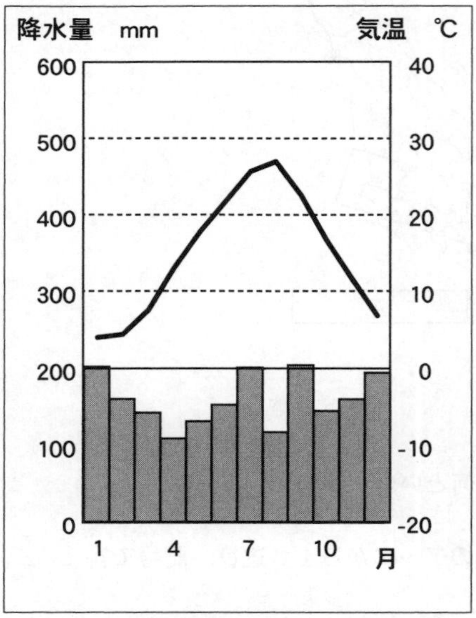

（気象庁ウェブサイトより作成）

資料２

全国の年平均降水量	1,718 mm
雨温図の都市の年平均降水量	1,914 mm
雨温図の都市の平均気温	14.9 ℃

（気象庁ウェブサイトより作成）

資料３

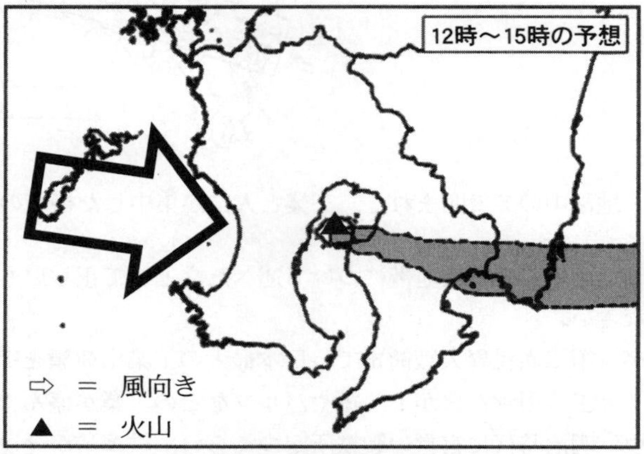

（NHK鹿児島放送局ウェブサイトより作成）

問１ **資料１**，**資料２**は，都市Ａ～Ｃのいずれかの都市を表しています。雨温図の説明と都市の組合せとして正しいものを次のア～カから１つ選び，記号で答えなさい。

都市	
Ａ	山形市
Ｂ	静岡市
Ｃ	鳥取市

説明	
a	北西の季節風の影響を受けて，冬に雨や雪の日が多くなる。
b	一年中温暖で，夏は降水量が多く，冬は乾燥した晴天が続く。
c	山地によって季節風がさえぎられるため，１年を通じて降水量が少ない。

ア Ａ－b　イ Ａ－c　ウ Ｂ－a　エ Ｂ－b　オ Ｃ－a　カ Ｃ—c

問２ **資料３**は鹿児島県で放送されている天気予報です。このような予報が放送されるのはなぜですか。理由を説明しなさい。

問３ 東北地方で盛んな農林水産業の組合せとしてあやまっているものを次のア～エから１つ選び，記号で答えなさい。

ア 仙台湾 — かきの養殖　イ 福島平野 — もも
ウ 津軽平野 — おうとう　エ 大潟村（秋田県） — 稲作

問４　中部地方のおもな工業都市と，そこで生産されるものの組合せとして適切なものを次のア～エから１つ選び，記号で答えなさい。

ア　四日市市　－　石油コンビナート　　　イ　瀬戸市　－　鉄鋼

ウ　富士市　　－　陶磁器　　　　　　　　エ　豊田市　－　楽器・オートバイ

問５　日本は多くの島々からなる国です。次の文で説明した島の名称を答えなさい。

東経約 123 度に位置し，日本の最西端にある島。日本在来種の中で最も小さい馬が有名。

問６　次の地形図を見て，あとの問いに答えなさい。

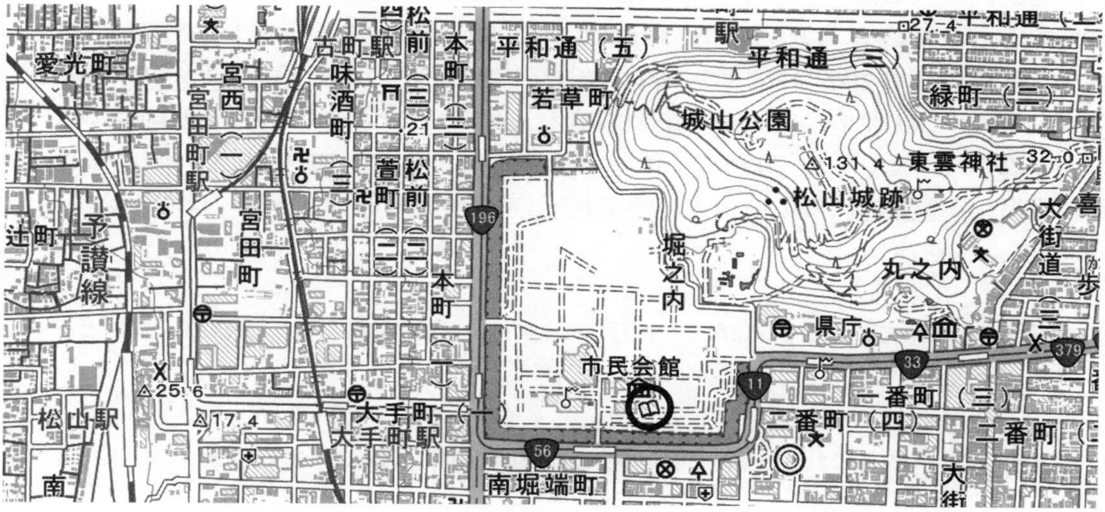

（国土地理院電子国土ウェブサイトより）

（１）　この地形図を説明したものとして，適切なものを次のア～エから１つ選び，記号で答えなさい。

ア　この地図の範囲内で最も高い標高は，25.6 m の地点である。

イ　この地図のうち，大手町駅付近には発電所がある。

ウ　市役所の西に，警察署と裁判所が隣り合って建てられている。

エ　松山城跡付近では桑畑が広がっている。

（２）　この地形図の中にある地図記号のうち，◯で囲まれた記号は何を表すか答えなさい。

（３）　JR 予讃線松山駅から見て神社はどの方角にあたりますか。次のア～エから１つ選び，記号で答えなさい。

ア　東　　　イ　南東　　　ウ　北　　　エ　北東

4 次の文章を読み，あとの問いに答えなさい。

数万年前の日本列島は大陸と陸続きで，①大型の動物を追いかけて人類も日本に渡ってきました。そのころは石を打ち欠いた打製石器を使ってました。今から約1万2000年前に氷河時代が終わりあたたかくなると，大型の動物はいなくなり②シカやイノシシが増えました。土器も使いはじめ，③人々の暮らしも変化していきました。この縄文時代の終わりころ，大陸から④金属器や米づくりが伝わり，土器も薄くてかたい弥生土器が使われました。米づくりは貧富や身分の差を生み，支配力をもつ権力者があらわれました。これらは周囲の村々をたばねて小国の王となり，中には⑤中国に使者を送る国もありました。やがて大王とよばれる強大な権力者が日本をまとめていきました。⑥大きな古墳をつくって力を示すとともに，⑦国内の制度や仕組みを整えていき，中心地である飛鳥地方は都のようになっていきました。その後，⑧奈良や⑨京都に都が置かれたときには貴族の文化が栄えましたが，地方は政治が乱れ，土地をめぐるあらそいから武士が力をつけるようになりました。そして鎌倉幕府・室町幕府・江戸幕府と武家政権がつづきます。鎌倉幕府は源実朝が殺害された後，⑩北条氏が幕府の実権を握りました。室町幕府は応仁の乱以降幕府の力は衰え，⑪戦国時代となりました。江戸幕府は⑫三度の大きな改革を行いましたが，幕府を立て直すことはできませんでした。260年以上続いた江戸時代は経済の発展と⑬庶民文化が栄えましたが，⑭鎖国政策により経済や技術は，海外から遅れてしまいました。

問1　下線部①について，ナウマン象などの化石とともに打製石器が発掘された，長野県の湖はどこですか。

問2　下線部②について，これらの動物を射止めるための狩猟道具を何といいますか。

問3　下線部③について，集落の近くの貝塚から道具や食べ物がわかります。アメリカ人のモースが発見した最初の貝塚は何ですか。

問4　下線部④について，青銅器は一部を除いて祭りの道具として使われました。近畿地方を中心に分布する青銅器は何ですか。次のア～エから1つ選び，記号で答えなさい。

ア　銅《どう》剣《けん》　　イ　銅《どう》矛《ほこ》　　ウ　銅《どう》戈《か》　　エ　銅《どう》鐸《たく》

問5　下線部⑤について，邪馬台国の卑弥呼も使者をおくっていますが，そのときの中国は何という国（王朝）ですか。次のア～エから1つ選び，記号で答えなさい。

ア　魏　　イ　呉　　ウ　蜀　　エ　高句麗

問6　下線部⑥について，大山古墳をはじめ大きな古墳で，ヤマト政権の勢力を示す古墳はどんな形の古墳ですか。

問７　下線部⑦について，ヤマト政権は大王を中心とした豪族の連合政権で，豪族は集団で奉仕し，大王から身分を示す称号を与えられました。このような政治のしくみを何といいますか。

問８　下線部⑧について，この時代は仏教の力で国を守ろうとしました。そのため国分寺や大仏をつくりましたが，東大寺の大仏をつくるよう命じた天皇は誰ですか。次のア～エから１人選び，記号で答えなさい。

ア　桓　武　　　イ　聖　武　　　ウ　推　古　　　エ　持　統

問９　下線部⑨について，京都に都（平安京）が移されたころ，征夷大将軍に任命されて東北地方の蝦夷の抵抗をおさえたのは誰ですか。

問10　下線部⑩について，この政治を何といいますか。

問11　下線部⑪について，戦国時代の終わりころ，織田信長によって統一事業がすすめられました。信長の経済政策として，安土の城下町の商工業者に市場の営業税を免除し，商工業を自由に行えるようにしました。これを何といいますか。

問12　下線部⑫について，田沼意次のあと８代将軍徳川吉宗の孫の松平定信が，田沼時代に拡大した経済を引き締めるための改革を行いました。この改革を何の改革といいますか。次のア～エから１つ選び，記号で答えなさい。

ア　享　保　　　イ　寛　政　　　ウ　天　保　　　エ　文　久

問13　下線部⑬について，作者と作品の組合せとしてあやまっているものを次のア～エから１つ選び，記号で答えなさい。

ア　井原西鶴 － 『世間胸算用』　　　イ　近松門左衛門 － 『曾根崎心中』

ウ　十返舎一九 － 『南総里見八犬伝』　　　エ　葛飾北斎 － 『富嶽三十六景』

問14　下線部⑭について，鎖国体制ではありましたが，「四つの窓」といわれるところでは国際交流や貿易が行われていました。琉球王国を侵略し，高い年貢を取り立てるだけでなく，それまでの中国との貿易を続けさせて，貿易の利益も得ていた藩はどこですか。

5　2021年は国政選挙が行われました。日本の政治と出来事に関する次の年表について，あとの問いに答えなさい。

1868年	明治新政府成立	
1874年	民撰議院設立の建白書提出	A
1876年	日朝修好条規締結	
1881年	国会開設の勅諭《ちょくゆ》が出される	B
1890年	第１回衆議院議員総選挙	C
1905年	ポーツマス条約を結ぶ	
1925年	衆議院議員選挙法改正（普通選挙制）	D
1932年	五・一五事件起きる	
1936年	二・二六事件起きる	
1937年	日中戦争の開戦	E
1941年	太平洋戦争の開戦	F
1945年	第二次世界大戦終結	G
1946年	日本国憲法公布	H
	戦後第１回総選挙実施	I
1947年	日本国憲法施行　地方自治法制定	
1964年	東京オリンピック開催	J
1982年	公職選挙法改正（参議院全国区制から比例代表制）	
2016年	公職選挙法改正（選挙権年齢の引下げ）	

問１　Aは国会開設を政府に要求した連名による建白書です。この建白書の作成に関わった人物を１人答えなさい。

問２　Bは明治天皇により出され，10年後の国会開設を約束したものです。1891年までの10年間に起こった出来事として正しいものを次のア～エから１つ選び，記号で答えなさい。

ア　西南戦争が起こる　　　イ　日清戦争が起こる

ウ　大日本帝国憲法が制定される　　　エ　伊藤博文が暗殺される

問３　Cの選挙の条件について述べた次の文の空欄あ～うに適する語句をそれぞれ答えなさい。

> 第１回衆議院議員総選挙は，直接国税（　あ　）円以上を納める（　い　）歳以上の男子のみ選挙権を与えられた。女性や納税額の少ない人には選挙権は与えられない，このような選挙を（　う　）選挙という。

問4　Dの選挙について述べた次の文のうち正しいものを次のア～エから1つ選び，記号で答えなさい。

ア　選挙権は，20歳以上の男子のみに与えられた。

イ　被選挙権は，30歳以上の男子のみに与えられた。

ウ　この法改正は，全国水平社運動の結果である。

エ　この法改正は，大隈重信内閣において成立した。

問5　Eのきっかけとなった出来事を次のア～エから1つ選び，記号で答えなさい。

ア　ノルマントン号事件　　イ　江華島事件　　ウ　柳条湖事件　　エ　盧溝橋事件

問6　Fはアメリカがある物資の輸出を禁止したことが一因と考えられています。その物資は何ですか。

問7　Gについて，日本がポツダム宣言を受諾したことにより戦争は終結しました。ポツダム宣言の内容について，あやまっているものを次のア～エから1つ選び，記号で答えなさい。

ア　日本は無条件降伏する　　イ　海外植民地はすべて放棄する

ウ　民主化するまで連合国の占領下に置かれる　　エ　軍隊は警察予備隊に編成し直す

問8　Hの結果，民主化が促進されました。このころの日本の状況について述べた文の空欄に適する語句をそれぞれ答えなさい。

第二次世界大戦の敗戦後，日本では民主化が進められた。新憲法成立に伴い，労働者の労働条件を改善する（　あ　）の制定や自作農を増やす農地改革などが行われた。この後1951年には連合国との間に（　い　）平和条約が結ばれ，日本は国際社会に復帰することとなった。

問9　Iの選挙の説明文①と②について，①のみ正しければア，②のみ正しければイ，両方とも正しければウ，両方ともあやまっていればエと答えなさい。

①　この選挙は大日本帝国憲法に基づいて，帝国議会の衆議院議員が選ばれた。

②　20歳以上の男女に選挙権，25歳以上の男女に被選挙権が与えられた。

問10　Jについて，オリンピックに合わせて東京では大改造が行われました。この時期に起こった出来事として正しいものを次のア～エから1つ選び，記号で答えなさい。

ア　首都高速道路が開通し，自動車による移動時間が大幅に改善された。

イ　東海道・山陽新幹線が建設され，九州まで開通した。

ウ　三種の神器として白黒テレビ・洗濯機・冷蔵庫が家庭に普及した。

エ　テレビ塔として東京タワーが建設され，本格的な放送が開始された。

問11　次の①・②の出来事は年表中のどこに入りますか。次のア～エからそれぞれ選び，記号で答えなさい。

①　日清戦争の結果，下関条約が結ばれた。

②　リットン調査団の調査に基づき，満州国は承認されず，日本は国際連盟を脱退した。

ア　AとBの間　　イ　BとCの間　　ウ　CとDの間　　エ　DとEの間

6 次の2021年の出来事について，あとの問いに答えなさい。

A　1月18日に①国会が始まりました。会期は6月16日までの150日間で，初日には衆参両院で総理大臣の施政方針演説が行われました。会期中には，②新型コロナ特措法改正についての審議なども行われました。

問1　下線部①について，国会の種類として正しいものを次のア～エから1つ選び，記号で答えなさい。

ア　通常国会　　イ　臨時国会　　ウ　特別国会　　エ　緊急集会

問2　下線部②については，公聴会が開かれます。公聴会は何のために開かれるのですか，最も適切なものを次のア～エから1つ選び，記号で答えなさい。

ア　審議を早く進めるため。

イ　あまり重要でない法律案を審議するため。

ウ　審議の内容を国民にわかりやすく説明するため。

エ　利害関係者や専門家など広く国民の意見を聞くため。

B　3月26日に③2021年度予算が可決，成立しました。一般会計総額は，3年連続で（　④　）兆円を突破しました。主な歳出は，社会保障費35.8兆円，国債費23.8兆円などです。

問3　下線部③について，次の指示にしたがって，ア～エの記号で答えなさい。

ア…X・Yがともに正しい場合	イ…Xのみ正しい場合
ウ…Yのみ正しい場合	エ…X・Yともにあやまりの場合

X：財務省が作成した国の予算は，先に参議院から審議が行われる。

Y：衆議院と参議院の議決が異なった場合，両院協議会を開いても意見が一致しないときには，衆議院の議決が優先される。

問4　空欄④にあてはまる数字として最も適切なものを次のア～エから1つ選び，記号で答えなさい。

ア　50　　イ　100　　ウ　500　　エ　1000

C　5月28日，春に採用された⑤国家公務員に占める（　⑥　）の割合が過去最高の37.0％になったと内閣人事局が発表しました。「採用者に占める（　⑥　）の割合を毎年度35％以上」にするとした目標が定められており，各府省等で（　⑥　）の活躍がますます目立ち始めています。

問5　下線部⑤について，次の条文の空欄X・Yにあてはまる語句の組合せとして正しいものを次のア～エから1つ選び，記号で答えなさい。

○　すべて公務員は，全体の（　X　）であって，一部の（　X　）ではない。
（日本国憲法第15条②）
○　天皇又は摂政及び国務大臣，国会議員，裁判官その他の公務員は，この憲法を尊重し擁護する（　Y　）を負ふ。
（日本国憲法第99条）

ア　X：官　吏　－　Y：義　務
イ　X：官　吏　－　Y：権　利
ウ　X：奉仕者　－　Y：義　務
エ　X：奉仕者　－　Y：権　利

問6　空欄⑥に共通してあてはまる語句を答えなさい。

D　6月23日に夫婦別姓を認めない民法の規定が憲法違反にあたるか争われた裁判で⑦最高裁判所大法廷は，夫婦は同姓とする規定を合憲と判断しました。今回は（　⑧　）人の裁判官のうち4人は憲法違反だとする意見を述べました。

問7　下線部⑦は，法律などが合憲か違憲かについて最終的な決定権をもっています。このことを憲法の何といいますか。

問8　空欄⑧にあてはまる数字を答えなさい。

7　次の文章を読み，あとの問いに答えなさい。

A　①都議会は，東京都の仕事を進めるのに必要な②お金の使い方や，③様々な決まりごとを定めたりします。都議会と（　④　）は，お互いの意見を出し合って議会で決められたことをもとに，力を合わせて都の仕事を進めていきます。（　④　）は，満30歳以上の日本国民が立候補でき，都民によって選ばれます。

（東京都議会キッズページより）

B　社会保障制度は，⑤社会保険・公的扶助・社会福祉・公衆衛生を4つの柱としています。社会保障や少子・高齢化対策に関する仕事は（　⑥　）省が行っています。

C　2021年10月，衆議院議員総選挙が行われました。そして国会で⑦第101代内閣総理大臣が選ばれました。

問１　下線部①の選挙が2021年７月に実施されました。前回実施された都議会議員選挙はいつですか。正しいものを次のア～エから１つ選び，記号で答えなさい。

ア　2017年　　　イ　2018年　　　ウ　2019年　　　エ　2020年

問２　下線部②について，Ｘは東京都の宿泊税の推移を示したものです。2020年度に税収が減少している理由をＹとＺのグラフを参考にして説明しなさい。

（東京都主税局資料より作成）

（「東京都観光客数等実態調査」より作成）

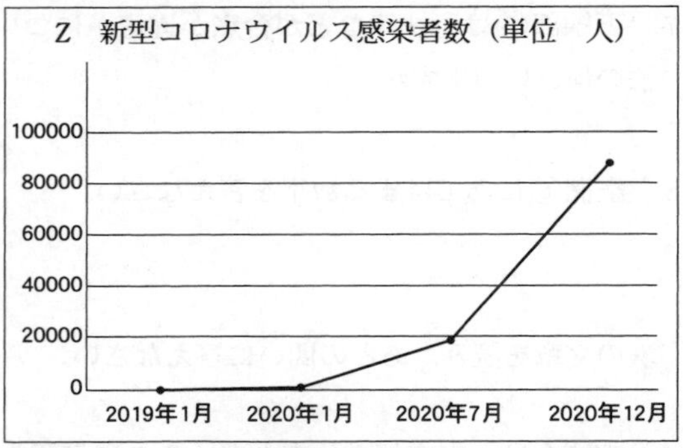

(https://www3.nhk.or.jp/news/special/coronavirus/data-all/より作成)

問３　下線部③のように，その地方公共団体だけに適用される決まりを何といいますか。

問４　空欄④にあてはまる語句を漢字で答えなさい。

問５　下線部⑤について，ホームヘルパーなどのサービスを高齢者に提供するために導入された保険は何ですか。

問６　空欄⑥にあてはまる行政機関の名称を答えなさい。

問７　下線部⑦は誰ですか。

【理　科】〈第３回試験〉（２教科合わせて90分）〈満点：100点〉

1　次の会話文を読み，以下の各問いに答えなさい。

すみれ：「先生，消毒用エタノールが手にふれると，冷たく感じるのはどうしてですか？」

先　生：「消毒用エタノールが手にふれると，エタノールは手から熱をうばって（　ｉ　）から（　ii　）に変化します。エタノールが蒸発するときに手から熱をうばうから，手が冷たく感じるのです。」

すみれ：「熱が関係しているのですね。この前薬局へ消毒液を買いに行ったときに，無水《むすい》エタノールと消毒用エタノールがありました。この２つはどのようなちがいがあるのですか？」

先　生：「無水エタノールと消毒用エタノールのちがいは，アルコールの濃度です。無水エタノールは，名前の通り水を含まない，ほぼすべての成分がエタノールです。アルコールの濃度が高いので殺きんする前に蒸発してしまうから，無水エタノールに消毒・殺きん作用はほぼありません。消毒用エタノールとして使うためには，無水エタノールを水でうすめて80％の濃度にして使う必要があります。」

すみれ：「無水エタノールを使って消毒液が作れるのですね！　私も作ってみたいです。」

先　生：「無水エタノールの性質は燃えやすく，蒸発しやすいので，あつかうときには充分に気をつけなければなりません。危ないから必ず大人と一緒に作ってくださいね。」

(1)　文中の（　ｉ　），（　ii　）に入る適切な語句の組み合わせをア～オから１つ選び，記号で答えなさい。

ア．ｉ　固体　ii　液体　　イ．ｉ　固体　ii　気体　　ウ．ｉ　液体　ii　固体
エ．ｉ　液体　ii　気体　　オ．ｉ　気体　ii　液体

(2)　私たちの生活で何かを冷やすときには，（　ｉ　）から（　ii　）への変化によって熱がうばわれることを利用したものがほとんどです。「熱がうばわれることで何かが冷たくなる」身近な現象を，冷蔵庫，エアコン以外で（例）のように具体的に１つあげなさい。

（例）消毒用エタノールが手にふれると，手が冷たくなる。

(3)　蒸発と同じ現象が起きているものを，ア～オからすべて選び，記号で答えなさい。

ア．氷がとけて水になった。
イ．氷水が入っているコップの周りに水てきがついた。
ウ．アスファルトの道路に水たまりができていたが，翌日にはなくなっていた。
エ．水でぬれた手で氷をさわると，氷に手がくっついた。
オ．ぬれたＴシャツを屋外に干したら，数時間後にはかわいた。

(4)　無水エタノールが「燃えやすく，蒸発しやすい」ことから，無水エタノールを安全に使うために気をつけなければならないことを１つ書きなさい。

(5)　密度とは，$1cm^3$ あたりの重さのことです。水の密度は$1.0g/cm^3$，無水エタノールの密度は$0.80g/cm^3$，無水エタノールの濃度は100％として，以下の各問いに答えなさい。

①　水$100cm^3$の重さは何gですか。

②　無水エタノール$100cm^3$の重さは何gですか。

③　無水エタノールを水40gでうすめて80％の濃度の消毒液を作るためには，無水エタノールは何g必要ですか。

④　無水エタノール$100cm^3$を水でうすめて20％の濃度の水よう液を作るためには，水は何cm^3必要ですか。

(6)　すみれさんは次のような実験を行いました。

〔実験〕

温度計を３本，ガーゼ，うちわ，消毒用エタノール，室温の水を用意しました。実験前の温度計の目盛りは３本とも27℃でした。温度計は，ａはそのまま，ｂは（　ｉ　）をしみ込ませたガーゼを巻き，ｃは（　ii　）をしみ込ませたガーゼを巻きました。ａ，ｂ，ｃの３本の温度計をうちわであおぎ続け，３分後に温度計の目盛りを読みました。温度計の目盛りはａは27℃のまま，ｂは22℃，ｃは17℃まで下がりました。

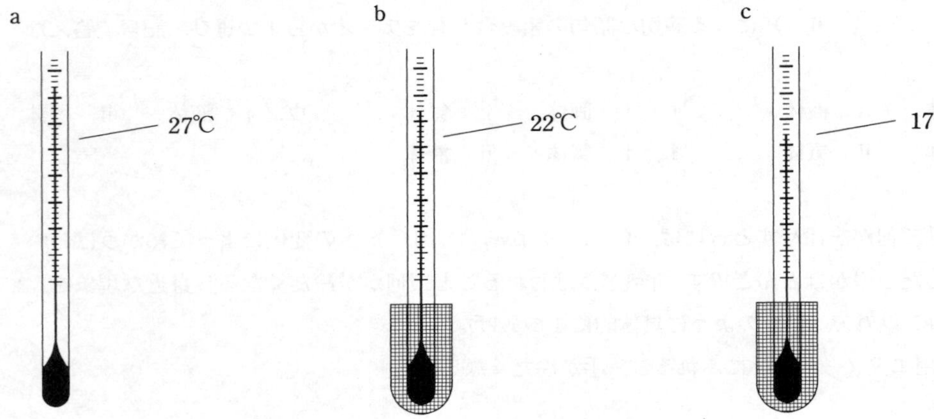

①　（　ｉ　），（　ii　）にそれぞれ適切な言葉を【語群】から１つずつ選びなさい。

【語群】　消毒用エタノール　　　室温の水

②　下線部のように，温度計をうちわであおいだ理由を答えなさい。

2 多くの動物では，なかまを増やすとき，オスとメスのそれぞれの体内でつくられる特別な細胞が受精します。動物の種類によって，親のからだから卵で産まれてくるものと，親と似た姿で産まれてくるものがいます。ヒトの子どもは親と似た姿で産まれてくる動物です。以下の各問いに答えなさい。

(1) 文中の下線部について，動物のオスとメスがつくる特別な細胞をそれぞれ何というか答えなさい。

(2) 次のア～オの動物のうち，卵で産まれるものと親と似た姿で産まれるものに分けなさい。解答用紙のAには卵で産まれるものを，Bには親と似た姿で産まれるものを次のア～オからすべて選び，それぞれ記号で答えなさい。

ア．ニワトリ　　イ．ウマ　　ウ．トカゲ　　エ．カエル　　オ．クジラ

(3) 卵で産まれてくる動物のうち，親が子どもの世話をしない魚やこん虫は一度にたくさんの卵を産みます。その理由を簡単に答えなさい。

(4) ヒトの子どもは，産まれてくるまで母親のからだのどこで成長するか答えなさい。

(5) ヒトの子どもが(4)の中で成長する間，大切なはたらきをするものが３つあります。次の①～③のはたらきの説明として最も適切なものを，下の選択肢《せんたくし》ア～ウからそれぞれ１つずつ選び，記号で答えなさい。

①　たいばん　　②　羊水　　③　へそのお

〔選択肢〕

ア．たい児のへそと母親の体をつなぎ，酸素や栄養の通り道になっている。

イ．母親から運ばれてきた養分と，たい児から運ばれてきた不要物を交かんするところ。

ウ．外から加わった力などが，たい児に直接あたらないように守っている。

(6) ヒトの子どもは産まれてからしばらくは，乳を飲んで育ちます。ヒトと同じように乳を飲んで育つものを次のア～カからすべて選び，記号で答えなさい。

ア．ウシ　　イ．ペンギン　　ウ．ヘビ　　エ．ウサギ　　オ．イワシ　　カ．ダチョウ

(7)　下の表は，親と似た姿で産まれる動物で，子どもが母親の体内にいる期間をまとめたものです。この表からどのようなことが言えるか，２つ答えなさい。

動物の種類	母親の体内にいる期間
ハムスター	およそ16～20日
イヌ	およそ58～65日
チンパンジー	およそ240日
ゴリラ	およそ250～260日
ヒト	およそ266日
キリン	およそ392～420日
ゾウ	およそ650日

3　流水のはたらきについて調べるため，いくつかの実験をしました。

〔実験１〕

【図１】のような円筒形《えんとうけい》のびんに，水と小石を入れてふたをして，５分間ふり続け，中のようすを観察しました。使った小石はＡ～Ｃの３種類で，同じくらいの大きさの角ばった形のものを同じ数ずつ使い，小石の種類や水の量を変えて実験しました。その結果，小石の種類や水の量によって，水のにごり具合が違《ちが》うことがわかりました。

【図１】

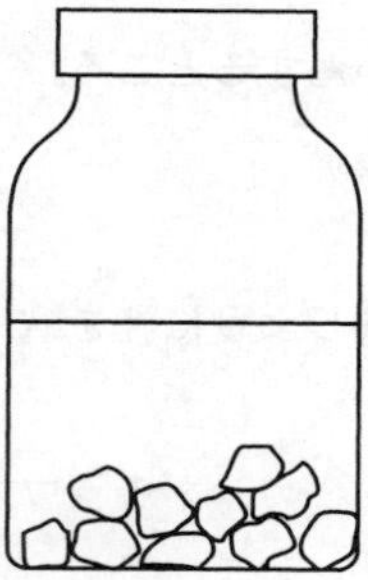

＜使った小石の種類と特ちょう＞

A.　火うち石にも使われる，大昔の生き物の死がいからできた赤っぽい岩石。

B.　マグマが地表近くで急に冷えてできた黒っぽい岩石。

C.　どろが固まってできた茶色っぽい岩石。

(1)　Ａ～Ｃの岩石の組み合わせとして正しいものを次のア～エの中から１つ選び，記号で答えなさい。

	A	B	C
ア	チャート	ギョウカイ岩	レキ岩
イ	チャート	ゲンブ岩	デイ岩
ウ	カコウ岩	ギョウカイ岩	レキ岩
エ	カコウ岩	ゲンブ岩	デイ岩

(2)　最もにごっていたのはＡ～Ｃのどれですか。記号で答えなさい。

(3)　(2)で，水をびんに半分ぐらい入れたときと，びんいっぱいに入れたときでは，水のにごりが激しかったのはどちらですか。

(4)　(3)のようになる理由を答えなさい。

(5)　この実験と同じ流水のはたらきを説明した次の文章の（　ｉ　），（　ii　）にあてはまる語句を下の【語群】から選び，ア～カの記号で答えなさい。
「この実験と同じ流水のはたらきは，川の（　ｉ　）で最もよく見られ，このはたらきを（　ii　）といいます。」

【語群】　ア．上流　　イ．中流　　ウ．下流　　エ．しん食　　オ．運ぱん　　カ．たい積

〔実験２〕
【図２】のように砂とどろを混ぜた土で山と川の模型をつくり，高い方から低い方に向かって少しずつ水を流しました。

【図２】

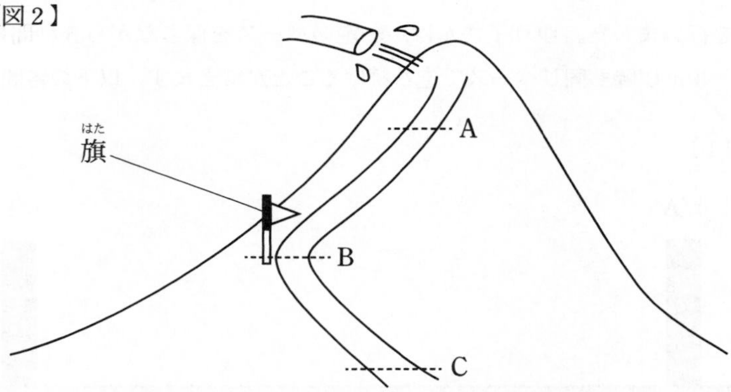

(6)　少し時間がたつと，Ｂ点にたてた旗はどうなりますか。

(7)　しばらく水を流した後，水を流すのを止めて，川の模型全体のようすを観察しました。次のア～オの説明文のうち，まちがっているものを１つ選び，記号で答えなさい。

ア．水が流れたところは，土の量が減って，水を流す前よりも川底が深くなった。
イ．Ｂ点よりもＣ点の方が川底が深くなった。
ウ．Ｂ点よりもＣ点の方が川幅《かわはば》が広くなった。
エ．Ｃ点では，上流から流れてきた土がおうぎ型に広がった。
オ．流す水の量を増やしたら，流れ出る土の量が多くなった。

(8)　実際の川では，流水のはたらきによっていろいろな大きさの岩石が運ばれてきます。実際の川に，Ａ点やＢ点のような場所があったとき，それぞれの地点の川底のようすを表す図として最も適切なものを次のア～カから１つずつ選び，記号で答えなさい。

ア.

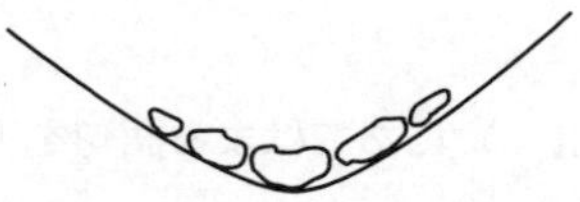

イ.

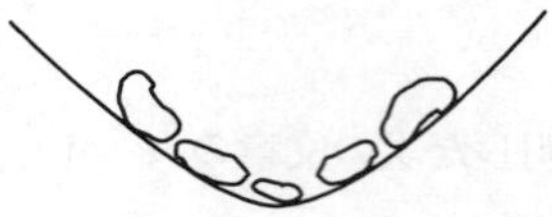

ウ.

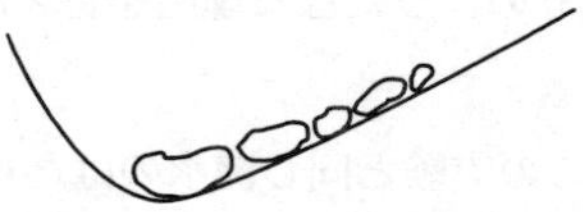

エ.

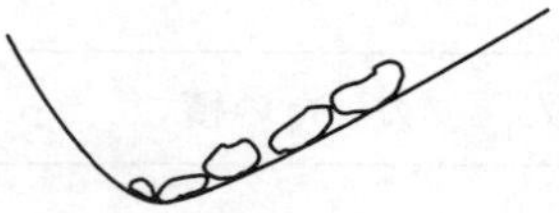

オ.

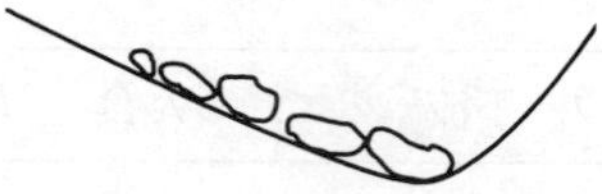

カ.

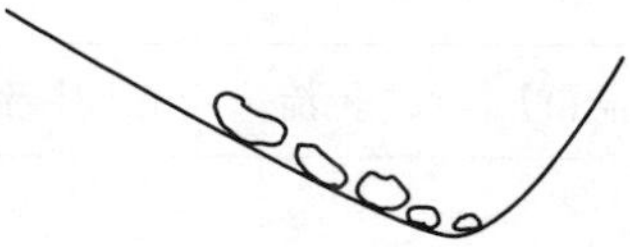

4　【図１】のように，ある運動施設《しせつ》に，自動で動かすことのできる壁《かべ》Ａ，壁Ｂがあります。はじめ，この２つの壁の間は20ｍはなれています。ゆり子さんは，この２つの壁の間を往復するトレーニングを行いました。ゆり子さんは，一定のペースを保ちながら５秒間に40ｍ走ることができます。また，40ｍ以降も同じペースで走り続けることができます。以下の各問いに答えなさい。

【図１】

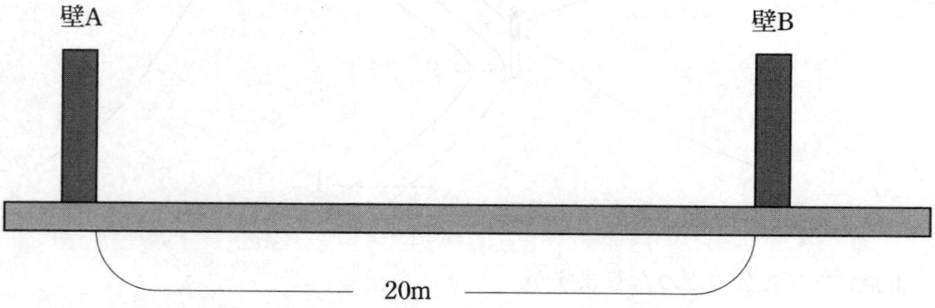

(1)　ゆり子さんは１秒間に何ｍ走ることができますか。

〔トレーニング１〕

２つの壁が動かないように固定し，壁Ａからスタートして壁の間を往復する。

(2)　ゆり子さんは18秒間に何往復できますか。

(3)　ゆり子さんは18秒間に壁Ｂに何回さわることができますか。

〔トレーニング２〕

【図２】のように壁Ａを固定し，壁Ｂは５秒間に20ｍずつ右に動くように調整し，壁Ａからスタートして壁の間を往復する。

【図２】

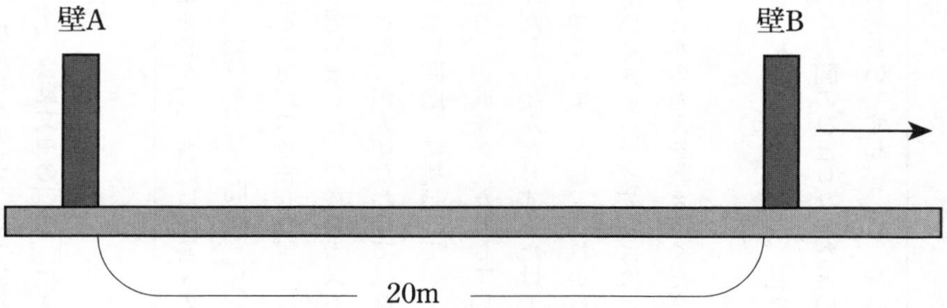

(4)　ゆり子さんが壁Ａをスタートし，１回目に壁Ｂをさわるのは何秒後ですか。

(5)　ゆり子さんが１回目に壁Ｂをさわったとき，壁Ａと壁Ｂの間は何ｍはなれていますか。

(6)　ゆり子さんが２つの壁を往復し，２回目に壁Ｂをさわるのはスタートから何秒後ですか。

〔トレーニング３〕

【図３】のように壁Ａを５秒間に10ｍずつ右に動くように，壁Ｂを５秒間に20ｍずつ右に動くように調整し，壁Ａからスタートして壁の間を往復する。

【図３】

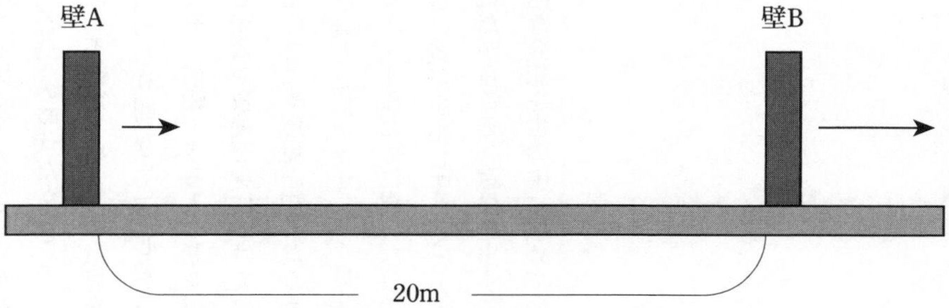

(7)　ゆり子さんが２つの壁を往復し，２回目に壁Ｂをさわるのはスタートから何秒後ですか。

問十五　次に示すのは、橋爪さんの文章を読んだ後の、花子さんとある友だちのやりとりです。会話文中の Z に入る文章として最も適切なものを選びなさい。

花　子―この文章を読んで、普段は「答えのある問題」ばかりに目が向いて、「答えのない問題」についてあまり考えられていないことに気がつきました。

友だち―私もそう思いました。学校のテストで聞かれることをただ覚えることだけが大切なわけではないのですね。

花　子―「答えのない問題」に挑戦していくためにも、過去の歴史を学んだり、古典を読んだりしていきたいです。

友だち―ただ学んだり、読んだりするだけでは足りないのだと橋爪さんは言っていましたね。これからの「不確実性」の時代を生きていくために、私たちには何が必要だと思いますか。花子さんの考えを教えてください。

花　子― Z

友だち―なるほど、私もそう思います。私たちがこれからの時代を創っていく人間のひとりなのだという意識を持って、日々励《はげ》んでいきたいですね。

ア、同じ時代に生きる大勢の人びとの価値観を知ることが必要だと思います。「不確実性」の時代だからこそ、人びとの意見をひとつにまとめるために、不特定多数の人の意見を集めていきたいです。

イ、先生の話をしっかり聞くことが必要だと思います。「不確実性」の時代だからこそ、信頼できる人の話を信じて、まずは言われた通りにしっかりと知識や教養を身につけていきたいです。

ウ、過去の人びとの考えや意見を知ったうえで時代に合う「正解」を考えることが必要だと思います。「不確実性」の時代だからこそ、今の時代をよりよくするために自分なりの発想を持ちたいです。

エ、積極的に新しい意見を出していくことが大切だと思います。「不確実性」の時代だからこそ、意見を出すことを恐れずに、何にもとらわれない自由な発想を世の中に広めていくことが必要です。

問十一　――線⑩「オリジナルの古典を読むのが、いちばんいいんです。」の理由として最も適切なものを選びなさい。

ア、教養を深めるためだけに、世の中にあるすべての本を読むことは不可能だから。

イ、人の手を介するうちに、内容が変わった可能性のある本を読むことは無価値だから。

ウ、ある物事を最初に考えた人の思考を、最も正確に知ることができるから。

エ、人類が途切れなく世代を受け継いできた過程が、古典には書かれているから。

問十二　――線⑪「時間が経つと、真価がわかってくるという一面があります。」を言い換えた一続きの二文を文章Bの中から抜き出し、最初と最後の五字を書きなさい。

問十三　――線⑫「ぜひみなさんにも味わってほしいものです。」の理由として、最も適切なものを選びなさい。

ア、偉大な著者にすら恐怖《きょうふ》心があり、社会的に抹殺されるかもしれないという不安があったことを知ってほしいと考えているから。

イ、命がけで書いた著者の作品を読むことで、新しいことを成しとげるための勇気をもらうことができると考えているから。

ウ、古典を読むことで、天才たちが生きた時代の常識や価値観などを知ることができ、教養を深めることができると考えているから。

エ、著者が命をかけてまでも伝えたかった思考のまとまりを読んで、著者の気迫やためらいを直に感じてほしいと考えているから。

問十四　文章AとBの説明として最も適切なものを選びなさい。

ア、Aの、自分より前に生きてきた人びとの思想を知るべきだという主張を、Bで具体的な方法をあげて説明している。

イ、Aの、世の中には「答えのない問題」の方が多いことを覚悟して生きていかなければならないという主張を、Bでは否定している。

ウ、Aの、「不確実性」の時代の中で生きるためには誰にも負けない教養を身につけるべきだという主張を、Bで発展的に述べている。

エ、Aの、「不確実性」の時代の中で「正解」を見つけるために古典を読むべきだという主張を、Bで抽象《ちゅうしょう》的に展開している。

問八　――線⑦「社会は、過去の人びとの『議論の結果』として出来上がっている」の説明として最も適切なものを選びなさい。

ア、いまの社会は、過去の人びとが議論を重ねた結果「正解」だと判断された概念で出来上がっているということ。

イ、いまある社会の「正解」は、過去から変わることなく信じられてきた概念で出来上がっているということ。

ウ、いまの社会で信じられている価値観は、過去の議論でたったひとつの「正解」だと認められてきたものだということ。

エ、いまの社会に不満があるのなら、たった一つの「正解」があると信じてきた人びとの価値観を疑う必要があるということ。

問九　――線⑧「過去の『正解』がどんなものか、頭に入れるだけでは不十分だ。」の理由として最も適切なものを選びなさい。

ア、今の社会をよりよいものにしていくためには、まずは歴史を学び、過去の議論の「足跡」を知る必要があるから。

イ、教科書や本に書いてあることは、ただの過去の議論で出てきた「意見」にすぎないため、学んだところで意味はないから。

ウ、過去の時代の「一致した意見」を知ったうえで、今の社会にもそれと同じ「意見」が合うのかどうか考える必要があるから。

エ、過去の「正解」が頭に入ってしまうと、何が正しいのか分かってしまうため、要領よく「正解」を見つけようとしてしまうから。

問十　――線⑨「そういう能力は、『答えのない問題』でいっぱいの実社会では、じつはあまり役に立ちません。」の理由として最も適切なものを選びなさい。

ア、「答えのある問題」の正解はすばやくみつけることができたとしても、「答えのない問題」の正解をすぐに見つけることは難しく、アイデアを出す練習をしておかなければ、限られた時間の中で要領よく仕事をこなすことができないから。

イ、「答えのある問題」の正解には要領よくたどりつけたとしても、「答えのない問題」に自分なりの答えをみつけたり、アイデアを出したりする力を身につけていくことができず、対処しきれない問題にぶつかることがあるから。

ウ、「答えのある問題」の正解をみつけることが得意だったとしても、自分なりの答えをみつける必要のある「答えのない問題」が得意であるとは限らないため、考えたアイデアに自信が持てず、人に伝えることができないから。

エ、「答えのある問題」の正解をみつけることに慣れすぎているために、「答えのない問題」に出会ったときでも、正解があるものだと思い込み、自分でアイデアを出して答えを出す必要があることに気づくことができないから。

問一 ――線①「答えのある問題」の説明として最も適切なものを選びなさい。

ア、ひとつの問いに対して、解答がひとつだけしか存在しないと考えられているもの。

イ、いったん証明されたとしても、間違いだったとひっくり返されることもあるもの。

ウ、すでに誰かが考えて答えを出しており、人びとがその答えに納得できているもの。

エ、解答が存在しているので、考えさえすれば必ず誰もが正解を導き出せるもの。

問二 ――線②「理系はみな『答えのある問題』ばかりかと言うと、そうでもありません。」の理由として最も適切なものを選びなさい。

ア、アインシュタインの「一般相対性理論」がニュートン力学を全否定したように、全ての問題が完璧《かんぺき》に証明されているとは限らないから。

イ、「これが答えだ」と思われていたものが必ずしも正しいとは限らず、後世の人びとが答えに挑戦することで発展することがあるから。

ウ、答えが出ていた数学の問題がニュートン力学では説明できないことが判明したので、「答えのない問題」に変化してしまったから。

エ、「答えのある問題」だと思われていたものが後世の人の研究で、じつは「答えのない問題」だったと証明されることがあるから。

問三 ――線③「ショセツ」、⑥「リエキ」を漢字に直しなさい。

問四 X に入る語として最も適切なものを選びなさい。

ア、錯覚《さっかく**》**　イ、秀逸《しゅういつ》　ウ、正解　エ、混同

問五 ――線④「『意見の一致』という『正解』が、時代とともに移り変わっていく」の説明として最も適切なものを選びなさい。

ア、社会の中で大勢の人びとが議論してきた過程をたどれば、人びとの考え方も見えてくるので、「正解」も自然と分かるということ。

イ、時代が変化すると、人びとのものの見方や考え方の基準も移り変わっていくので、常に新しい「正解」が求められるということ。

ウ、いつの時代も意見が一致するとは限らないため、その時代の権力者が決めた「正解」が、ひっくり返されることもあるということ。

エ、社会が変化すると、人びとの考え方や意見も変化するため、その時代を生きる人びとが納得する「正解」も変化するということ。

問六 ――線⑤「『なんとなく気に入らない』では、議論は前に進みません。」とあるが、議論を前に進めるために必要なことは何か。文中の言葉を用いて五十字以内で書きなさい。

問七 Y に入る語として最も適切なものを選びなさい。

ア、たしかに　イ、ところが　ウ、たとえば　エ、つまり

じゃあ、どうしたらいいか。私の答えは、「古典を読む」です。

古典とは何か。

古典とは「あることを最初に考えた人が書いた本」のこと。あるアイデアの「オリジナル」です。

たとえば、マルクス経済学に関する本はたくさんあるが、そのおおもとになるのは、カール・マルクス本人が書いた『資本論』である。

仕事で、上司の指示をきちんと理解するには、本人の口から聞くのがいちばん正確ですね。人から人に伝わるうちに、大事なことが抜《ぬ》け落ちたり、枝葉《しよう》がつけ加わったりしてしまう。自分に届くころには、すっかり元と違う内容になっている。伝える人に悪気がなくても、伝言ゲームになってしまうのです。

これと同じことは、本の世界でもよく起こる。だから、⑩オリジナルの古典を読むのが、いちばんいいんです。

人類の歴史は、試行錯誤《さくご》の歴史です。

おおぜいの人がたくさんの問題について、考えてきた。そこでわかった大事なことを本に書き、後世に伝えた。今日に至るまで名が残っている人びとは、後世にも認められた、そうとう優秀《ゆうしゅう》な人物に違いない。

ものごとは、⑪時間が経《た》つと、真価がわかってくるという一面があります。

たとえば、モーツァルト。世界でその名を知らない人はいない、大作曲家です。

彼の同時代に、サリエリという作曲家もいたんだけど、知っている人はもうあまりいませんね。でも二人が生きていた当時、モーツァルトよりサリエリのほうが偉《えら》いと思われていた。

モーツァルトは天真爛漫《らんまん》な天才。サリエリは生真面目な努力家。正反対のふたりには、それぞれパトロンがいた。才能の差は歴然としていたのにと思うのは、後世からみるからで、音楽家としてはどちらもそれなりだった。でも大作曲家として後世に名を残したのは、モーツァルトだった。

という知識は、映画『アマデウス』で広まったのですね。

モーツァルトの作品なら、誰でもメロディが思い浮《う》かぶ。サリエリの作品を知っているのは、ひと握《にぎ》りの専門家だけだ。

時の流れには、同時代に生きている人びとの地位や権力や利害関係を洗い流す作用があります。そしてものごとの本質だけが残っていく。「本当に才能があった人」の名前と業績だけが、後世に語り継がれる。

これと同じことが、本の世界でも起こります。

つまり、古典とは、後世に名が残るほど優秀な誰かが、全力でまとめあげた思考のかたまりなのです。

古典は人類の財産です。そして、自分さえその気になれば、すぐ手が届くところに並んでいる。

まだ世の中に存在していない考えを著《あらわ》すのは、とても勇気がいることです。

新しい考えは、たいてい、とんがっています。自分が生きている社会の常識、通念、倫理《りんり》、道徳、価値観と抵触《ていしょく》する。人びとが真実と考えていることを、覆すかもしれない。そこで強く非難され、社会的に抹殺《まっさつ》される恐《おそ》れすらある。比喩《ひゆ》ではなく、ほんとうに処刑《しょけい》される可能性もあった。

それほど命がけで書かれたからこそ、古典には迫力《はくりょく》がある。ほかの誰も気づいていないことを、自分だけが考えついた。それを世に知らしめてやるんだという、著者《ちょしゃ》の気迫が伝わってくる。あるいは、ほんとうにこう考えてしまっていいのかという、著者のためらいが伝わってくる場合もある。これは、⑫ぜひみなさんにも味わってほしいものです。

中国は、ソ連の影響《えいきょう》で社会主義国家となり、共産党の一党独裁《どくさい》を続けています。でも経済のなかみは、資本主義になっている。マルクス経済学はやめてしまった。だから、共産党かどうかよくわからない。

　こうして、市場経済は、マルクス経済学の挑戦をはねのけ、勝利したのですね。

　このように、ひとつの議論が社会をつくりだすこともあれば、その議論が覆《くつがえ》されて、社会が崩壊することもある。⑦社会は、過去の人びとの「議論の結果」として出来上がっていることがわかります。

　だから、もしもこの社会に不満があるのなら、この社会は、どういう議論の結果つくられたものなのかを知る。これが重要です。

　その先にみえてくるのが、正解のない世界。「答えのない問題」です。

　教科書に書いてあることも、文系（人文学や社会科学）の書物（やその解説書）に書いてあることも、過去の議論の「足跡《あしあと》」です。まず、これを学ぶことが大事なんだけれど、⑧過去の「正解」がどんなものか、頭に入れるだけでは不十分だ。

　なぜならそこに書かれているのは、自分より前に生きていた人びとの「一致した意見」なだけであって、今の社会に合うのかどうか、わからないから。

　すると、教科書は正しいのか？　過去の議論は正しいのか？　という視点が生まれるでしょう。

　そういうふうに頭が回ると、いちいち余計なことを考えてしまうから、テストでいい点が取れないかもしれない。でも、要領よく正解にたどりついて満足するひとより、面白《おもしろ》いことを思いつく可能性がある。答えのない問題に、自分なりの答えをみつけ、世の中に発信していける。そんな力を秘めているんです。

　アインシュタインだって、エジソンだって、学校の成績は下から数えたほうが早かった。学校の枠《わく》からはみ出して、いつも余計なことを考えていた。だから、世界を変えるような理論や発明を生み出せたのですね。

　学校の勉強がよくできるタイプの人は、「答えのある問題」の正解をすばやくみつけることに慣れすぎているのかもしれない。学校ではほめられる。でも⑨そういう能力は、「答えのない問題」でいっぱいの実社会では、じつはあまり役に立ちません。上司からふられた仕事を要領よく終わらせることはできるかもしれない。でも、斬新《ざんしん》なアイデアを出すことは難しい。

　そもそも世の中には、「答えのない問題」のほうが、ずっと多い。およそ問題は、答えがない、と覚悟《かくご》しなければいけない。

　ましていまは、「不確実性」の時代です。コロナでも、米中衝突《しょうとつ》でも、まさかと思うようなことがつぎつぎ起こります。これからもっと起こるでしょう。だからこそ、過去に「正解」とされてきたことはそれとして、正解のない世界にチャレンジする。これからはますます、そういう挑戦が大事になってくるはずです。

B　さて、教養に触《ふ》れる読書へと興味関心が広がったとして、もっと教養を深めるには、何を読んだらいいだろうか。

　教養とは「今まで人間が考えてきたことのすべて」でした。そして、すべてのことがらはつながっています。あることとあることは、はっきりつながっている。うっすらつながっていることもある。人類が途切《とぎ》れなく世代を受け継《つ》いで発展してきたように、教養もまた絶え間ない流れのなかで発展してきたのです。

　かと言って、世の中のありとあらゆる本をみんな読むなんて、無理。

正しい答えのある問題は、教えやすい。そこで学校では、それを教えます。

学校で教わっていると、誰でもだんだん、どんな問題にも答えがあるような気がしてくるものなのです。でもこれは、［Ｘ］です。この世界には、答えのない問題のほうが、ずうっと多い。

答えのある問題をひと通り勉強したら、答えのない問題にチャレンジします。それが、大学です。大学は、研究をするところ。研究は、答えのない問題に取り組むことです。研究とは、いつもチャレンジを繰《く》り返し、少しずつ進歩していく。ニュートンも、アインシュタインも、そうしたチャレンジをしたのです。

前の世代の人びとが出した答えに挑戦することで、研究が進歩するのは、人文学や社会科学でも同様です。

文系の学問（人文学や社会科学）は、「自分たちが生きている社会をどう見るか」をつきつめる研究をします。そこで戦わされる議論は、ものの見方や考え方。つまり「意見」と言ってもいいものです。

「意見」だから、人びとが一致《いっち》するとは限りません。ある人が「これはこうだ」と考え、みんなもそれに納得したとする。とりあえずそれが「正解」になります。でも、後世の人びとがそれをひっくり返してしまうことが、ときどき起こる。社会が変化すると、人びとの考え方や意見も変化するからです。

そういう意味では、④「意見の一致」という「正解」が、時代とともに移り変わっていくのが、文系の学問の歴史と言ってもいいのです。

では、誰が「違う意見」を言えるのか。

誰が言ってもよろしい。

ただし、前の世代の人びとが導き出した「正解」に異論を唱えるには、ひとつ決まりがある。それは、前の世代の人びとの考え方のなかみをよく知ることです。そのうえで、その議論のここがおかしい、と主張しなくてはいけない。ただ⑤「なんとなく気に入らない」では、議論は前に進みません。

たとえば十九世紀半ばに、カール・マルクスという経済学者がいた。

マルクスは、市場経済では、資本家ばかりが⑥リエキを手にして、労働者は搾取《さくしゅ》される、と考えました。マルクスの考えは、マルクス経済学という議論にまとまります。（この議論は、価値や剰余《じょうよ》価値という概念《がいねん》で組み立てられているのだけど、話すと長くなるので詳《くわ》しく説明できません。マルクス経済学の入門書か、私の『労働者の味方マルクス』を読んでください。）

このマルクス経済学は、ロシア革命の根拠《こんきょ》になり、ソ連を作ることになります。

いっぽうには、市場経済、つまり資本主義がある。マルクス経済学にもとづくソ連は、資本主義に反対する。そこで、東西冷戦のにらみ合いになりました。

［Ｙ］、これに異論を唱える人びとが出てきた。マルクス経済学は、労働は、労働者に支払《しはら》われる賃金以上の価値をうみだす、という。でも、価値は、どうやって定義できるのか。マルクスの『資本論』にいちおうの説明はあるのだが、それは正しいのか。価値が定義できなければ、マルクス経済学は成り立ちません。次第《しだい》に、異論を聞いて、そうだと思う人びとも増えたのです。

マルクス経済学は、たったひとつの「正解」があると考えました。それに、疑問符《ぎもんふ》がつけられました。この疑問が力をもてばマルクス経済学の基礎《きそ》が崩《くず》れます。そこで、ソ連は崩壊《ほうかい》してしまった。

問十　次の句で詠《よ》まれている季節を答えなさい。

いなびかり北よりすれば北を見る　（橋本多佳子）

ア、春　　イ、夏　　ウ、秋　　エ、冬

二　次の文章Aと Bは、ともに橋爪《はしづめ》大三郎『人間にとって教養とはなにか』の抜粋《ばっすい》である。それぞれの文章を読んで、後の問いに答えなさい。

A さて突然《とつぜん》ですが、世の中には、①「答えのある問題」と「答えのない問題」があります。

——ていうことは、みなさん、聞いたことありますか。ある？　じゃあ、なぜこの2種類の問題があるんですか。

まず、「答えのある問題」。これは、簡単に言えば、むかし誰《だれ》かがその問題を考えて、「これはこうだ」ともう答えを出してある場合。みんなもその答えを聞いて、なるほどたしかに、と納得《なっとく》した。

数学では、ある問題が「これはこうだ」といったん証明されたら、まずひっくり返ることがない。それは、「答えのある問題」になります。

じゃあ、②理系はみな「答えのある問題」ばかりかと言うと、そうでもありません。

たとえば、アインシュタインが「一般《いっぱん》相対性理論」を唱えた。それまでのニュートン力学は、絶対に正しいわけではなくなってしまった。ニュートン力学の答えが「不正解」というわけではないのですが、ニュートン力学では説明し切れない問題がみつかっていた。それを、アインシュタインの「一般相対性理論」が、説明できるようになったのです。この結果、ニュートンの重力の考え方とか、議論の組み立てが、この世界をそのまま表しているとは言えなくなってしまった。

このように物理学では、「これが答えだ」とそれまで思われていたのが、「じつは違《ちが》った」になってしまうことがあります。

じゃあ、ニュートンの考えたことは、無駄《むだ》だったのか。そんなことはありません。アインシュタインのアイデアは、ニュートンがいなければ決して生まれなかったからです。

学問の世界はこんなふうに、前の時代の人びとが出した答えに挑戦《ちょうせん》することで、進歩して行くものなのです。アインシュタインはそのよい例ですね。

ではなぜ、「正しい答え」があるのか。

算数（数学）の場合。③ショセツありますが、たぶん、人間の頭がそうできているから。誰の頭もみな同じなので、答えも同じになる。人間は、1＋1＝2、2×3＝6、と考えるように頭ができているのです。だから、誰かが答えを出すと、みなもそうだと納得する。

理科（自然科学）の場合。それは、自然がそういうふうにできているから。自然の仕組みを「自然法則」といいます。自然法則は、変わらない。誰かが自然法則をみつけると、みなもそうだと確認《かくにん》できる。だから、正しい答えが存在する。

国語の場合。言葉は、時代につれて変化するけれど、百年ぐらいではあんまり変わらない。そしてみんな、同じ言葉づかいをする。だから、正しい答えが存在する。学校では、その言葉づかいを教えるのでした。

社会科（社会科学）の場合。社会のあり方も、時代につれて変化するけれど、ここ数十年はあんまり変わらない。そしてみんな、それに従っている。そこで、正しい答えが存在する。

二〇二二年度
日本大学豊山女子中学校

【国　語】〈第三回試験〉（二教科合わせて九〇分）〈満点：一〇〇点〉

一

次の各問いに答えなさい。

問一　次の——線のカタカナを漢字に直しなさい。ただし、送りがなはひらがなで書きなさい。

社長が第一線をシリゾク

問二　次の熟語の二通りの読み方をひらがなで書きなさい。

色紙

問三　次の□に入る漢字を後の語群からそれぞれ選びなさい。

ア、□注意　　イ、□完成　　ウ、□関心

語群【否　非　不　未　無】

問四　次の□に入る漢字を答えなさい。

重↓
宝→□→工
↓頭

問五　次の四字熟語で□に漢数字が入らないものを一つ選びなさい。

ア、□里霧中《むちゅう》　　イ、□念発起《ほっき》　　ウ、□心伝心　　エ、三寒□温

問六　次の敬語の中で、用法の異なるものを選びなさい。

ア、申す　　イ、いたす　　ウ、うかがう　　エ、おっしゃる

問七　次の□に入ることわざとして最も適切なものを選びなさい。

□と言うように、私が笑顔であいさつをしたら相手も笑顔で返してくれた。

ア、魚心あれば水心　　イ、うそも方便
ウ、針の穴から天のぞく　　エ、一事が万事

問八　次のカタカナ語の意味として適切なものを一つ選びなさい。

ノウハウ

ア、操作の仕組み　　イ、説明の順番
ウ、解決の方法　　エ、物事のやり方

問九　次の——線と同じ用法のものを一つ選びなさい。

それは母が編んでくれたマフラーだ。

ア、妹は午前中に公園へ行くそうだ。
イ、遅刻《ちこく》の時は早く連絡するべきだ。
ウ、大河の流れはとてもゆるやかだ。
エ、明日はどうやら雨が降るようだ。

2022年度

日本大学豊山女子中学校　▶解　答

※　編集上の都合により，第３回試験の解説は省略させていただきました。

算　数　＜第３回試験＞（２教科合わせて90分）＜満点：100点＞

解　答

[1] (1)　8　(2)　$\frac{2}{3}$　(3)　72　(4)　90　(5)　11日　(6)　70点　(7)　250m　[2] (1)　㋐　124度　㋑　62度　(2)　34.32cm^2　[3] (1)　3 cm　(2)　18cm^2　[4] (1)　5 cm　(2)　446.8cm^2　[5] (1)　300cm^2　(2)　200cm^2

社　会　＜第３回試験＞（２教科合わせて90分）＜満点：100点＞

解　答

[1] **問１**　イ→ウ→ア　**問２**　（例）　通勤・通学者が多いから。　**問３**　ニュータウン　**問４**　イ　[2] **問１**　太平洋ベルト　**問２**　エ　**問３**　イ　**問４**　ウ　**問５**　（例）　原材料や製品の運搬に便利であるため。　[3] **問１**　オ　**問２**　（例）　火山灰の降灰被害を防ぐため。　**問３**　ウ　**問４**　ア　**問５**　与那国島　**問６**　(1)　ウ　(2)　図書館　(3)　エ　[4] **問１**　野尻湖　**問２**　弓矢　**問３**　大森貝塚　**問４**　エ　**問５**　ア　**問６**　前方後円墳　**問７**　氏姓制度　**問８**　イ　**問９**　坂上田村麻呂　**問10**　執権政治　**問11**　楽市　**問12**　イ　**問13**　ウ　**問14**　薩摩(鹿児島)　[5] **問１**　板垣退助　**問２**　ウ　**問３**　**あ**　15　**い**　25　**う**　制限　**問４**　イ　**問５**　エ　**問６**　石油　**問７**　エ　**問８**　**あ**　労働基準法　**い**　サンフランシスコ　**問９**　ウ　**問10**　ア　**問11**　①　ウ　②　エ　[6] **問１**　ア　**問２**　エ　**問３**　ウ　**問４**　イ　**問５**　ウ　**問６**　女性　**問７**　番人　**問８**　15　[7] **問１**　ア　**問２**　（例）　新型コロナウイルスの感染が広まり，旅行者が減ったから。　**問３**　条例　**問４**　知事(首長)　**問５**　介護保険　**問６**　厚生労働　**問７**　岸田文雄

理　科　＜第３回試験＞（２教科合わせて90分）＜満点：100点＞

解　答

[1] (1)　エ　(2)　（例）　ぬれた体をせん風機にあてると，体が冷たくなる。　(3)　ウ，オ　(4)　（例）　火の気のないところで使う。　(5)　①　100 g　②　80 g　③　160 g　④　320cm^3　(6)　①　i　室温の水　ii　消毒用エタノール　②　（例）　はやく冷やすため。

[2] ⑴ **オス**…精子　**メス**…卵　⑵ **A** ア，ウ，エ　**B** イ，オ　⑶ （例） 成体となる前に，他の生き物に食べられ，数が減ってしまうため。　⑷ 子宮　⑸ ① イ　② ウ　③ ア　⑹ ア，エ　⑺ （例） 体の大きな動物ほど母親の体内にいる期間が長い。／ヒトとゴリラやチンパンジーは母親の体内にいる期間が同じくらいの長さ。　[3] ⑴ イ　⑵ C　⑶ （水をびんに）半分ぐらい（入れたとき）　⑷ （例） 小石どうしがはげしくぶつかりあい，角がとれやすくなるため。　⑸ **i** ア　**ii** エ　⑹ （例） たおれる。　⑺ イ　⑻ **A** ア　**B** ウ　[4] ⑴ ８ｍ　⑵ ３往復　⑶ ４回　⑷ ５秒後　⑸ 40ｍ　⑹ 25秒後　⑺ 17秒後

国　語　＜第３回試験＞（２教科合わせて90分）＜満点：100点＞

解　答

[一] **問１** 下記を参照のこと。　**問２** しきし／いろがみ　**問３** **ア** 不　**イ** 未　**ウ** 無　**問４** 石　**問５** ウ　**問６** エ　**問７** ア　**問８** エ　**問９** イ　**問10** ウ

[二] **問１** ウ　**問２** イ　**問３** 下記を参照のこと。　**問４** ア　**問５** エ　**問６** （例） 前の世代の人びとの考え方のなかみをよく知ったうえで，その議論のここがおかしい，と主張すること。　**問７** イ　**問８** ア　**問９** ウ　**問10** イ　**問11** ウ　**問12** 時の流れに～っていく。　**問13** エ　**問14** ア　**問15** ウ

●漢字の書き取り

[一] **問１** 退く　[二] **問３** ③ 諸説　⑥ 利益

2025年度用
中学スーパー過去問

■編集人 声の教育社・編集部
■発行所 株式会社 声の教育社
〒162-0814 東京都新宿区新小川町8-15
☎03-5261-5061(代) FAX03-5261-5062
https://www.koenokyoikusha.co.jp

※本書の内容についての一切の責任は当社にあります。内容・解説・解答・その他は当社ホームページよりお問い合わせ下さい。

カコを追いかけ
ミライをつかめ

ストリーミング配信による入試問題の解説動画

2025年度用web過去問　ラインナップ

■ **男子・女子・共学（全動画）見放題**
36,080円（税込）

■ **男子・共学　見放題**
29,480円（税込）

■ **女子・共学　見放題**
28,490円（税込）

● 中学受験「声教web過去問（過去問プラス・過去問ライブ）」（算数・社会・理科・国語）

3〜5年間 **24校**

過去問プラス

麻布中学校	桜蔭中学校	開成中学校	慶應義塾中等部	渋谷教育学園渋谷中学校
女子学院中学校	筑波大学附属駒場中学校	豊島岡女子学園中学校	広尾学園中学校	三田国際学園中学校
早稲田中学校	浅野中学校	慶應義塾普通部	聖光学院中学校	市川中学校
渋谷教育学園幕張中学校	栄東中学校			

過去問ライブ

栄光学園中学校	サレジオ学院中学校	中央大学附属横浜中学校	桐蔭学園中等教育学校	東京都市大学付属中学校
フェリス女学院中学校	法政大学第二中学校			

● 中学受験「オンライン過去問塾」（算数・社会・理科）

3〜5年間 **50校以上**

東京	青山学院中等部	東京	国学院大学久我山中学校	東京	明治大学付属明治中学校	千葉	芝浦工業大学柏中学校	埼玉	栄東中学校
東京	麻布中学校	東京	渋谷教育学園渋谷中学校	東京	早稲田中学校	千葉	渋谷教育学園幕張中学校	埼玉	淑徳与野中学校
東京	跡見学園中学校	東京	城北中学校	東京	都立中高一貫校 共同作成問題	千葉	昭和学院秀英中学校	埼玉	西武学園文理中学校
東京	江戸川女子中学校	東京	女子学院中学校	東京	都立大泉高校附属中学校	千葉	専修大学松戸中学校	埼玉	獨協埼玉中学校
東京	桜蔭中学校	東京	巣鴨中学校	東京	都立白鷗高校附属中学校	千葉	東邦大学付属東邦中学校	埼玉	立教新座中学校
東京	鷗友学園女子中学校	東京	桐朋中学校	東京	都立両国高校附属中学校	千葉	千葉日本大学第一中学校	茨城	江戸川学園取手中学校
東京	大妻中学校	東京	豊島岡女子学園中学校	神奈川	神奈川大学附属中学校	千葉	東海大学付属浦安中等部	茨城	土浦日本大学中等教育学校
東京	海城中学校	東京	日本大学第三中学校	神奈川	桐光学園中学校	千葉	麗澤中学校	茨城	茗渓学園中学校
東京	開成中学校	東京	雙葉中学校	神奈川	県立相模原・平塚中等教育学校	千葉	県立千葉・東葛飾中学校		
東京	開智日本橋中学校	東京	本郷中学校	神奈川	市立南高校附属中学校	千葉	市立稲毛国際中等教育学校		
東京	吉祥女子中学校	東京	三輪田学園中学校	千葉	市川中学校	埼玉	浦和明の星女子中学校		
東京	共立女子中学校	東京	武蔵中学校	千葉	国府台女子学院中学部	埼玉	開智中学校		

web過去問 Q&A

過去問が動画化！
声の教育社の編集者や中高受験のプロ講師など、
過去問を知りつくしたスタッフが動画で解説します。

Q **どこで購入できますか？**
A 声の教育社のHPでお買い求めいただけます。

Q **受講にあたり、テキストは必要ですか？**
A 基本的には過去問題集がお手元にあることを前提としたコンテンツとなっております。

Q **全問解説ですか？**
A 「オンライン過去問塾」シリーズは基本的に全問解説ですが、国語の解説はございません。「声教web過去問」シリーズは合格のカギとなる問題をピックアップして解説するもので、全問解説ではございません。なお、「声教web過去問」と「オンライン過去問塾」のいずれでも取り上げられている学校がありますが、授業は別の講師によるもので、同一のコンテンツではございません。

Q **動画はいつまで視聴できますか？**
A ご購入年度２月末までご視聴いただけます。
複数年視聴するためには年度が変わるたびに購入が必要となります。

よくある解答用紙のご質問

01

実物のサイズにできない

　拡大率にしたがってコピーすると，「解答欄」が実物大になります。配点などを含むため，用紙は実物よりも大きくなることがあります。

02

A3用紙に収まらない

　拡大率164％以上の解答用紙は実物のサイズ（「出題傾向＆対策」をご覧ください）が大きいために，Ａ３に収まらない場合があります。

03

拡大率が書かれていない

　複数ページにわたる解答用紙は，いずれかのページに拡大率を記載しています。どこにも表記がない場合は，正確な拡大率が不明です。

04

１ページに２つある

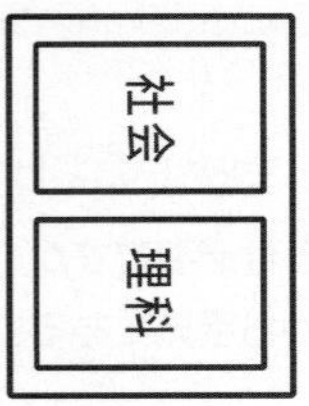

　１ページに２つ解答用紙が掲載されている場合は，正確な拡大率が不明です。ほかの試験回の同じ教科をご参考になさってください。

日本大学豊山女子中学校

【別冊】入試問題解答用紙編

禁無断転載

解答用紙は本体からていねいに抜きとり、別冊としてご使用ください。

※　実際の解答欄の大きさで練習するには、指定の倍率で拡大コピーしてください。なお、ページの上下に小社作成の見出しや配点を記載しているため、コピー後の用紙サイズが実物の解答用紙と異なる場合があります。

●入試結果表

— は非公表

年度	回	項目	国語	算数	社会	理科	2科合計	4科合計	2科合格	4科合格
2024	第1回	配点(満点)	100	100	60	60	200	320	最高点	最高点
		合格者平均点	—	—	—	—	—	—	—	—
		受験者平均点	64.0	52.4	30.7	38.3	112.3*	193.1*	最低点	最低点
		キミの得点							110	170
	第3回	配点(満点)	100	100	100	100	200		最高点	
		合格者平均点	—	—	—	—	—		154	
		受験者平均点	—	—	—	—	108.6*		最低点	
		キミの得点							93	
		(注)　国語・算数・社会・理科の4教科が1冊の問題冊子にまとまっています。試験開始後、その中から2教科を選択します(試験時間は2教科合わせて90分、休み時間はありません)。								
2023	第1回	配点(満点)	100	100	60	60	200	320	最高点	最高点
		合格者平均点	—	—	—	—	—	—	159	196
		受験者平均点	52.9	34.8	27.0	24.0	87.7	138.7	最低点	最低点
		キミの得点							94	150
	第3回	配点(満点)	100	100	100	100	200		最高点	
		合格者平均点	—	—	—	—	—		151	
		受験者平均点	50.3	34.7	51.8	53.4	92.5*		最低点	
		キミの得点							100	
		(注)　国語・算数・社会・理科の4教科が1冊の問題冊子にまとまっています。試験開始後、その中から2教科を選択します(試験時間は2教科合わせて90分、休み時間はありません)。								
2022	第1回	配点(満点)	100	100	60	60	200	320	最高点	最高点
		合格者平均点	—	—	—	—	—	—	161	233
		受験者平均点	58.6	49.5	27.7	30.8	108.1	166.6	最低点	最低点
		キミの得点							107	164
	第3回	配点(満点)	100	100	100	100	200		最高点	
		合格者平均点	—	—	—	—	—		151	
		受験者平均点	58.1	50.1	52.8	41.9	107.0*		最低点	
		キミの得点							102	
		(注)　国語・算数・社会・理科の4教科が1冊の問題冊子にまとまっています。試験開始後、その中から2教科を選択します(試験時間は2教科合わせて90分、休み時間はありません)。								

※　表中のデータは学校公表のものです。ただし、2科合計・4科合計は各教科の平均点を合計したものなので、目安としてご覧ください(*は学校公表のもの)。

声の教育社

２０２４年度　日本大学豊山女子中学校

算数解答用紙　第１回

番号		氏名		評点	／100

1	(1)	(2)	(3)
	(4)	(5)	(6)

2	(1)	(2)	(3)

3	(1)	(2)	(3)A	B	C	D

4	(1) mL	(2) cm^2	(3)

5	(1) cm^2	(2) cm^3

（注）この解答用紙は実物を縮小してあります。Ｂ５→Ａ４（115%）に拡大コピーすると、ほぼ実物大の解答欄になります。

〔算　数〕100点（推定配点）

1～4　各６点×15　5　各５点×２

２０２４年度　日本大学豊山女子中学校

社会解答用紙　第１回

番号		氏名		評点	／60

1

問１			
問２	問３	問４	問５(1)
(2)	問６	問７	
問８	問９		

2

問１	問２	問３
問４	問５	

3

問１	問２	問３
問４	問5	問6

4

問１	問２	問３ (1)
(2)	問４	

5

問１ X	Y	問２
問３		
問４		

（注）この解答用紙は実物を縮小してあります。Ｂ５→Ａ４(115%)に拡大コピーすると、ほぼ実物大の解答欄になります。

〔社　会〕60点(推定配点)

1～5　各２点×30＜5の問１は完答＞

2024年度　　日本大学豊山女子中学校

理科解答用紙　第１回

番号		氏名		評点	／60

1	(1)	(i)	(ii)	(iii)
		(iv)	(v)	
	(2)	①		②

2	(1)	①	②	③	④	⑤	⑥		
	(2)				(3)		(4)		
	(5)		(6)	ア　→　　→　　→					

3	(1)	①	②	③
	(2)	④	⑤	⑥
	(3)			
	(4)	→　　→　　→		
	(5)	方向	角度　　度	

4	(1)		(2)		(3)	
	(4)		(5)		(6)	

（注）この解答用紙は実物を縮小してあります。Ｂ５→Ａ４（115%）に拡大コピーすると、ほぼ実物大の解答欄になります。

〔理　科〕60点（推定配点）

1　各２点×７　2　(1)　各１点×６　(2)～(6)　各２点×５＜(6)は完答＞　3，4　各２点×15＜3の(3)～(5)，4の(4)はそれぞれ完答＞

２０２４年度　日本大学豊山女子中学校

国語解答用紙　第一回

番号　　氏名　　評点　/100

一

問一　問二　問三　問四　問五
問六　問七　問八　問九　問十

二

問一　問二　②　③
問三　1　2
問四　問五　ア　イ　ウ　エ　問六
問七　1（10・20・30・40）　2（10・20・30・40）
問八

三

問一　問二　問三　問四　④　⑤
問五（10・20・30・40）ところ
問六　⑦　⑧　⑨
問七　問八　問九

（注）この解答用紙は実物を縮小してあります。Ｂ５→Ｂ４（141％）に拡大コピーすると、ほぼ実物大の解答欄になります。

〔国　語〕100点(推定配点)

一　各２点×10　二　問１　３点　問２　各２点×２　問３～問６　各３点×5<問５は完答>　問７　各８点×２　問８　３点　三　問１～問４　各３点×５　問５　９点　問６　各２点×３　問7～問９　各３点×３

２０２４年度　日本大学豊山女子中学校

算数解答用紙　第３回

番号		氏名		評点	／100

1	(1)		(2)		(3)①		②	
	(4)		(5)①		②			
	(6)							

2	(1) cm	(2)

3	(1) g	(2)食塩水 g	食塩 g	(3)食塩水 g	濃度 %

4	(1) cm	(2) cm^2

（注）この解答用紙は実物を縮小してあります。Ｂ５→Ａ４（115%）に拡大コピーすると、ほぼ実物大の解答欄になります。

〔算　数〕100点（推定配点）

1 (1), (2)　各８点×２　(3)　各４点×２　(4)　８点　(5)　各４点×２　(6)　８点　2　各７点×２　3 (1)　８点　(2), (3)　各４点×４　4　各７点×２

２０２４年度　日本大学豊山女子中学校

社会解答用紙　第３回

番号		氏名		評点	／100

1

問１	問２	問３	問４
問５	問６	問７	問８

2

問１	問２			
問３	問４(1)	(2)	(3)	(4)

3

問１	問２	問３
問４	問５	
問６	問７	問８
問９	問10	

4

問１	問２	問３	問４
問５	問６	問７	
問８			

5

問１　主権が　　　　から　　　　へ変わった。

問２	問３	問４
問５	問６	

6

問１	問２	問３	問４
問５	問６	問７	

（注）この解答用紙は実物を縮小してあります。Ｂ５→Ｂ４（141％）に拡大コピーすると、ほぼ実物大の解答欄になります。

〔社　会〕100点（推定配点）

1　各２点×８　2　問１　２点　問２，問３　各３点×２　問４　各２点×４　3，4　各２点×18　5　各３点×６　6　各２点×７

２０２４年度　日本大学豊山女子中学校

理科解答用紙　第３回

番号		氏名		評点	／100

1

(1)	①	②	③		
(2)	と	(3)	[秒]		
(4)		(5)	[秒]	(6)	

2

(1)	① t_1 [℃]	t_2 [℃]			
	② AB間	BC間	CD間	③ 体積	重さ
(2)	①	②			
(3)	①	②			
(4)	① [g]	② [%]	③ [g]	④ [g]	

3

(1)		(2)		
(3)		(4)		
(5)		(6)		(7) と
(8)		(9)	記号	
			理由	

4

(1)			
(2)	①（ｉ）	（ⅱ）	②
(3)	①（ⅲ）	（ⅳ）	
	②		
(4)	①	② ⇒ ⇒ ⇒	

（注）この解答用紙は実物を縮小してあります。Ｂ５→Ｂ４（141%）に拡大コピーすると、ほぼ実物大の解答欄になります。

〔理　科〕100点(推定配点)

1 各３点×８　2 各２点×15　3 (1)，(2)　各２点×２　(3)　３点　(4)，(5)　各２点×２　(6)～(8)　各３点×３　(9)　記号…２点，理由…３点　4 (1)　３点　(2)　各２点×３　(3)　①　各２点×２　②　３点　(4)　①　２点　②　３点＜完答＞

２０２４年度　日本大学豊山女子中学校

国語解答用紙　第三回

番号　　氏名　　評点　／100

一

問一　問二　問三　問四　問五　問六　問七　問八　問九　問十　問十一

二

問一　問二

問三（10 / 20 / 30 / 40 / 50 / 55 / 60）

問四

問五　　　　　　　　　　という考え

問六　問七

問八　⑧　⑩　⑬　⑮

問九

問十　問十一　問十二　最初　　〜　最後　　こと。

問十三

（注）この解答用紙は実物を縮小してあります。Ｂ５→Ｂ４（141％）に拡大コピーすると、ほぼ実物大の解答欄になります。

〔国　語〕100点（推定配点）

一　各２点×12　二　問１，問２　各５点×２　問３　10点　問４　５点　問５　６点　問６，問７　各５点×２　問８　各２点×４　問９　６点　問10，問11　各５点×２　問12　６点　問13　５点

２０２３年度　日本大学豊山女子中学校

算数解答用紙　第１回

番号		氏名		評点	／100

1	(1)	(2)	(3)	
	(4)	(5)	(6) ㋐	㋑	㋒

2	(1)	(2)	(3)

3	(1) 回	(2) 勝　敗　分け

4	(1) 毎秒　cm	(2)
	(3)	

5	(1) cm^2	(2) cm^2

（注）この解答用紙は実物を縮小してあります。Ｂ５→Ａ４（115%）に拡大コピーすると、ほぼ実物大の解答欄になります。

〔算　数〕100点(推定配点)

1, 2　各６点×９＜1の(6)は完答＞　3　各７点×２　4　各６点×３＜(3)は完答＞　5　各７点×２

２０２３年度　日本大学豊山女子中学校

社会解答用紙　第１回

番号		氏名	

評点	／60

1

問１	問２	問３
	山脈	
問４	問５	問６

2

問１	問２	問３	問４
		m	

3

問１	問２	問３
問４	問５ あ	い
う	問6	

4

問１	問２	問３ X
Y	問４	問５
問６ (1)	(2)	(3)

5

問１	問２	問３
問４	問５	

6

問１	問２	問３

7

問１	問２

（注）この解答用紙は実物を縮小してあります。Ｂ５→Ｂ４（141％）に拡大コピーすると、ほぼ実物大の解答欄になります。

〔社　会〕60点（推定配点）

1　問１　１点　問２　２点　問３，問４　各１点×２　問５，問６　各２点×２　2　各２点×４　3　問１，問２　各１点×２　問３　２点　問４　１点　問５，問６　各２点×４　4　問１　１点　問２，問３　各２点×３　問４〜問６　各１点×５　5　問１，問２　各１点×２　問３〜問５　各２点×３　6，7　各２点×５

２０２３年度　日本大学豊山女子中学校

理科解答用紙　第１回

番号		氏名		評点	／60

1	(ア)	(イ)	(ウ)	(エ)
	(オ)	(カ)	(キ)	(ク)

2	(1)	①	②	
	(2)	①	②	③
	(3)	①	②	③
	(4)			
	(5)	①	②	③

3	(1)		(2)	(ⅰ)	(ⅱ)
	(3)	(ⅰ)	(4)	①（ⅰ）	②（ⅱ）
	③（ⅲ）		（ⅳ）		（ⅴ）

4	(1)		(2)		
	(3)	④	⑤		⑥
	(4)		(5)	(ⅰ)	(ⅱ)
	(6)	秒	(7)	秒速（　　　）km	

（注）この解答用紙は実物を縮小してあります。Ｂ５→Ｂ４（141％）に拡大コピーすると、ほぼ実物大の解答欄になります。

〔理　科〕60点（推定配点）

1　(ア)，(イ)　各２点×２　(ウ)・(エ)　２点　(オ)・(カ)　２点　(キ)，(ク)　各２点×２　2　(1)　各２点×２　(2)，(3)　各１点×６　(4)，(5)　各２点×４＜(5)は各々完答＞　3　(1)～(3)　各２点×３＜(2)は完答＞　(4)　①，②　各２点×２＜②は完答＞　③　各１点×３　4　(1)，(2)　各２点×２　(3)　各１点×３　(4)～(7)　各２点×５

二〇二三年度　日本大学豊山女子中学校

国語解答用紙　第一回

番号		氏名		評点	/100

一

問一		問二		問三		問四		問五	
問六		問七		問八		問九		問十	

二

問一	①		④		
問二		問三		問四	
問五		問六		問七	
問八					こと
問九		問十		問十一	

三

問一		問二		問三	
問四	A		B		
	C				
問五		問六		問七	
問八		問九		問十	

（注）この解答用紙は実物を縮小してあります。B５→B４（141％）に拡大コピーすると、ほぼ実物大の解答欄になります。

〔国　語〕100点(推定配点)

一　各２点×10　二　問１　各２点×２　問２～問４　各４点×３　問５　２点　問６～問10　各４点×５　問11　２点　三　問１～問３　各４点×３　問４　各２点×３　問５～問９　各４点×５　問10　２点

2023年度　日本大学豊山女子中学校

算数解答用紙　第3回

番号		氏名		評点	／100

1	(1)	(2)	(3)
	(4)	(5)	
	(6)	(7)	

2	(1) cm^3	(2) cm

3	(1) %	(2) km

4	(1) cm	(2) cm	(3) cm^2

（注）この解答用紙は実物を縮小してあります。Ｂ５→Ａ４（115%）に拡大コピーすると、ほぼ実物大の解答欄になります。

〔算　数〕100点（推定配点）

1，2　各７点×９　3　各８点×２　4　各７点×３

２０２３年度　日本大学豊山女子中学校

社会解答用紙　第３回

番号		氏名		評点	／100

1

問１　問２　問３
問４
問５　問６　問７　問８

2

問１　問２　問３　問４
問５　問6

3

問１　問２　問３
問４　問５　問６　問７
問８　問９　問10
問11　問12　問13
問14

4

問１　問２　問３　問４
問5
問６　問７　問８　問９
問10　問11　問12

5

問１
問２
問３　問４
問５　問６　問７
問８

6

問１　問２　問３

7

問１　問２　問３

（注）この解答用紙は実物を縮小してあります。Ｂ５→Ｂ４（141％）に拡大コピーすると、ほぼ実物大の解答欄になります。

〔社　会〕100点（推定配点）

1，2　各２点×14　3　問１～問３　各２点×３　問４　１点　問５～問８　各２点×４　問９　１点　問10～問12　各２点×３　問13，問14　各１点×２　4　問１～問３　各１点×３　問４～問11　各２点×８　問12　１点　5～7　各２点×14

２０２３年度　日本大学豊山女子中学校

理科解答用紙　第３回

番号		氏名		評点	／100

1

(1)	① cm	② cm	③ cm	④ g
(2) cm	(3) ① cm	② g		
(4)	①	②		

2

(1)	①C	D	②A	B
	C		D	E
(2)	①		②	

(3)	①	②	③	④	⑤	⑥	⑦	⑧

3

(1)	①	②	③	④
(2)				
(3)		(4)	液体：	臓器：
(5)				
(6)				
(7)	①			
	②（ｉ）	②（ii）		

4

(1)	①	②	③	④	⑤
	⑥	⑦	⑧	⑨	
(2)				(3)	

（注）この解答用紙は実物を縮小してあります。Ｂ５→Ｂ４（141%）に拡大コピーすると、ほぼ実物大の解答欄になります。

〔理　科〕100点（推定配点）

1　(1)　①，②　各２点×２　③，④　各３点×２　(2)　３点　(3)　各２点×２　(4)　①　２点　②　３点　2　(1)，(2)　各２点×９　(3)　①，②　各１点×２　③～⑥　各２点×４　⑦，⑧　各１点×２　3　(1)～(3)　各２点×７　(4)　各１点×２　(5)，(6)　各２点×２　(7)　①　３点　②　各１点×２　4　(1)　各２点×９　(2)　３点　(3)　２点

二〇二三年度　日本大学豊山女子中学校

国語解答用紙　第三回

番号 ｜ 氏名 ｜ 評点 ／100

一

問一		問二						
問三		問四		問五				
問六	1		2		3		問七		問八	
問九		問十						
問十一								

二

問一	①		②		⑤		⑨	
問二	③ 最初		〜 最後					
	④ 最初		〜 最後					
問三	⑥		⑩		⑪		問四	
問五	最初		〜 最後		から。			
問六		問七	C		D		問八	
問九	E	10	20					
	F	10	20					
問十		問十一		問十二		問十三		
問十四		問十五		問十六				

（注）この解答用紙は実物を縮小してあります。B５→B４（141％）に拡大コピーすると、ほぼ実物大の解答欄になります。

〔国　語〕100点（推定配点）

一　各２点×11＜問２，問６は完答＞　二　問１　各２点×４　問２　各４点×２　問３　各２点×３　問４〜問６　各４点×３　問７　各２点×２　問８〜問16　各４点×10

２０２２年度　日本大学豊山女子中学校

算数解答用紙　第１回

番号		氏名		評点	／100

1	(1)	(2)	(3)
	(4)	(5)	(6)

2	(1)	(2)	(3)

3	(1) 分	秒後	(2)

4	(1) m^2	(2) m^2	(3) 回目

5	(1) %	(2) %	(3) 時	分	秒

（注）この解答用紙は実物を縮小してあります。Ｂ５→Ａ４（115%）に拡大コピーすると、ほぼ実物大の解答欄になります。

〔算　数〕100点（推定配点）

1，2　各６点×９　3　各５点×２　4，5　各６点×６

２０２２年度　日本大学豊山女子中学校

社会解答用紙　第１回

番号		氏名		評点	／60

1	問１	問２	問３	
	問４			問５

2	問１	問２	問３	問４
	問５ (1)		(2)	

3	問１	問２		問３
	問４		問５	問６
	問７		問８	

4	問１	問２	問３	問４　→　→
	問５ ①		②	
	③			

5	問１		問２	問３
	問４	問５		

6	問１	問２	問３	問４
	問５			

（注）この解答用紙は実物を縮小してあります。Ｂ５→Ｂ４(141%)に拡大コピーすると、ほぼ実物大の解答欄になります。

〔社　会〕60点(推定配点)

1　問１　２点　問２，問３　各１点×２　問４，問５　各２点×２　2　問１～問４　各２点×４　問５　(1)　２点　(2)　１点　3　問１～問５　各２点×５　問６～問８　各１点×３　4　問１～問３　各１点×３　問４，問５　各２点×４＜問４は完答＞　5　問１　２点　問２　１点　問３～問５　各２点×３　6　問１～問３　各２点×３　問４，問５　各１点×２

２０２２年度　日本大学豊山女子中学校

理科解答用紙　第１回

番号		氏名	

評点	／60

1	(1)		(2)		(3)			
	(4)		(5)		(6)		(7)	

2	(1)	①	②	③	④
		⑤	⑥	⑦	⑧
	(2)	①		②	
	(3)				

3	(1)		(2)		(3)	①	②
	(4)		(5)	A	B		

4	(1)		(2)		(3)		(4)	
	(5)	i	ii	iii			(6)	

（注）この解答用紙は実物を縮小してあります。Ｂ５→Ａ４（115%）に拡大コピーすると、ほぼ実物大の解答欄になります。

〔理　科〕60点(推定配点)

1　(1)　2点　(2)，(3)　各3点×2＜(2)は完答＞　(4)，(5)　各2点×2　(6)，(7)　各3点×2　2　(1)　①～③　1点＜完答＞　④・⑤　1点＜完答＞　⑥～⑧　1点＜完答＞　(2)，(3)　各3点×3＜(2)の①，(3)は完答＞　3　(1)，(2)　各3点×2＜(2)は完答＞　(3)　2点＜完答＞　(4)　3点＜完答＞　(5)　2点＜完答＞　4　(1)～(4)　各3点×4　(5)　2点＜完答＞　(6)　3点

二〇二三年度　日本大学豊山女子中学校

国語解答用紙　第一回

番号		氏名		評点	/100

一

問一		問二		問三		問四		問五	
問六		問七		問八		問九		問十	

二

問一	最初		〜	最後		こと			
問二		問三	③		⑤		問四		
問五		問六		問七		問八	ア・イ・ウ・エ・オ	問九	

三

問一	①		⑤		⑩						
問二		問三		問四		問五		問六		問七	
問八	15	30	45								
問九		問十									

(注) この解答用紙は実物を縮小してあります。B５→B４（141％）に拡大コピーすると、ほぼ実物大の解答欄になります。

〔国　語〕100点(推定配点)

一　各２点×10　二　問１，問２　各４点×２　問３　各２点×２　問４〜問７　各４点×４　問８　各２点×２　問９　４点　三　問１　各２点×３　問２〜問７　各４点×６　問８　６点　問９，問10　各４点×２

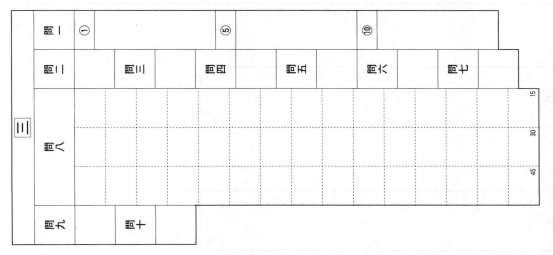

２０２２年度　日本大学豊山女子中学校

算数解答用紙　第３回

番号		氏名		評点	／100

1	(1)	(2)	(3)
	(4)	(5) 日	
	(6) 点	(7) m	

2	(1) ㋐ 度	㋑ 度	(2) cm^2

3	(1) cm	(2) cm^2

4	(1) cm	(2) cm^2

5	(1) cm^2	(2) cm^2

（注）この解答用紙は実物を縮小してあります。Ｂ５→Ａ４（115%）に拡大コピーすると、ほぼ実物大の解答欄になります。

〔算　数〕100点（推定配点）

1　(1)～(3)　各６点×３　(4)～(7)　各７点×４　2　(1)　各３点×２　(2)　６点　3～5　各７点×６

２０２２年度　日本大学豊山女子中学校

社会解答用紙　第３回

番号		氏名		評点	／100

1

問１ → →	問２	
問３	問４	

2

問１	問２	問３	問４
問５			

3

問１	問２		
問３	問４	問５	問６ (1)
(2)		(3)	

4

問１	問２	問３	
問４	問５	問６	
問７	問８	問９	
問10	問11	問12	
問13	問14		

5

問１	問２	問３ あ	い
う	問４	問５	問６
問７	問８ あ	い	
問９	問10	問11①	②

6

問１	問２	問３	問４	問５
問６	問７	問８		

7

問１	問２	
問３	問４	
問５	問６	問７

〔社　会〕100点(推定配点)

1, 2　各２点×9＜1の問１は完答＞　3　問１，問２　各２点×2　問３，問４　各１点×2　問５　２点　問６　各１点×3　4　問１～問３　各２点×3　問４，問５　各１点×2　問６～問11　各２点×6　問12～問14　各１点×3　5　問１，問２　各２点×2　問３　あ・い　２点＜完答＞　う　２点　問４～問６　各２点×3　問７　１点　問８　各２点×2　問９～問11　各１点×4　6　問１～問５　各１点×5　問６～問８　各２点×3　7　各２点×7

２０２２年度　日本大学豊山女子中学校

理科解答用紙　第３回

番号		氏名		評点	／100

1

(1)				
(2)				
(3)	(4)			
(5)	① g	② g	③ g	④ cm^3
(6)	① i	ii		
	②			

2

(1) オス	メス	(2) A	B	
(3)				
(4)	(5) ①	②	③	(6)
(7)				

3

(1)	(2)	(3) 水をびんに（　　　　）入れたとき
(4)		
(5) i	ii	(6)
(7)	(8) A	B

4

(1) m	(2) 往復	(3) 回	(4) 秒後
(5) m	(6) 秒後	(7) 秒後	

〔理　科〕100点(推定配点)

1　(1)～(4)　各３点×4＜(3)は完答＞　(5)　各２点×4　(6)　各３点×2＜①は完答＞　2　各３点×9＜(2)，(5)，(6)は完答＞　3　(1)～(4)　各３点×4　(5)　各２点×2　(6)，(7)　各３点×2　(8)　各２点×2　4　各３点×7

二〇二二年度　日本大学豊山女子中学校

国語解答用紙　第三回

番号		氏名		評点	/100

一

問一		問二	
問三	ア	イ	ウ
問四		問五	
問六		問七	
問八		問九	
問十			

二

問一		問二	
問三	③	⑥	
問四		問五	
問六	10 / 20 / 30 / 40 / 50		
問七		問八	
問九		問十	
問十一			
問十二	最初	〜	最後
問十三		問十四	
問十五			

（注）この解答用紙は実物を縮小してあります。Ｂ５→Ｂ４（141％）に拡大コピーすると、ほぼ実物大の解答欄になります。

〔国　語〕100点(推定配点)

一　各２点×10＜問２，問３は完答＞　二　問１，問２　各５点×２　問３　各２点×２　問４，問５　各５点×２　問６　10点　問７〜問11　各５点×５　問12　６点　問13〜問15　各５点×３

東京都／神奈川県／千葉県／埼玉県／茨城県／栃木県ほか

2025年度用
声の教育社版

中学受験案内

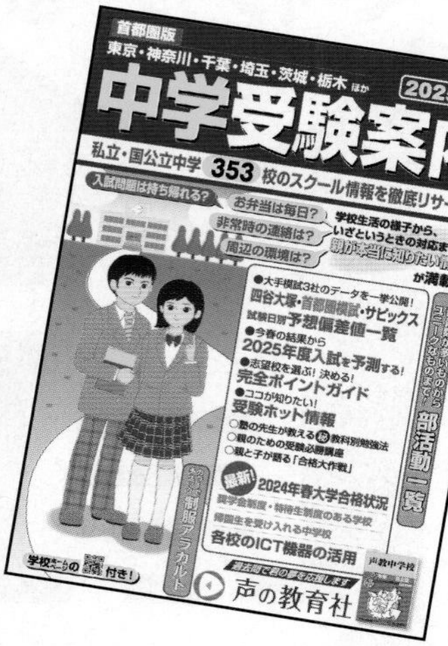

■全校を見開き2ページでワイドに紹介！

■中学～高校までの授業内容をはじめ部活や行事など、6年間の学校生活を凝縮！

■偏差値・併願校から学費・卒業後の進路まで、知っておきたい情報が満載！

私立・国公立353校掲載

Ⅰ 首都圏（東京・神奈川・千葉・埼玉・その他）の私立・国公立中学校の受験情報を掲載。

合格情報
近年の倍率推移・偏差値による合格分布予想グラフ・入試ホット情報ほか

学校情報
授業、施設、特色、ICT機器の活用、併設大学への内部進学状況と併設高校からの主な大学進学実績ほか

入試ガイド
募集人員、試験科目、試験日、願書受付期間、合格発表日、学費ほか

Ⅱ 資　料

(1)私立・国公立中学の合格基準一覧表（四谷大塚、首都圏模試、サピックス）
(2)主要中学早わかりマップ
(3)各校の制服カラー写真
(4)奨学金・特待生制度，帰国生受け入れ校，部活動一覧

Ⅲ 大学進学資料

(1)併設高校の主要大学合格状況一覧
(2)併設・系列大学への内部進学状況と条件

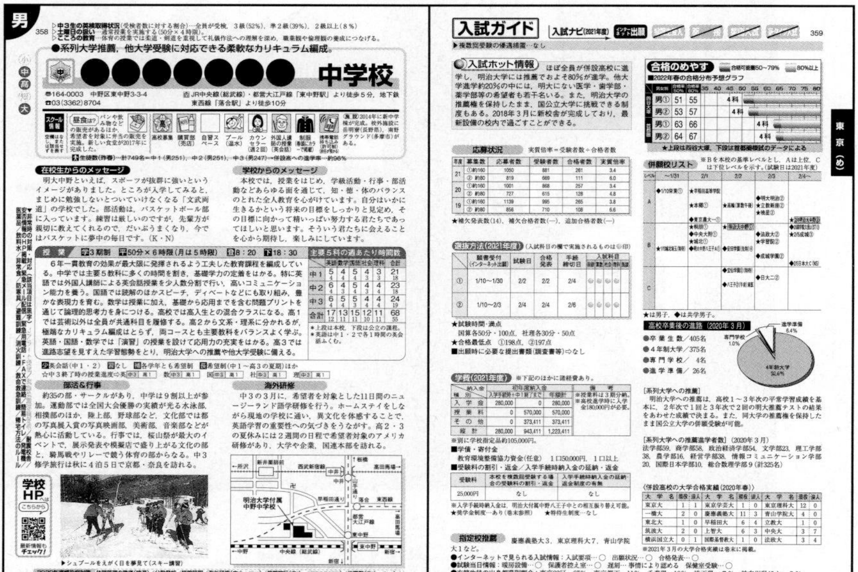

志望校・併願校をこの１冊で選ぶ！決める!!

過去問で君の夢を応援します
声の教育社

〒162-0814　東京都新宿区新小川町8-15
TEL.03-5261-5061　FAX.03-5261-5062
https://www.koenokyoikusha.co.jp

中学後見返し